KB112561

헌법, 생명의 말로 재해석되다!

여러 권의 인문교양서로 이미 유명세를 치른 박홍순 선생에게서 『헌법의 발견』이라는 새로운 책을 집필할 계획이라는 얘기를 들은 것은 지난해 짧은 한국 방문 중 한 지인의 상가에 함께 가는 길에서였던 것으로 기억된다. 처음 인권법 공부를 위한 유학길에 오르면서 2~3년을 기약했지만 어느덧 16년 가까이 해외에 머무르고 있는 나와 달리 꾸준히 한국 사회에서 보통 사람들과 숨 쉬며 현실 속의 지적인 토양을 넓혀 나가는 박홍순 선생에게 늘 고마움을 느낀다.

미국의 로스쿨에서 국제 인권법과 비교법 등을 가르치고 있지만 법 규범과 법 현실의 괴리 속에서 보낸 지난 시대의 기억이 아직도 넘어서기 어려운 돌덩어리처럼 가슴 한가운데 놓여 있는 나로서는, 헌법을 통해 한국 사회를 다시 보려는 노력이 절실히 필요하다는 생각을 하면서도 거대한 산 앞에 선 것처럼 도전할 엄두조차 내지 못했다. 그러던 차에 철학과 교양 인문학에 해박한 박홍순 선생이 헌법의 속살을 하나하나 헤집으며 죽은 법조문 속에서 삶의 얘기를 풀어내는 책을 쓰고 있다는 얘기를 들었을 때 그 누구보다 반가웠고, 기꺼이 지지하며 기대 속에 원고가 완성되기만을 기다려왔다.

그리고 마침내 최종 탈고한 두툼한 원고를 유엔인권이사회 강제실종실무그룹 위원으로서 첫 회기에 참가하기 위해 탑승한 제네바 행 비행기 안에서 읽게 되었다. 호놀룰루를 출발할 때부터 주룩주룩 비가 내리더니 23시간가량 걸려 지구를 반 바퀴 돈 후 제네바에 도착하였을 때도 여전히 빗줄기는 계속되고 있었다. 그렇지만 박홍순 선생이 조근조근 풀어내는 사람 향기 나는 원고 덕분에 긴 여정은 풍성한 지적 향연을 누린 듯 모처럼 따뜻하고 평안한 시간이 되었고, 나의 몸과 마음이 맑게 정화되는 느낌이었다.

박홍순 선생은 해박한 지식과 폭넓은 인문학적 상상력으로 우리 헌법을 새로운 시선으로 '발견'하고 있다. 무엇보다 헌법을 앙상한 규범으로 남겨두는 것이 아니라 철학과 문화를 매개로 하여 현실의 문제 속에 살아 숨 쉬는 생명의 말로 재해석해내는 과정이 매우 빼어나다. 훌륭한 글을 써주신 박홍순 선생에게 깊이 감사드리고 한 사람의 법학자로서 깊은 경의를 표한다.

백태웅(미국 하와이대학교 로스쿨 교수/유엔인권이사회 강제실종실무그룹 위원)

법학과 인문학을 관통하는 시민 필독서!

이 책은 민주화 운동으로 쟁취한 현행 1987년 헌법에 대한 인문학적 분석이다. 인문학을 하는 사람에게는 법의 의미를 무시하는 경향이 종종 있다. 법만으로는 세상의 본질을 간취할 수 없다고 판단하기 때문이다. 반대로 법학을 하는 사람은 다른 이유로 인문학을 외면하곤 한다. 인문학이 당면한 현실의 임박한 과제에 대한 구체적 답변을 주지 못한다고 생각하기 때문이다. 그러나 본디 인문학과 법학은 서로에게 영감과 활력을 주는 학문이다. 특히 헌법은 두 학문이 만나는 접점인 바, 모두의 깊은 관심이 필요하다. 이 책이 두 분야의 소통을 위한 가교 역할을 톡톡히 할 것이다. 그리고 양쪽을 동시에 알고 싶은 시민이라면 반드시 읽어야 할 깔끔한 입문서가 될 것이다.

조국(서울대학교 법학전문대학원 교수)

인문학, '시민 교과서' 헌법을 발견하다!

헌법의 발견

인문학, '시민 교과서' 헌법을 발견하다!

헌법의 발견

박홍순 지음

비아북
Via Book Publisher

인문학, 헌법을 말하다

대한민국 국민이라면 누구나 헌법의 중요성쯤은 이미 안다. 헌법이 국가의 정체성을 규정하고 국민의 권리와 의무를 담고 있으며, 법률을 비롯하여 모든 법적 규범의 기준이 되는 가장 중요한 원리라는 점도 익히 알고 있다. 또한 어떤 법률이든 헌법에 위배되면 법으로서의 지위를 박탈당할 정도로 헌법의 권위가 막강하다고 생각한다. 하지만 법을 전공하거나 직업으로 삼고 살아가는 사람이 아닌 이상, 헌법 전체를 꼼꼼하게 읽어본 사람은 거의 없다. 가장 중요하다고 생각하면서도 가장 등한시한다.

여기에는 몇 가지 이유가 있다. 먼저 오랜 권위주의 통치 아래 형성된 한국 사회의 뿌리 깊은 통념 때문이다. 일단 헌법을 비롯해 법 자체를 이해할 대상이 아니라 지켜야 할 대상으로 생각하는 경향이 다분하다. 우리도 어릴 때부터 법이란 무엇인지, 왜 그러한 법이 만들어졌는지를 배우는 게 아니라, 법은 꼭 지켜져야 한다는 '준법정신'을 주입받기에 바쁘지 않았나.

그래서 삼권분립 원리와 헌법·법률·명령·조례·규칙으로 내려오는 법의 형식상 체계 등을 마치 답처럼 외운 게 우리의 법에 대한 지식 정도다.

그 결과 대부분 헌법의 '이해' 필요성을 피부로 느끼지 못한다. 현실의 쟁점을 둘러싸고 헌법재판소에서 위헌 여부를 가리는 판결이 내려질 때 가끔 관심을 가질 뿐이다. 헌법에 대한 이해와 판단은 소수 법률 전문가의 소관 사항일 뿐이라고 치부해버린다. 나머지 사람들에게는 전문가나 전문 기구의 판단과 처분에 따르면 된다는 상식이 지배적이다.

하지만 헌법에 대한 전반적인 무관심과 이해 부족은 심각한 결과를 초래한다. 특정한 정부나 세력이 헌법 해석을 독점하면서 국가 정체성이 왜곡되고 주권을 비롯한 국민 권리가 훼손되기 십상이다.

프랑스 계몽 사상가이자 권력분립에 의한 법치주의로 유명한 몽테스키외의 지적은 경청할 만하다. 그는 『법의 정신』에서 "백성이 계몽되었는가, 되지 못했는가는 사소한 일이 아니다. 위정자가 갖는 편견은 국민이 갖는 편견에서 비롯된다. 무지몽매한 시대에는 가장 큰 악을 행할 때도 사람들이 아무런 의혹을 품지 않는다."고 했다.

또한 정작 헌법과 친해지려 해도 읽을 만한 책이 마땅하지 않다. 헌법을 다루는 대부분의 책이 전공자를 위한 교과서이거나 사법 관련 시험에 대비하기 위한 수험서이기 때문이다. 이러한 책들은 요약정리 방식이거나 관련된 법률 조문, 복잡한 판례로 가득하다. 게다가 법률 용어의 생경함과 불친절함은 이미 유명하다. 마치 일반 사람들의 접근을 허용하지 않겠다는 듯이 굳게 문을 걸어 잠근 형국이다. 일상생활을 비롯하여 우리의 구체적인 현실과 어떤 관련을 갖는지 알 수 없는 경우도 많다.

물론 헌법의 전체 내용은 인터넷을 통해서도 접할 수 있다. 하지만 헌법 조문은 기본 원리만을 담고 있기에 지극히 간략하고 함축적이다. 만약 표면적 이해에 머문다면 그저 듣기 좋은 말을 늘어놓은 구절 정도로 여기게 된다. 예를 들어 누구나 알고 있는 제1조의 내용, 대한민국은 민주공화국이고 주권이 국민에게 있다는 짧은 내용만 해도 그 의미를 제대로 이해하려면 인류의 오랜 역사, 치열한 현실적 갈등과 논의 과정을 거쳐야 한다. 헌법의 전체 내용에는 역사와 철학을 비롯하여 인류 정신과 삶의 거의 모든 영역이 응축되어 있기 때문에 이에 대한 이해 없이는 헌법에 제대로 접근하기 어렵다. 보다 엄밀히 말하자면 웬만한 주요 헌법 조문은 그 하나의 이해를 위해 각각 별도의 책이 필요할 정도다.

그만큼 헌법은 인문학 전체와 폭넓은 접촉면을 가지고 있다. 대한민국 헌법에 대한 인문학적 통찰이 절실한 이유다. 그러나 연구자가 아닌 이상 현실적으로 각각의 헌법 조문에 관련된 인문학 서적을 일일이 찾아 읽고, 이를 매번 현실 문제와 연결시킬 수는 없는 노릇이다. 이 책은 그러한 수고로움을 덜어주기 위한 목적으로 만들어졌다.

헌법의 전체적인 이해를 위해 다음의 네 영역으로 구분했다. 대한민국의 기본 정신, 국가권력으로부터의 자유 보장, 차별받지 않는 공평한 삶의 보장, 인간다운 생활의 보장이다. 차례를 보면 확인할 수 있듯이 대부분의 주요 조문은 이 영역으로 포괄된다. 영역별로 접근해야 개별 조문이 고립된 섬처럼 흩어지지 않고 헌법 전체의 흐름 속에서 총체적으로 이해된다.

또한 각 조문의 심층적인 이해를 위해 가급적 어떤 역사적 맥락 속에서 그 내용이 나오게 되었는지, 이를 둘러싼 논의와 논쟁이 어떻게 벌어졌는지를 살펴보고자 했다. 관련된 주요 인문학, 사회학 고전과 법 이론을 비교하여 책을 읽으면서 보다 깊이 있는 고민이 가능하도록 했다. 위헌 여부를 놓고 논란이 되는 쟁점은 국내외 판례를 통해 조금 더 생생한 이해에 도움을 주고자 했다. 나아가 현대사회라는 조건에서 새롭게 요구되는 문제의식을 탐색하고, 최종적으로는 헌법이 규정한 제 원칙과 한국 사회의 현실을 비교하면서 비판적, 실천적 문제의식을 잡아내고자 했다.

법은 소수 전문가의 독점물일 수 없고, 그렇게 방치되어서도 안 된다. 모든 법규범의 기준인 헌법이라면 더 말할 나위 없다. 헌법이 사회계약 원리를 담고 있는 이상, 주권을 가진 계약 당사자로서 각 개인이 누구보다도 계약 내용을 잘 알고 있어야 한다. 현실의 법률과 정책의 계약 위반 여부는 물론이고, 과거의 계약이 갖는 한계와 새로운 계약의 필요 여부에 대해서도 주권자로서 판단할 수 있어야 하겠다. 아무쪼록 이 책이 많은 사람의 헌법에 대한 관심과 이해를 높이는 계기가 되었으면 하는 마음이다.

2015년 10월
박홍순

Contents

저자의 말 | 인문학, 헌법을 말하다 _4
일러두기 _10

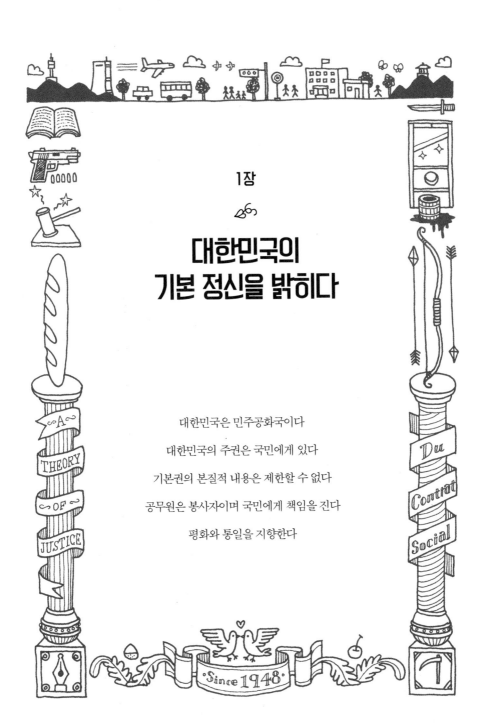

1장

대한민국의
기본 정신을 밝히다

대한민국은 민주공화국이다

대한민국의 주권은 국민에게 있다

기본권의 본질적 내용은 제한할 수 없다

공무원은 봉사자이며 국민에게 책임을 진다

평화와 통일을 지향한다

·Since 1948·

대한민국은
민주공화국이다

국가 정체성을 규정하다

"대한민국은 민주공화국이다."

우리나라 헌법 제1조 1항이다. 적어도 중등교육 정도 받은 국민이라면 누구나 아는 문장일 터다. 이 한 줄로 대한민국의 정체성이 밝혀지고 헌법 전체가 규정된다. 즉, '민주공화국'이라는 정체성에 위배된다면 대한민국의 그 어떠한 법률과 정책도 정당성을 상실한다.

현재 모든 국가는 헌법을 통해 자기 정당성을 확인한다. 대부분 첫 조항은 민주주의와 공화국 규정에서 출발한다. 국가 정체성을 최초로 민주공화국에 둔 것은 1776년 미국의 독립선언이다. 이어서 1789년 프랑스대혁명 당시의 '인간과 시민의 권리선언'(이하 인권선언), 1793년과 1848년의 프랑스 헌법 등에 의해 확고한 기준으로 자리 잡았다.

하지만 중요성에 비해 그 의미를 파고드는 사람은 많지 않다. 그저 의례적인 내용 정도로 치부하기 일쑤다. 혹은 민주적인 선거제도를 갖춘 국가를 지칭하는 말로 넘긴다. 하지만 한 나라의 정체성을 집약한 내용이니 만큼 우습게 넘겨버릴 일은 전혀 아니다. 이는 헌법을 풀어나가는 첫 단추이자 주춧돌이므로 여기서 방향을 잘못 잡으면 뒤로 갈수록 문제가 걷잡을 수 없이 커진다. 보다 엄밀한 파악과 역사적인 접근이 필요한 이유다.

먼저 이 문장 안에는 두 가지 내용이 결합되어 있다. 하나는 공화국이고, 다른 하나는 민주주의다. 흔히 두 개념을 구별하지 않고 본래부터 한 쌍인 듯 생각하기 쉽지만 엄밀하게 보자면 이는 서로 다른 성격을 갖는다.

기본적인 구분을 하자면, 먼저 공화국은 한 사람의 군주에 의해 지배되는 군주국과 구별된다. 다수에 의한 공적 결정에 의존하는 나라가 공화국이다. 그리고 그 다수의 범위가 어디까지인가에 따라 서로 다른 공화 체제가 만들어진다. 귀족 내의 다수 결정에 따르는 사회라면 귀족적 공화제 성격을 띠게 된다. 그 범위가 일반 시민으로까지 확대된다 해도 고대 로마공화정처럼 신분제에 기초할 경우, 운영 방식은 공화정이라고 할 수 있지만 민주공화국 체제는 아니다.

또한 민주주의 원리를 표방하지만 '인민공화국'이라는 성격을 부여한 기존 공산주의 국가 체제와도 구분된다. 이는 직접민주주의 요소가 지배적인 인민민주주의 체제를 지칭한다. 민주공화국은 주권이 모든 국민에게 있되, 국민이 선출한 의원에 의해 법이 만들어지는 대의제, 즉 간접민주주의 정치체제를 근간으로 한다.

결국 민주공화국은 신분제에 기초한 귀족 체제나 군주 체제, 다수결을 부정하는 독재 체제, 인민 통치 체제 등과 구별된다. 하지만 이는 서로 다른 체제와의 구분일 뿐 민주공화국 자체의 의미를 적극적으로 규명하는 방식과는 거리가 있다. 엄밀하고 풍부한 이해를 위해서는 공화국과 민주주의 각각의 의미로 심화해 들어가야 한다.

특히 역사 흐름 속에서의 공화국과 민주주의의 의미 변화를 반영하면 헌법의 내용과 그 해석에도 변화가 나타난다. 20세기를 대표하는 법사상가 중 한 사람인 라드브루흐Radbruch●는 『법 지혜에의 잠언』에서 다음과 같이 강조한다.

> "헌법은 역사적으로 변화하는 것의 흐름 속에 존재하는 '견고한 것'이며, 민족 역사의 흐름에 대해 그 길을 예비해주는 탄탄한 것이다. 또한 헌법은 반대로 역사에 의해 심화되고 확대되며 변화되는 것이다. 마치 역사가 종종 자신을 매몰하여 흐르듯이."

모든 것은 변화 안에 있다. 자연만이 아니라 인간 사회를 구성하는 제반 조건과 상황도 계속하여 변화한다. 헌법도 인간 공동체 구성과 운영 원리를 담는 이상, 변화에서 자유로울 수 없다. 물론 양상과 속도에는 적지 않

●
구스타프 라드브루흐 Gustav Radbruch, 1878~1949 **독일의 법률가, 법철학자. 두 번에 걸쳐 법무 장관을 지내며 독일 형법 초안을 만들었다. 칸트철학의 정신적 계승자이지만 법학에서의 가치 상대주의, 법학론에서의 자유법론, 형법 이론에서의 목적형론 등을 주장함으로써 칸트와는 구별되었다.**

은 차이가 있다. 헌법은 핵심 원리만을 담았고, 완고한 형태의 규칙이기에 더 견고하다. 하지만 이는 상대적인 견고함일 뿐, 헌법 역시 역사의 산물이기에 여기에도 시대와 상황 변화가 반영된다.

흥미롭게도 헌법은 "역사의 흐름에 대해 그 길을 예비해"준다. 한국에서 간혹 헌법이 수행했던 독특한 역할을 생각해보면 조금은 이해가 빨라진다. 아직 사회복지에 대한 관심과 이행이 열악한 상태임에도 불구하고 사회권을 명문화함으로써 헌법은 향후 한국 사회가 나아갈 방향을 제시한다. 인권도 비슷한 경우다. 헌법이 현실의 인권 정착 정도를 선행해서 사회적 관심을 촉발하고 환기시키는 역할을 한다.

공화국과 민주주의를 이해하는 데 있어서도 역사 변화를 반영하면 의미와 실현 형식에 차이가 나타난다. 따라서 엄밀한 이해를 위해서는 다른 체제와의 구분을 통한 단편적, 평면적 방식을 넘어 역사적 맥락 속에서의 심층적 이해로 들어가야 한다.

공화국의 의미와 고대 정치체제

공화국의 의미를 알기 위해서는 먼저 '공共'을 이해해야 한다. 이 개념은 공적 영역과 사적 영역의 구분을 전제로 한다. 다시 말하자면 공화국은 사적 요소가 공적 영역으로서의 정치를 좌우하지 않는 체제다. 따라서 가족이나 개인의 생계를 위한 활동과 국가 활동을 엄격하게 구분한다.

그런데 의문이 제기될 수 있다. 국가나 법은 원래 공적 영역에 속하는데 그것을 특별히 공화국의 고유성과 연결시킬 수 있는가? 그리스 철학자 플라톤Platon도 『법률』을 통해 법에서는 "사적인 것이 아닌 공적인 것이 관심거리가 되는 게 필연"이라고 하였다. 왜냐하면 "공적인 것은 국가를 함께 묶지만 사적인 것은 국가를 분열"시키기 때문이다. 그러므로 "국가에 있어 공적인 것을 우선적으로 보살피면서, 사적인 것은 공적인 것에 종속"시켜야 한다는 점을 거듭 강조하였다.

플라톤이 말하는 '공적인 것'은 사실 상당 부분 사적인 영역이 개입된 개념이다. 그는 철인 통치론을 주장하며 다음과 같이 말하였다.

> "각각의 것이 더 많이, 더 훌륭하게, 더 쉽게 이루어지는 것은 한 사람이 한 가지 일을 '성향에 따라' 적기에 하되, 다른 일에 대해서는 한가로이 대할 때이네. … 실상 이 나라가 올발랐던 것이 그 안의 세 부류가 저마다 '제 일을 함'에 의해서였음은 확실하네."

플라톤이 생각하는 국가의 올바름이란 전체를 구성하는 다양한 부분이 자신의 고유한 기능을 수행하고 다른 부분의 기능에 간섭하지 않을 때 이루어지는 조화다. 그가 언급하는 세 부류는 통치자, 군인, 생산자이고 각각은 이성, 기개, 욕구를 반영하며 중요한 덕목으로 지혜, 용기, 절제와 대응된다. 플라톤이 보기에 올바른 국가는 세 부류가 섞이지 않을 때 실현된다. 반대로 세 부류의 활동이 섞이면 악덕이 생겨나고 국가는 혼란에 빠진다.

그러므로 플라톤의 관점에서는 이성을 대표하고 선의 이데아를 통찰할 수 있는 철학자가 국가 통치자로서 배타적 권한을 가져야 한다. 이것이 '철인 통치론'이다. 그가 보기에 군인과 생산자는 정치에 관여하지 말고 자기

일에 충실해야 한다. 일반 시민이나 군인이 국가 일에 참여하거나 영향력을 행사하는 행위는 최고의 악덕이다.

그러나 어떤 사람의 이성적, 신체적 능력, 나아가 절제의 마음가짐은 지극히 사적인 부분이다. 태어나면서부터 우연히 그러한 능력을 타인보다 많이 가졌을 수 있고, 개인적 노력을 통해 획득했을 수도 있다. 플라톤이 아무리 비장한 어투로 국가와 법에 있어 공적인 것의 중요성을 강조하더라도 구체적으로 들어가보면 결국 사적인 것이 전제로 작용한다. 즉, 그의 논리에는 공적 영역과 사적 영역이 혼재되어 있다.

공화국이라면 모든 '시민'에게 공적 영역에 대한 주권자로서의 권한이 주어져야 한다. 권한 행사 여부에 사적 재능이나 경험이 영향을 미쳐서도 안 된다. 역사적으로 국가에 큰 영향을 미친 사적 영역은 무엇보다 재산의 정도였다. 개인의 경제적 조건은 가족이나 개인의 생계 활동에 해당한다. 만약 '시민' 가운데 일정한 토지나 재산을 가진 사람에게만 주권이 인정된다면 사적 영역에 근거하여 공적 활동이 이루어지는 것이므로 이는 공화국 개념과는 거리가 멀다.

적어도 그리스 민주정은 주권에 대한 공적 개념이라는 측면에서는 공화국에 근접해 있었다. 아테네 민주주의의 특징은 민주정의 상징적 인물이라 할 수 있는 페리클레스Perikles의 유명한 '추모 연설'에 잘 드러난다. 본래의 목적은 펠로폰네소스전쟁 사망자를 위한 추모였음에도 불구하고 이 연설 안에는 아테네 민주주의의 특징과 자부심이 상당 부분 담겨 있다.

"정치 책임이 소수자에게 있지 않고 다수자 사이에 골고루 나뉘어 있습니다. … 우리

는 자유롭게 공직에 종사하고, 서로 일상생활에 힘씁니다. … 각자 모두 공적으로나 사적으로 최선을 다하고, 전사戰士도 정치에 소홀하지 않으며, 정치에 참여하지 않는 자를 공명심이 없다고 보기보다는 쓸모없는 자로 생각하는 것은 오직 우리뿐입니다."

그리스에서는 정치의 책임이 다수에게 있었다. 그리스인들은 일상생활과 공직 종사를 구분하지 않았다. 전사는 물론 생산자로서의 시민도 정치에 참여했으며 서로 간의 비판도 자유로웠다. 물론 모든 시민에게 정치 참여 권리가 주어졌지만, 시민의 범위가 노예제라는 신분적 질서 위에 한정되었다는 것은 그리스 민주정의 역사적 한계라 할 수 있다. 또한 아테네는 직접민주주의 체제였다는 면에서 대의제를 기반으로 하는 오늘의 '민주' 공화국과는 달랐다.

그리스보다 공화국 개념에 보다 근접한 고대 정치체제는 로마공화정이다. 로마에서는 기원전 509년에 왕정이 몰락하고 의회정치 형태의 공화정이 시작되었다. 일상적으로 전쟁을 대비해야 했던 로마 군대의 주축이 평민이었기 때문에 점차 그들의 정치적 영향력이 증가했다. 공화정 초기에는 각 지역 부족에 뿌리를 둔 귀족이 전적인 힘을 가졌으나 점차 평민 발언권이 증가하면서 공화정이 탄생하게 되었고, 귀족 독재를 막고 평민의 이익을 보장하기 위한 법이 제정되었다. 그 결과 국가의 정치를 감시하면서 평민 권리를 보호하는 사람을 뽑는 호민관 제도가 생겼다. 두 명의 집정관 중 한 명은 평민 중에서 뽑았고, 귀족이 마음대로 땅을 차지하지 못하도록 했다. 하지만 법을 만드는 원로원을 귀족이 장악했기 때문에 여전히 귀족은 큰 힘을 갖고 있었다.

로마공화정 시대의 키케로Cicero 또한 공적 영역과 사적 영역을 구분했다. 키케로는 『의무론』에서 정의로운 정치의 핵심을 다음과 같이 정의하였다.

"정의의 제차 기능은 정의롭지 못한 것에 의해 해를 입지 않는 한 남을 해치지 않으며, 공공물은 공공을 위해 사용하고, 사유물은 그 자신을 위해 사용케 하는 데 있다."

국가 안에서 삶을 영위하는 인간은 두 가지 질서에 속한다. 자신의 것과 공동의 것이다. 우리는 이 둘 사이를 구분하고, 두 개의 질서는 자주 뒤섞인다. 가족을 중심으로 한 자연적 결사체에 대한 이해와 정치적 결사체에 대한 이해 사이의 간섭이다. 권력 형성을 둘러싼 간섭은 일차적으로 사적인 부와 지위를 그대로 공적 질서로 연장하려는 방향으로 나타난다. 이어서 공적 질서를 이용해 사적 이익을 확대한다.

공화정은 두 가지 간섭 모두를 제거하거나 최소화하려는 문제의식과 관련을 맺는다. 키케로가 공공을 위한 것과 개인을 위한 것을 엄격히 구분하고자 시도한 것도 이 때문이다. 한편으로는 자연적 결사체인 각 부족 내에서 부와 지위를 장악한 귀족의 힘이 곧바로 국가 구성과 운영을 좌우하지 못하도록 하고, 다른 한편으로는 그렇게 장악한 공적인 힘을 사적 이익을 위해 사용하지 못하도록 하였다. 키케로가 기원전 63년 카틸리나를 고발하고 공화정 수호를 호소한 연설 내용도 이와 같은 맥락이다.

"카틸리나의 부정 때문에 군대는 식량이 떨어져 고생했으며 로마인은 권리를 침해당했습니다. … 오, 자유여! 선량한 시민의 공적, 공화정의 적이며 로마의 도둑 … 카틸리

나와 그의 추종자들을 당신의 제단으로부터 추방해주십시오."

귀족 출신 카틸리나는 최고 관직인 집정관에 여러 차례 입후보했으나 거듭 낙선한 경력이 있다. 소아시아와 팜필리아에서 국가의 일을 사적인 부의 확대를 위해 사용하고, 공화정을 무너뜨리고 귀족정을 수립하려는 음모를 꾸미기도 했다. 키케로는 귀족 세력에 의해 사적 영역과 공적 영역이 부당하게 뒤섞이는 현실을 공격하면서 공화정 수호를 호소하고 있다.

마키아벨리Machiavelli도 『로마사 논고』에서 "어느 누구든 카이사르가 특히 역사가들에 의해 찬양받는 것을 보고 카이사르의 영광에 현혹되어서는 안 된다."고 했다. 마키아벨리의 관점에서 카이사르 개인의 사적인 능력과 국가의 정의로움은 명확히 구별되어야 할 문제였다. 그리하여 카이사르를 칭송하는 사람들은 정치가이자 군사 지도자로서의 사적인 능력과 시민 전체의 이득과 명예를 가져오는 공적인 미덕을 구분하지 못하는 잘못을 범하고 있는 것으로 생각하였다.

키케로는 『의무론』에서 "개인의 이익과 전체 시민의 이익이 동일하다고 생각하게 하는 것을 모든 인간이 주된 목표로 삼아야 한다."고 주장했다. 그의 문제의식은 둘 사이의 엄격한 구분에 있다. 만약 공동선에 귀속될 것을 자신의 이익을 위해 가로챈다면 국가의 결속이 깨진다. 하지만 그것이 개인의 일방적인 희생을 의미하지는 않는다. 개인 이익과 전체 시민 이익이 동일하다는 것은 두 영역을 구분하되 동일한 정도로 존중해야 한다는 의미다.

한나 아렌트Hannah Arendt는 『인간의 조건』에서 공적 영역과 사적 영역을 본격적 · 심층적으로 연구하며 로마의 특징을 다음과 같이 잡아내었다.

"가정과 가족생활이 내밀한 사적 공간으로 발전하게 된 것은 로마인의 뛰어난 정치적 감각 덕택이다. 이들은 그리스인과는 달리 결코 사적 영역을 공적 영역을 위해 희생시키지 않았으며, 오히려 두 영역은 공존의 형식으로만 존재할 수 있다고 생각했다."

그녀에 의하면 사적 영역인 가정은 필요와 욕구에 의해 이루어진다. 가정은 필연성의 산물이며 모든 활동은 필연성의 지배를 받는다. 반면에 공적 영역인 국가는 전혀 다른 특징을 갖는다. 의식적 · 인위적으로 만들어졌다는 점에서 자유의 영역이다.

현실에서 나타나는 양상도 다르다. 개인과 개인, 가정과 가정 사이에는 불평등이 나타난다. 개인은 태어날 때부터 서로 다른 재능을 보인다. 신체나 지능 혹은 예술 감각 등에서 불평등하게 태어난다. 가정과 가정 사이에서도 토지의 비옥도를 비롯한 자연조건이나 경영 능력, 노력 정도 등에 따라 불평등한 결과가 나타난다. 사회적 요인으로 인한 불평등 심화 요소를 제거하고 보더라도 자연적인 불평등 자체를 부인하기 어렵다.

공화국에서 공적 영역은 구성원의 권리나 의무에 있어 '평등'만을 고려한다. 따라서 불평등을 전제로 하는 가정과 뒤섞이면 안 되는 것은 물론, 사적 영역이나 타인의 명령에 의해 자유의 정도가 불평등하게 적용되는 상황은 인정되지 않는다.

그리스에서는 국가의 필요가 가정의 필요를 압도했다. 스파르타가 특히 그랬다. 다른 도시에서는 시민이 농부, 선주, 상인, 기술자 등의 직업을 가지고 능력대로 돈을 벌었지만 스파르타에서는 자유인의 각종 돈벌이가 금지되었다. 일곱 살부터 서른 살까지의 모든 남자는 캠프에 모여 살며 군사훈련을 받았다. 가정 거주는 인정했지만 집단적 힘을 항상 유지하기 위해 공동 식사를 의무화했고, 음주도 금지되었다. 국가의 힘이 가족으로 흩어지지 않도록 제한한 조치였다.

스파르타 외에 아테네를 비롯한 다른 도시국가에서도 정도의 차이는 있지만 사적 영역을 부차적 단위로 취급하였다. 이에 비해 로마에서는 삶에 필수적인 것을 가정 내에서 충족하는 것이 국가가 추구하는 자유의 조건이었다. 비교적 두 영역의 공존에 상당한 비중을 두었다. 로마를 거론하지는 않았지만 라드브루흐도 이를 법이 가져야 하는 중요 원리로 여겼다. 그는 『법 지혜에의 잠언』에서 "오로지 공공복리에만 봉사하려 하고, 개인 이익에 대해서는 일체의 권리를 부인하려는 질서는 어떠한 경우에도 법이라는 이름을 가질 자격이 없다."고 하였다.

근대 이후 공화국의 의미와 과제

프랑스대혁명을 분기점으로 탄생한 근대 공화국도 공적 영역과 사적 영역의 구분이라는 고대 이후의 공화 정신을 계승하였다. 이때 무엇보다도 중세 1,000년 동안 공적 영역을 잠식해버린 거대한 사적 영역, 그리고 근대에 접어들어 새롭게 부상한 강력한 사적 영역을 떼어내는 일이 중요했는데, 대표적인 것이 종교, 신분제, 재산 등이었다.

첫째, 종교에 의한 권력 장악과 영향력 행사가 문제였다. 본래 사적 영역에서 모든 개인은 나름의 가치관과 신념을 지니고 살아간다. 종교는 그러한 가치관과 양심의 일종이다. 사람들은 다른 사람의 간섭을 받지 않고 내적인 신앙을 유지할 수 있다. 이에 비해 국가는 다양한 가치관을 가진 사람들이 결합해 전체 이익에 관한 정책을 결정하고 수행함으로써 발전해 나간다. 이는 개인의 믿음을 넘어서는 영역이므로 종교의 정치권력 장악이나 영향력 행사는 애초에 공화국 이념과 같이 갈 수 없고, 이러한 점에서 공화국은 비종교적이다.

유럽의 근대 공화국은 정치와 종교의 분리를 가장 중요한 과제로 삼았다. 정교분리를 명시적으로 선언하고 교회가 국가기구에 직접 연결될 수 있는 통로를 원천적으로 차단했다. 또한 종교개혁 이후 분쟁의 근거가 된 가톨릭과 개신교 가운데 어느 신앙을 갖더라도, 나아가 기독교 이외의 종교를 갖더라도 국가가 특정 이익이나 불이익을 줄 수 없도록 하였다. 그리하여 종교적 중립성이 공화국의 중요 원칙으로 자리 잡게 되었다.

근대 이후 공적 영역의 한 부분이 된 공교육에도 종교와의 분리 원칙이 적용됐다. 특히 프랑스 공교육의 원칙은 '교육의 자유'를 내세우는 가톨릭 및 왕당파 세력에 대항하여 국가를 통해 공화제 이념을 수호하는 과정에서 확립됐다. 이후에도 종교적 중립성을 엄격히 유지하며 교육을 통해 공화국에서 요구되는 시민을 육성한다는 목표를 견지하였다.

공화제를 지지하든 입헌군주제를 지지하든, 유럽의 근대 사상가들은 대체로 공적 영역과 사적 영역의 구분을 국가와 종교의 분리에서 찾았다. 몽테스키외Montesquieu는 『법의 정신』에서 두 영역의 구분을 법과 정치체제에 대한 논의의 일차적 과제로 내놓았다.

"인간의 법으로 규정해야 할 것을 신의 법으로 규정해서는 안 되며 신의 법으로 규정해야 할 것을 인간의 법으로 규제해서는 안 된다. 이 두 가지 종류의 법은 기원과 목적, 성질에 있어 서로 다르다."

몽테스키외는 종교에 의한 정치 개입을 반대하였다. 그가 보기에 신에게는 신의 법이 있고, 인간에게는 인간의 법이 있었다. 또한 종교는 영원히 변하지 않는 진리를 추구하고, 세속의 일은 인간의 의지에 따라 끊임없이 변화하였다. 이 둘은 근본적으로 같지 않기 때문에 종교가 인간 사회의 원리인 정치의 근간이 될 수 없었다.

로크Locke도 『관용에 관한 편지』에서 정교분리를 통해 공화국을 향한 길이 열릴 수 있다는 점을 강조하였다.

"국가에 관한 것과 종교에 관한 것이 구분되어야 하고, 교회와 공화국 사이의 경계가 제대로 정해져야 합니다. 만약 이러한 작업이 이루어지지 않으면, 영혼의 구원을 걱정하고 공화국의 안녕을 걱정하는 사람들 사이의 분쟁에 한계가 정해질 수 없기 때문입니다."

당시 가톨릭과 개신교의 종교 분쟁을 비롯하여 종교를 둘러싼 정치적 갈등을 해소하는 일은 국가 안정에 있어 중대한 과제였다. 로크는 공적 영역으로서의 국가에 대한 이해를 바탕으로 국가권력을 "사람들 사이의 잠재적 현상공간인 공적 영역을 존재하게 하는 것"이라고 하였다. 그리하여 봉건국가를 대체할 새로운 국가는 공적 영역에 일치하는 것이어야 했다.

전제정치가 문제인 것도 이 때문이었다. "전제정치는 공적 영역으로서의 국가를 충분히 발전시킬 수 없다." 전제정치는 공적 영역 전체의 발전을 방해한다. 고립에 의존하는 전제정치의 특성 때문이다. 전제군주는 백성으로부터 고립되고, 백성은 공포와 의심으로 인해 서로 고립된다. 서로를 고립시키기에 공적 영역은 극도로 협소해진다.

현대 실용주의 사상가 리처드 로티Richard Rorty는 『미국 만들기』에서 신의 권위를 대체하는 시민 종교로서의 국가 권위를 주장한다.

> "그들은 미국인들이 어떤 권위에 복종하는 것에서보다, 심지어 신의 권위에 복종하는 것에서보다 미국 그 자체에 의해서, 그 자체의 관점에서 스스로를 만들어나가는 것에서 자부심을 느꼈으면 하고 바랐다."

공화국은 신에 의한 종교를 대체하는 시민에 의한 종교다. 철저한 세속주의 관점에 기초하여 국가의 전망을 그린다. 적어도 공적 영역인 국가에서 초월로서의 종교적 사고방식을 분리시키고자 한다. 기독교가 추구하는 신의 섭리는 물론이고 종교적 형제애, 나아가서는 죄악에 대한 종교적 사고가 그 대상이다. 로티는 신에 의한 종교를 공화제에 기초한 시민 종교로 전환시켜 미국인들을 정치적 행위 주체로 결집시키려는 전망을 제시하였다.

둘째, 고대에서 중세에 이르기까지 어떠한 정치체제에서든 국가 구성과 운영의 핵심 기반이었던 신분제 문제다. 근대의 공적 영역은 '공적'이라는 개념의 확장 위에 서 있다. 근대적 관점에서 한 국가 내의 '공적'이라는 개념은 폭력이 아니라 합의에 의해서만 형성된다. 루소Rousseau에 따르면 법률에 의해 공적 영역이 보장되는데, 이는 사회적 결합의 계약 조항이다. 루소는 『사회계약론』을 통해 "개인이 독단적으로 내리는 명령은 결코 법률이 될 수 없다."고 하였다. 자발적 동의에 기초한 합의가 아닌 한, 강제는 사적인 힘에 불과하다. 확장된 개념에 기초할 때 신분제 역시 공적 영역으로 들어올 수 없는 사적인 것이 된다.

신분제는 두 가지 점에서 공적인 성격을 갖기 어렵다. 하나는 신분의 형성 과정이다. 일방적인 폭력과 강제로 만들어졌다는 점에서 공적 성격을 인정받을 수 없다. 다른 하나는 신분의 승계 문제다. 출생 집안에 따라 신분이 결정되었다. 혈통을 중심으로 한 출생 문제는 지극히 사적인 가정의 영역이다. 우연히 그 집안에서 태어났을 뿐이다.

근대 공화국은 신분의 자유를 비롯하여 기본적인 자유를 전제로 한다. 칸트Kant는 『순수 이성 비판』에서 국가와 법 형성에 있어 가장 중요한 이념이 자유라고 하였다.

"각인의 자유가 타인의 자유와 공존할 수 있도록 하는 법칙에 따른 인간의 최대 자유를 안목으로 하는 헌법은 적어도 하나의 필연적인 이념이고, 이 이념이 헌법을 처음으로 마련할 때, 모든 법률의 근저에 두어져야 한다."

헌법으로 국가 운영의 토대를 마련해야 한다. 일체의 현실적 법률은 헌법이 정한 이념의 틀 내에서 만들어져야 한다. 이때 헌법이 지녀야 할 가장 중요한 이념은 구성원 상호 간의 최대 자유다. 현실적 장애가 있다 해도 최대 자유를 헌법 이념으로 확립하는 일이 우선이다. 이를 위해 신분적 자유가 가장 기본이 된다.

칸트는 신분적 자유를 비롯한 자유 이념을 법적으로 실현할 정치체제로 공화제를 제시한다. 법의 권위는 귀족이나 군주가 아닌 국민에 속한다. 『계몽이란 무엇인가』에서 "국민이 스스로 결정할 수 없는 일을 군주가 대신해서 결정할 수는 없다."고 얘기한 것처럼 법의 제정은 군주의 권한이 아니다. 군주의 권위는 오직 법의 형식으로 나타나는 국민의 의지에 일치하는 방식으로 발휘되어야 한다.

근대 프랑스 정치가이자 법 이론가 시에예스Sieyès*는 프랑스대혁명의 도화선이 된 『제3신분이란 무엇인가』에서 귀족을 새로운 국가에서 제거해야할 악성 종양으로 규정한다.

"귀족 신분은 사회제도 속에 결코 속하지 않는다. 전체 국민에게는 하나의 부담이다. … 귀족 신분은 또한 공민적, 정치적 특권에 의해서도 우리와는 동떨어져 있다. 국민이란 동일한 입법부에 의해 대표되며, 공통의 법률하에서 살아가는 구성원의 집단이다."

특권 신분인 귀족은 국민과는 다른 세상에 존재한다. 귀족은 공적 영역

에마뉘엘 조제프 시에예스 Emmanuel Joseph Sieyès, 1748~1836 프랑스의 성직자, 정치가. 프랑스혁명과 통령정부 등의 핵심적 사상의 기틀을 마련했다. 『제3신분이란 무엇인가』를 통해 구체제와 결별한 제3신분이 주도하는 새로운 혁명이 필요하다고 주창하였다.

의 정신에는 물론이고 그 자체로도 해롭다. 시민은 일체의 특권이 배제된 공통의 법률에 의해서만 자격을 부여받는다. 귀족은 시민의 자격을 잃고, 공통된 권리의 적이 되었다.

셋째, 공적 영역과 관련하여 근대에 새롭게 부상한 재산의 정도를 둘러싼 문제가 제기되었다. 사실 프랑스대혁명 이후 여러 차례 부침을 겪은 근대 유럽 공화정에서 모든 사회 구성원에게 주권이 주어지지는 않았다. 일정 정도의 재산을 지니고, 일정액 이상의 세금을 내는 사람으로 자격이 제한됐다.

하지만 공적 영역과 사적 영역을 구분하는 공화제 이념에 비추어볼 때 개인의 재산 정도는 지극히 사적 영역일 수밖에 없다. 어떤 이유로도 여기에 공적인 성격을 부여하고 이를 정당화할 논리적 가능성은 희박하다. 시민계급의 이해를 대표하던 시에예스조차 당시 현실적 문제점을 직감하고 조금은 동요한 듯하다.

"재산의 영향력은 당연한 것이므로 나는 결코 배척하지 않는다. 그러나 이것 역시 특권 신분의 이익에 기여한다는 것, 이것이 제3신분을 억압하는 강력한 받침대를 특권 신분에게 제공하는 건 아닐까 하는 우려의 여지가 있음을 우리는 시인해야 한다."

시에예스는 새로운 사회체제는 제3신분에 기초해야 한다고 보았다. 대혁명 전의 프랑스 사회는 제1신분, 제2신분, 제3신분으로 이루어져 있었다. 제1신분인 성직자와 제2신분인 귀족은 토지와 관직의 독점, 면세 혜택이라는 특권을 지녔다. 그가 앞서 비판한 특권 신분은 이들을 가리킨다.

제3신분은 이들을 제외한 시민, 농민, 수공업자, 소상인 등을 의미한다. 국가 재정 대부분을 부담하는 무거운 과세 대상이면서도 이들에게는 참정권이 없었다. 시에예스는 어떠한 사적 특권의 흔적도 없는 제3신분이 새로운 시대의 주권자여야 한다고 생각했다.

그 스스로도 인정하였듯이 제3신분은 사회 모든 구성원을 포함하는 개념은 아니다. 재산 정도를 구분하고 그것을 주권 부여의 조건으로 삼았다. 그런데 그는 제3신분이 어떤 종류의 특권으로도 오염되지 않아야 하며, 제3신분에게서 기존의 특권을 완벽하게 없애버려야 한다고 주장하였다. 그러면서 또 하나의 특권으로 작용할 수밖에 없는 재산을 공적 영역에 참여할 관문으로 세웠다. 아예 노골적으로 "거지에게 인민의 정치적 신임을 부담시킬 수 없다."고 단언하였다.

시에예스는 재산이 특권 신분의 이익에 기여할 수 있다는 우려를 떨치지 못하면서도 결과적으로 그들에게 이로울 수 있다는 정도로만 이해하였다. 재산 정도가 그 무엇보다도 더 전형적인 사적 영역이라는 점을 이해하지 못했다. 이미 오래전 그리스 민주정과 로마공화정조차도 신분제에 기초한 한계는 있었지만, 적어도 시민 내에서 재산 정도로 주권을 제한하지 않았다. 이는 공적 영역에 영향을 미쳐서는 안 되는 가장 대표적 요소였다.

프랑스대혁명 이후 100년이 넘도록 완강하게 재산은 주권 제한 조건으로 위력을 발휘했다. 하지만 이를 논리적으로 정당화할 정교한 근거는 제공될 수 없었다. 단지 시민계급의 억지를 통해서만 버틸 뿐이었다. 20세기 초반에 와서야 무산자를 포함한 모든 구성원에게 투표권을 주는 보통선거가 실시되었다. 이제야 원초적인 사적 영역임에도 공적 영역의 두터운 장벽 역할을 해온 성별 요소도 제거된다. 즉, 남성만이 주권을 독점해왔던 사회적 폭력이 제거되고 여성 참정권이 허용된다.

그렇다면 현대 국가에 와서는 공화국의 핵심 원리인 공적 영역과 사적 영역을 구분하는 문제가 다 해결됐는가? 이제 우리는 더 이상 어떠한 사적인 특권에 의해서도 침해받지 않는 공화국의 품 안에 살고 있는가? 과연 국가 구성과 운영에서 사적인 특권이 작용하지 않는다고 확신할 수 있는가?

우리는 역사의 변화에 따라 종류가 바뀌었을 뿐 공화국이라는 헌법 규정에도 불구하고 여전히 특권이 공적 영역을 좌우한다고 느낀다. 가장 큰 문제는 여전히 재산을 근거로 한 특권이다. 자본주의사회에서 대부분의 특권은 돈으로부터 나온다.

어찌 됐든 보통선거가 실시된 20세기 초반 이후에는 공적 영역과 사적 영역에 대한 구분 문제가 완전히 해결된 것으로 여길 수 있다. 20세기 초반에 이미 한 사회의 부 가운데 상당 부분을 차지하는 시민계급이 무식한 직접 제한 방법이 아니어도 간접 방법으로 재산이 공적 영역을 좌우할 수 있는 장치를 마련했다는 자신감을 갖고 있었다. 일차적으로는 보통 선거권을 위한 인류의 오랜 투쟁이 작용했지만, 일정 정도는 부를 통해 국가를 움직일 조건이 마련됐다.

한국은 더욱 그러하다. 일상적인 정당 활동과 막대한 선거비용은 부를 쥐고 있는 사람들에게 월등히 유리한 조건을 만들어준다. 대중매체의 영향력이 갈수록 커지는 상황 역시 기업의 힘을 보증해준다. 교육 분야에서의 경쟁도 부와 무관하다고 여기는 사람이 거의 없다.

현대사회에서 재산 다음으로 공적 영역을 위협하는 것은 기술 관료다. 현대 국가가 거대한 체제를 구축하는 동안 각 분야에는 거미줄처럼 촘촘한 관료제가 자리 잡았다. 기술 관료 자체는 개인의 직업이자 경제활동이라는 점에서 사적 영역이다. 하지만 국가의 일이 세분화되고 각 분야와 절차마다 칸막이가 생기자 기술 관료의 힘이 막강해졌다. 사회 구성원에 의해 선출된 극소수의 사람이 최종 책임자로서 정책적, 행정적 결정을 하지만 실제로는 기술 관료에 의존하고 이들이 고안한 계획에 도장을 찍는 역할인 경우가 많다.

형식적으로 재산이나 관료 지위를 근거로 주권을 제한하지는 않지만, 누가 공화국의 의미가 본래 형식에 불과하다고 자신 있게 주장할 수 있겠는가? 공화국의 원리가 실현되기 위해서는 '실질적으로' 공적 영역과 사적 영역이 구분되어야 한다. 그러한 의미에서 공화국은 현실에서 계속 심각한 위협을 받고 있는 상태다. 여전히 두 영역의 구분은 절박한 과제다.

동시에 현대사회에서 국가의 사회복지 역할이 확대되어 공적 영역과 사적 영역의 구분이 어려워진 만큼 더 이상 공화국의 원리를 고수할 수 없다는 반론이 있을 수 있다. 대한민국 헌법도 제34조 2항에서 "국가는 사회보장·사회복지의 증진에 노력할 의무를 진다."고 규정하고 있다. 실제로 국가의 일 가운데 사회보장, 사회복지 관련 업무가 상당 부분을 차지한다. 이 분야는 개인 생활에 직접 연결된다는 점에서 사적 영역에 겹치는 부분이 있다. 두 영역이 혼재되는 현대사회이기에 그에 대한 구분을 강조하는 것은 고대나 근대 문제의식에 머무는 사고방식이 아니냐고 반박할 수 있다.

하지만 이는 논리적 무지에 가깝다. 사회복지를 통해 사적 영역과 관계를 맺는 것은 주권자에 대한 국가 의무 차원의 활동이다. 공화제의 핵심 원리인 공적 영역과 사적 영역의 구분은 주권자 '권리' 차원의 문제. 근대 헌법은 국가권력이 어떻게 만들어지는가의 측면 이상으로 국가권력에 의한 횡포나 기본권 침해를 어떻게 제한하는가의 측면에 중점을 두고 만들어졌다. 이는 현대 헌법으로 이어져 권력 남용 방지를 위한 권력 견제의 성격을 갖는다. 국가를 구성하고 운영하는 권리에 사적 영역이 개입하지 못하도록 하는 것, 주권자의 실질적인 권한 행사를 왜곡하거나 무력화시키지 못하도록 하는 것이 핵심이기 때문이다.

어떤 민주주의인가?

우리 헌법에서 규정하는 민주주의는 대의제를 의미한다. 헌법 제40조에 "입법권은 국회에 속한다."라고 명시되어 있다. 그리고 제41조 1항에서 "국회는 국민의 보통·평등·직접·비밀선거에 의하여 선출된 국회의원으로 구성한다."라며 대의 절차를 강조한다. 국민은 대리인을 통해서만 의사를 전달하고 법률 결정에 간접 참여한다. 게다가 제52조에서 "국회의원과 정부는 법률안을 제출할 수 있다."라고 하여 국민이 직접 법률안을 제출할 수 있는 권한을 배제하고 있기 때문에 우리는 폭넓게 대의제 원칙의 규정을 받는다.

민주주의는 기본적으로 주권자로서의 국민에 의한 동의 절차라는 의미를 갖는다. 1776년 미국 독립선언문도 "정부의 정당한 권력은 피치자의 동의에서 유래되는 것"이라고 하였다. 국가의 존재가 정당화될 수 있는 근거는 오직 사회 구성원의 동의에서만 찾을 수 있다. 만약 동의가 아니라면 폭력을 통한 강제이거나 속임수일 수밖에 없다.

억지나 과장이 아니다. 인류 역사에서 지배자들이 주로 이용했던 방법이다. 폭력을 통한 강제만 해도 그렇다. 인류 역사는 잔혹한 대량 학살로 얼룩져왔다. 전쟁 상대 국가만이 아니라 자국민에게도 무자비한 폭력이 이어졌다. 마키아벨리는 『군주론』에서 "사람들에게 피해를 입히려면 복수를 두려워할 필요가 없도록 아예 크게 입혀야 한다."면서 백성을 향한 폭력을 옹호하였다. 또한 필요하다면 기만술도 사용할 수 있었다. "위대한 업적을 성취한 군주는 약속을 별로 중시하지 않고 오히려 인간을 혼동시키는 데 능숙한 인물들이다."라고 하였다. 실제로 속임수를 사용하는 군주가 신의를 지키는 자들에 비해 항상 승리를 거두었다.

자발적 동의 방식은 두 가지 형태로 나타난다. 하나는 그리스 아테네에서 출발한 직접민주주의다. 하지만 우리 헌법이 규정하는 민주공화국은 간접민주주의 절차인 대의제다. 권력은 보통선거를 통해 나오며, 국민 주권은 국민의회를 통해 대변된다. 칸트는 『법 이론의 형이상학적 원리』에서 시민의 자격을 구성하는 것은 투표의 능력뿐이고, 구체적으로는 대의제를 통해 실현된다고 주장하였다.

"모든 참된 공화정 체제는 국민의 대의적 체계이며 그 외의 다른 것일 수 없다. 이것은 국민의 이름 아래, 모든 국가 시민의 통합을 통해서, 시민의 대변자인 의원을 매개로 하여 시민의 권리를 보살피기 위한 체계다."

현대사회가 대의제를 신봉하게 된 데는 몇 가지 이유가 있다. 정치 공동체 규모가 근대에 이르러 확대된 데 따른 필연적 결과이면서, 동시에 민주적으로 확립된 대의제가 공동체 문제를 해결하는 데 좋은 결과를 낳을 것이라고 믿었기 때문이다. 일정 연령 이상에 해당하는 모든 시민에게 투표권이 보장되고 다수결에 의한 절차가 마련되면 적어도 사회에서 민주주의의 기본 원리가 훼손되는 일은 발생하지 않을 것이라고 믿었다.

대의제는 대부분의 국가에서 제도적 절차를 통해 보장된다. 그럼에도 여전히 중요한 화두이면서 논란의 대상이 되는 이유는 무엇인가? 민주주의에 대한 논쟁은 동구 사회주의의 몰락과 함께 일정 기간 주춤했다. 하지만 민주주의의 승리를 외쳤던 자본주의사회 내부에서 권위주의나 전체주의적 요소가 증가하자 민주주의의 문제는 다시 뜨거운 관심 대상이 됐다.

그토록 신뢰했던 대의제 민주주의 체제는 20세기 들어 사회 구성원 대다수를 정치에서 배제하고 독재 체제를 합리화하는 역할을 할 수도 있음을 확인시켜 주었다. 대의제를 통해 대리인을 뽑기 때문에 당연히 다수의 의견이 반영되는 것 아니냐고 반문할 수 있다. 어떻게 대의제가 사회 구성원 대다수를 정치에서 배제할 수 있냐는 의문이다.

독일의 나치즘은 대의제가 극단적인 전체주의 체제를 만들어낼 수 있음을 명확하게 보여준다. 현실적인 사태만이 아니라 법 이론을 통해 대의제 선거와 권력분립, 법치주의를 인정한 위에서도 순수한 민주적 절차가 얼마든지 전체주의라는 괴물이 출현하는 근거로 사용될 수 있음을 보여준다.

이와 관련하여 20세기의 탁월한 법학자로 평가받는 한스 켈젠Hans Kelsen은 『순수법학』에서 정의로운가, 정의롭지 않은가 하는 점은 배제하고 오직 형식적, 절차적 규정을 법의 근거로 인정하였다.

> "국가를 법과 동일시하는 것, 즉 국가를 법질서라고 보는 인식이 곧 순수한 법학의 전
> 제다. … 정의와 동일시할 수 없는 실정법이란 강제 질서이며 이러한 강제 질서는 의인
> 화된 형상에 머물러 있지 않고 의인화의 베일을 뚫고 인간 행위에 의해 정립된 규범으
> 로 나아가는 인식의 관점에서 볼 때, 국가로 나타난다."

법의 정당성은 정의에 기초하지 않는다. 고대에서 근대에 이르기까지
대부분의 철학과 법 이론에서 국가와 법은 내용적 정의正義와 연관을 맺는
다. 법 공동체인 국가는 정의 없이 존재할 수 없다. 법은 정의로운 강제 질
서이고 내용의 정의로움 때문에 강도 집단의 강제 질서와 구별된다.

켈젠은 이를 부인하며 순수한 형식과 절차를 강조하였다. 정의를 법의
가장 중요한 덕목으로 보는 발상이 잘못이었다. 정의는 법 요소로 제시될
수 없었다. 정의 가치가 법 공동체와 강도 집단을 구별하는 기준일 수도 없
었다. 정의 여부는 전적으로 상대적 성격을 갖는 가치판단 영역에 속하기
때문이다. 무엇이 옳고 그른가는 개인이나 집단에 따라 매우 상대적이다.
어느 하나가 옳고 다른 것은 그르다고 판단할 수 있는 문제가 인간 사회에
는 그리 많지 않다. 상대적일 수밖에 없는 정의를 중심으로 법을 설명하는
것은 금방 허물어질 모래 위에 집을 짓는 행위와 다를 바 없었다.

정의에 기초하여 법을 규정하면 법이 특정 견해를 가지고 있는 집단이
나 개인의 정치적, 종교적 수단으로 전락한다. 실증적이지 않은 법 외부의
심리적, 가변적 관념에 맡겨버리는 논리는 법을 무력화시킨다. 법은 외부

의 가치판단이 아니라 법의 존재와 이를 제정하거나 개정하는 데 연관된 형식적 절차 자체다. 결국 법과 국가의 정당성은 내용이 아닌, 오직 형식과 절차로만 남는다.

흔히 주권자라고 말하는 사회 구성원이란 민주주의 절차로 만들어진 강제 질서로서의 국가에 소속된 구성 부분일 뿐이다.

"어떤 사람이 국가의 일원인지의 여부는 심리학적 문제가 아니라 법적 문제다. 국민을 형성하는 사람들의 통일체는 다름 아닌, 동일한 법질서가 이들에 대해 효력을 가지며 이들의 행위가 동일한 법질서에 의해 규율된다는 사실에서 인식될 수 있다. 국민이란 국가 법질서의 인적 적용 범위다."

국가를 사회적 공동체로 파악할 경우, 국가는 법질서를 통해서만 구성될 수 있다. 국가는 법과 동일하다. 국민이란 한 국가에 소속된 사람을 의미한다. 만약 어떤 사람이 왜 타인과 더불어 일정한 국가에 속하는가를 묻는다면 타인과 더불어 강제 질서, 즉 법에 복종하기 때문이라는 점 외에 달리 기준을 찾을 수 없다.

국가의 구성 요소는 참으로 다양하다. 특히 대부분이 다민족국가이기 때문에 국가에는 서로 다른 인종과 언어, 문화가 섞여 있다. 그래서 서로 다른 이해관계를 갖는 계층이 갈등하고, 정치적으로도 상이한 입장을 가진 사람들이 서로 충돌한다. 여기서 또 다른 연결 고리를 찾고자 하면 실패로 끝나고 만다. 여기에는 서로 다른 개인과 집단을 결합하여 하나의 통일체로 묶어주는 방법밖에 없다.

켈젠은 법의 본질을 다수결 절차와 헌법·법률·명령·조례·규칙으로
내려오는 수직적 형식의 충족에서 찾는다. 켈젠의 논리 아래서 법은 정의
를 기초로 한 정당성이라는 내용적 기반과 사회적 맥락으로부터 분리되어
순수하고 자율적인 영역으로 독립해버린다. 다수결 절차만 어기지 않고,
수직적 법체계에서 "상위의 규범에 의해 수권된 명령" 형식만 어기지 않는
다면 어떠한 법이나 국가 체계든 정당화될 수 있다.

나치는 켈젠 법학의 바로 이러한 측면에 주목한다. 애초에 켈젠은 민족
의 영광 내지 시대정신 등의 정치적, 형이상학적 요소를 뒤섞어 악용하는
나치에 대한 비판을 의도했다. 하지만 엄격하고 논리적인 법실증주의는
오히려 나치를 정당화하는 법적 근거를 제공하였다. 어떠한 내용이든 수
립된 강제 질서가 절차를 어기지 않고 지속적 실효성을 입증하면 정당한
법 행위로 승인되었기 때문이다. 켈젠 자신은 민주주의자이자 자유주의자
였지만 법의 자율성 논리는 민주공화국의 내용적 기반을 무너뜨리고 나치
집권을 형식적으로 방치하는 역할을 했다.

민주주의가 대의제 절차로만 이해되면 왜 전체주의의 형식적 근거로 작
용하는가? 여기에 대해서는 여러 측면에서 원인을 찾을 수 있다. 먼저 다
수결을 좌우하는 여론의 향방을 특정 지배 세력이 얼마든지 왜곡하거나
조작할 수 있다는 점이다. 아렌트는 『전체주의의 기원』에서 이 문제를 집
중적으로 분석하였다.

"선전은 사실 심리전에 빠질 수 없는 부분이다. … 선전이 비전체주의적 세계를 다루
기 위한 전체주의의 수단, 어쩌면 가장 중요한 수단이라면, 폭력은 전체주의 정부의 본

질, 그 자체다."

먼저 비전체주의적 세계는 단순히 전체주의의 반대편에 있지 않다. 비전체주의적 세계란 당연히 한국을 비롯하여 미국, 유럽 등 민주주의를 표방하는 국가를 의미한다. 이러한 국가들은 형식적으로 비전체주의이지만 내적으로는 전체주의 요소를 상당 부분 포함할 가능성을 항상 지닌다.

이를 위한 가장 유력한 수단이 선전이다. 현대사회에서는 텔레비전, 신문을 비롯하여 광범위한 영향력을 발휘하는 대중매체가 주로 이용된다. 선거에서도 대중매체를 통한 여론 형성이 막강한 위력을 발휘한다. 대기업이 직접 언론사를 운영하든가 광고주의 힘으로 언론이 조종된다. 당연히 대기업의 정치적 이해를 대표하는 정당이 유리한 위치에 서게 된다. 다양한 방법으로 정부가 직접 언론에 영향력을 행사하는 경우도 흔하다. 애국심을 빌미로 전체주의적 정책에 대한 대중적 동의를 조작해낼 수 있는 여지가 폭넓게 열려 있다.

또한 선거는 현실적으로 철저히 돈을 통해 이루어지기 때문에 이때 사람들은 정당의 자금과 조직에 의존하게 된다. 선거가 거듭되어도 다수 서민의 의사가 반영되지 않고, 경제적 상태가 별로 좋아지지 않는 상황이 반복되는 것이다. 결국 선거는 소수의 사회적 강자에게 유리한 게임이다.

국회의원들도 정당에 의존하여 지위를 획득한 이상 소속 정당의 견해를 지지해야만 생존할 수 있다. 자신을 선출해준 주민의 의사가 아니라 정당 지도부의 이해에 맞추어야 하는 것이다. 그래서 국회에서의 발언과 투표도 정당 주도 세력이나 그들의 돈줄을 쥔 집단의 이해에 종속되는 경향이 자리 잡는다. 이렇게 다수결에 의한 정의 실현 대신 소수의 배타적 이해나 전체주의 요소가 자리를 잡게 되는 것이다. 결국 대의제가 대리인이 아니라 오히려 주인을 뽑는 절차의 성격을 지닌다는 비판에서 자유롭기는 어렵다.

대중매체를 통해 드러나는 정치 현실과 대의제 선거 결과가 다수 의사를 어떻게 왜곡하는지 거듭 확인하게 되면 공적 영역에 대한 대중적 무관심은 점차 확대된다. 실존주의 철학자 카를 야스퍼스Karl Jaspers도 『죄의 문제』에서 이 점을 주목한다.

> "대다수 사람은 정치에서 소외된다. 국가권력을 자기 삶과 연관 지어 인식하지 못한다. 각자에게 공동 책임이 있다는 것을 의식하지 못하고, 정치적으로 아무것도 하지 않고 방관하며, 무조건적인 복종 자세로 일하고 행동한다. 권력자의 결정과 조치에 복종할 뿐만 아니라 그 과정에 참여하지 않는 것에도 양심의 가책을 느끼지 않는다."

정치에 대한 대중적 무관심은 투표율 저하 현상으로 나타난다. 대의제 민주주의 아래 있는 나라라면 어디서나 투표율이 떨어지는 경향이 있다. 왜일까? 부와 권력을 지닌 소수의 사람과 동일하게 한 표를 행사하는 주체인데도, 또한 구성원의 수로 봤을 때 훨씬 더 많은 부분을 차지하고 있어 유리한 위치에 있는데도 왜 투표장에 가지 않을까?

이는 그동안의 경험으로 보아 자기가 주권을 행사하고 있다는 것을 느끼지 못하기 때문이다. 투표를 해도 의회에서는 노동자나 서민의 처지를 오히려 불리하게 만드는 법을 만드는 경우가 다반사다. 이러한 일이 반복되자 사람들이 선거에 참여하는 의미를 점차 잃고, 나아가 투표율 저하라는 결과를 얻게 된 것이다. 심한 경우 투표율이 전체 유권자의 반 정도에 불과하고, 전체 투표자의 반 정도의 득표로 당선자가 결정된다. 대의제의 생명인 다수 의사 대표성의 심각한 위기 상태다.

문제는 정치적 무관심과 소외의 결과가 부당한 권력에의 순종으로 나타난다는 점이다. 대중의 정치적 무관심은 언제나 전체주의나 권위주의 세력의 가장 훌륭한 토양이었다. 나치가 권력을 장악한 후 1943년까지 어떠한 위협적인 반대 운동도 없었던 이유가 여기에 있다. 다수가 자기 이익을 위해 정치 현실과 타협하고 사회 공동체에 대한 공동 책임을 도외시하자 나치 체제가 운신의 폭을 넓힐 수 있었던 것이다.

헌법에 명시된 대의 절차만으로, 그 절차가 제도에 의해 실행된다는 사실만으로 한국을 민주주의가 보장되는 국가로 여긴다면 그건 큰 착각이다. 대의제가 정상적으로 작동한다는 사실만으로 국민 다수의 의사가 국회와 국가 운영에 왜곡 없이 반영되는 것으로 믿고 자신의 일상생활에만 관심을 두고 있다면, 그 역시 우매한 판단이다.

헌법 규정과 제도적 장치는 민주주의가 보장된 상태를 가리키지 않는다. 그건 최소한의 형식일 뿐이다. 따라서 현실적인 한계와 이로부터 제기되는 과제를 고민하는 계기로 보아야 한다. 대의제 자체의 한계에 대한 고민과 보완을 위한 모색 역시 필요하다. 법안 제출권을 정부와 의회가 독점하는 대신 일정 조건 아래서 국민이 직접 권한을 갖는 국민발안제나 국회의원에 대한 국민소환제를 도입하거나 국민투표와 주민투표의 요건을 완화하는 등 국민 의사를 직접 반영할 수 있는 장치의 확대가 여기에 해당한다.

또한 국가 전체를 일상적인 직접민주주의 원리로 움직이기는 어렵다 할
지라도, 노동자나 서민을 비롯한 다수가 자신의 삶에 직결된 영역에서 벌
어지는 중요한 문제에 대해 직접 결정에 참여하는 방법을 충분히 고려해
야 한다. 일상 영역에서의 문제 해결조차 모두 대의제 기구의 결정에 맡길
필요는 없다. 대중이 직접 결정에 참여하는 직접민주주의 요소가 대의제
민주주의를 보완해야 그나마 현실의 민주주의가 어느 정도 제 역할을 할
수 있다.

대한민국의 주권은
국민에게 있다

국가는 주권에 의해 정당성을 얻는다
___

"대한민국의 주권은 국민에게 있고, 모든 권력은 국민으로부터 나온다."

우리 헌법 제1조 2항은 국가의 주권이 국민에게 있음을 선언한다. 공동체 의사 결정의 최종 권한이 국민에게 있다는 의미다. 이때 의사 결정에는 정치 형태와 구조를 포함하여 공동체 유지와 운영에 관련된 기본 원칙이 모두 포함된다. 프랑스대혁명 직후 인권선언 제3조에서 "모든 주권 원칙은 국민에게 있다. 어떤 단체나 개인도 명백하게 국민으로부터 나오지 않은 어떤 권력도 행사할 수 없다."고 규정한 이래, 이는 민주공화국을 표방한 국가의 헌법에 빠지지 않고 등장하는 핵심 조항이다.

사람들은 제1조 2항을 흔히 제1조 1항의 민주주의의 원리를 풀어 설명한 내용 정도로 이해한다. 권력의 근거가 국민에게 있다고 하니 민주주의와 긴밀하게 연결된 내용 같기는 하다. 게다가 우리 헌법에서 정하는 민주주의의 구체적 형식과 실행 원리가 대의제에 기초하고 있으니 결과적으로 주권이란 이를 설명한 내용이 아니겠느냐고 단정하는 것이다.

선거 때마다 흔히 듣는 논리이기도 하다. 대통령 선거나 국회의원 선거 때마다 각 정당과 출마자는 나라의 주인이 국민이라고 입버릇처럼 말한다. 하지만 이럴 경우 주인으로서의 권리는 오직 자신을 대신할 수 있는 대표자를 뽑는 일만이 된다. 주권이란 선거권과 피선거권의 다른 이름일 뿐이다. 주권에 대한 그들의 이해 수준이 여기에 멈춰 있는 면도 있고, 다른 한편으로는 대다수의 국민이 주권의 의미를 그 정도로 생각하게 권하는 면도 있다.

특히 권위주의 통치 세력은 노골적으로 주권을 협소하게 좁혀 헌법에 명문화하기도 했다. 1972년에 제정된 유신헌법에서는 "대한민국의 주권은 국민에게 있고, 국민은 그 대표자나 국민투표에 의하여 주권을 행사한다."는 문구를 통해 국민주권의 의미를 대의제 틀 안에 가두고자 했다.

국민의 권리 전반을 대폭 제한한 유신헌법에서 주권을 한사코 투표권 정도로 국한시켜 놓았다는 점은 역설적으로 본래 주권이 보다 넓은 의미임을 미루어 짐작하게 한다. 그들은 대의제 민주주의 원리의 재천명 의미를 넘어서는 주권의 본질을 국민이 깨닫고 이를 행사하려 드는 것을 두려워했다.

주권이 국민에게 있고, 주권자인 국민이 최고의 결정권을 가진다는 생

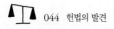

각은 기본적으로 근대 사회계약론에 뿌리를 두고 있다. "모든 주권 원칙은 인민에게 있다."는 인권선언의 내용은 그 출발부터가 자발적 합의를 통한 사회계약 원리의 표명이다. 이 선언에 앞서 주권과 국가의 원리를 천명했던 미국 독립선언문에서 규정한 내용도 같은 맥락이다.

"지상의 여러 나라 사이에서 자연법과 자연의 신이 인민에게 부여한 법에 따라 독립적이고 평등한 지위를 취하는 것이 필요하게 되었을 때, 인간의 신념을 정녕코 존중한다면 분리 독립을 요구하는 대의를 선언함이 요청되는 바이다."

여기에 언급된 '자연법' 역시 법과 국가가 정당화될 수 있는 주권의 근거를 자연권 사상에서 찾은 근대 사회계약론에 기인한 것이다. 신에 의한 국가의 정당화가 더 이상 아무런 설득력도 얻을 수 없게 된 시대에 새롭게 국가가 어떻게 권위를 얻게 되는가를 모색한 사회계약론은 모든 사람이 본래 갖는 주권에서 실마리를 찾았다. 그리하여 주권에 기초한 최초의 사회계약 이전에는 국가가 존재하지 않았다는 전제에서 출발한다.

하지만 엄밀하게 접근하자면 주권의 주체를 '국민'으로 표현하는 것은 적합하지 않다. '국민'은 말 그대로 국가의 구성원이라는 의미이기에 '국민'은 국가를 전제로 한다. 이미 만들어진 국가의 규범 아래 있는 '국민'을 국가 이전의 사회계약에 관련된 주권과 연관시키는 것은 논리적으로 타당하지 않다. 다른 나라에서 흔히 사용하는 '인민'이 보다 적합할 텐데, 이 단어에 대한 거부감 때문인지, 기존 국가 규범 안의 구성원이라는 틀 안에 주권의 의미를 축소시키려는 의도 때문인지, 한국에서는 유독 '국민'이라는 용어를 고집해왔다. 이 책에서는 혼용하여 서술하려 한다.

주권의 의미를 정확히 이해하기 위해서는 근대 이전의 사고방식과 근대 사회계약론의 비교, 또한 사회계약론의 다양한 전개 과정, 이를 둘러싼 근대와 현대에서의 논의를 종합적으로 살펴볼 필요가 있다.

주권을 부정하거나 제한하는 시도

그리스철학을 대표하는 플라톤이 보기에 국가는 자연적 필요의 산물이었다. 그는『국가』에서 "나라가 생기는 것은 각자가 자족하지 못하고 여러 가지가 필요하기 때문"이라고 하였다. 국가는 개인이 음식물, 주거, 의복을 비롯하여 생활에 필요한 물품을 전적으로 마련할 수 없기에 생겨났다. 그런데 그렇다고 해서 국가가 저절로 구성되고 운영되는 것은 아니었다. "정치권력과 철학이 한데 합쳐지는" 것이 아닌 한, "나라나 인류에게 나쁜 것의 종식"은 없다. 그리하여 탁월한 지혜를 가진 소수가 현실 문제를 해결하는 과정이 필요했다.

『법률』에서는 "신과 더불어 우연과 기회가 일체의 인간사를 조종"하기 때문에 사회 내에 싸움이 생겨나는 것으로 보았다. 그리고 이를 제어하기 위해 "기술이 동반하게 된다."고 설명하였다. 그가 보기에 실제 국가를 구성하고 운영하는 데는 자연적 필요만으로는 어찌할 수 없는 고도의 기술이 필요했다. "폭풍우 상황에는 조타수의 도움을 받는 것이 그러지 않는 것보다는 큰 이득"이다. 즉, 배를 안전하게 운전하는 사람은 선장, 항해사를 비롯하여 항해 기술을 가지고 있는 소수의 사람이다. 마찬가지로 나라의 화합을 위해서는 "입법자가 언제나 가장 중요한 훌륭함에 제일 주목하고서 법률을 정할 뿐"이다. 그러므로 법을 만들거나 바꾸는 권리가 이성의 세례를 받은 소수의 지식인에게만 제한적으로 인정된다고 생각하였다.

플라톤보다 폭넓게 민주주의를 수용했던 아리스토텔레스Aristoteles도 『정치학』에서 "국가는 자연적으로 존재하는 결사의 완성이므로 모든 국가는 자연적으로 존재하는 것"이라고 하였다. 국가만이 자족 상태를 이룬다고 생각하였다.

"이제 우리는 다음과 같은 결론을 내릴 수 있겠다. 즉, 개인이나 가족이 시간으로는 국가에 선행되지만 논리적으로는 국가가 개인이나 가족에 선행한다."

아리스토텔레스에 따르면 고립된 개인은 자족적일 수 없으므로 국가에 의존해야 한다. 하지만 국가는 개인에 기초하여 만들어지지는 않는다. 논리적으로 볼 때 전체는 부분에 우선하기 때문에 개인은 주권자라기보다 국가를 전제로 하는 구성원이다.

기독교가 지배하는 중세에 이르면 아예 주권의 개념이 없어진다. 국가는 신의 권위에 의해 정당화된다. 기독교 신학을 정립한 교부철학의 대표자 아우구스티누스Augustinus에 의해 기본 논리가 만들어진다. 그는 『고백록』에서 "자유의지야말로 악을 저지르게 하는 근본 원인이며, 자유의지로 말미암아 주님의 심판을 받게 된다."고 주장한다. 주권이 인간에 기초할 때 사회는 악의 구렁텅이로 빠진다. 아담의 죄, 즉 피조물의 자유의지에 의해 욕망과 타락이 생겨나 악으로 향한다는 논리다.

그러므로 인간의 죄는 신에 귀의해야 구제된다. 국가는 그 자체로서 선인 신에 의해 만들어져야 한다. 이에 아우구스티누스는 『신국론』에서 "영원한 신의 세계"를 건설할 것을 주장한다.

세계사는 지상의 나라와 신의 나라 사이의 투쟁 과정을 통해 변화 · 발전하며, 신의 나라는 일체의 선을 담는다. 따라서 지상의 나라를 없애고 신의 나라를 세우는 것이 신의 목적이다. 신의 뜻은 신이 정한 시기에 이루어지며 신의 나라가 도래하면 모든 탐욕이 다스려지고 신의 사람만 남는다. 그리고 신에 대한 절대복종은 지상에서 유일하게 교회를 통해 이루어진다는 것이 그의 주장이다.

근대사회에 접어들어서도 주권을 제한된 틀 안에 가두려는 시도는 계속이어진다. 자연이 인간에게 부여한 주권에 의해, 합의된 계약에 근거하여 국가와 법이 정당화될 수 있다는 견해를 부인한다. 파스칼Pascal은 『팡세』에서 자연권으로서의 주권을 비판하고 법의 근거를 관습으로 규정한다.

> "위도가 3도만 달라져도 모든 법체계가 뒤집힌다. 자오선 하나가 진리를 결정한다. 몇 년간 유지됐을 뿐인데도 기본적인 법률이 변한다. 권리에도 기한이 있다. … 정의란 우스운 것이다. 강의 한계가 한 줄기 있음으로 해서, 피레네산맥 이쪽은 진실한데 저쪽은 진실하지 못하고 뒤틀린다."

파스칼이 보기에 어떠한 법도 그 자체로서 올바른 것은 하나도 없다. '참다운' 법률이나 '올바른' 법률은 없다. 모든 법은 지역이나 시간에 따라 변화한다. 마찬가지 이유로 모든 것의 기초가 되는 권리로서의 주권이라는 발상도 아무런 설득력이 없다. 권리 역시 일시적인 기한 안에서만 의미가 있기 때문이다. 오직 관습만이 권위를 만들어낸다. "관습은 세상 사람이 받아들이고 있다는 이유만으로 완전히 공정한 것이 된다."

파스칼이 보기에 정의로운 국가와 법은 주권자 사이의 계약에 의해 만들어지지 않았다. "정의는 이미 만들어져 있는 것이다." 법은 모두 확정되어 있다. 법은 이성적 판단이나 계약과 무관하게 우선 제정되었다. 확정된 이유를 조사할 필요는 없었다. 관습이 만들어냈으니 논리적 이유를 찾는 일은 무의미했다. 관습은 그저 관습이라는 이유 때문에 따르지 않으면 안 되었다. 옳거나 이성에 합당하기 때문이 아니라 관습이 옳다고 여기기에 따라야 했다. 그러므로 "법률이기에 법률에 복종하고 관습이기에 관습에 따른다는 것은 좋은 일"이었다.

법의 근거가 되는 관습은 무질서를 방지하기 위해 만들어졌다는 점에서 합리적이다. "내란은 최대의 재난이기 때문"에, 즉 무질서가 더 큰 악이기 때문에 이성이나 논리로는 불합리하게 보일지라도 관습은 합리적 지위를 갖는다. 무질서를 방지하기 위해서는 힘이 절대적으로 필요하다. 국가와 법이 정의의 자리를 차지하는 것은 "거기에 힘이 있기 때문"이다. 힘이 상실된 법은 환상적인 이상의 발자취다.

그러므로 법의 원천을 밝히려는 시도는 위험하다. 만약 법이 자유롭고 공정한 계약이나 이성적 합리성에 기초한 것이 아니라면 신용을 잃게 될지도 모르기 때문이다. "법의 시작을 숨겨야만 한다." 만약 현실의 법이 신용을 잃으면 광범위한 무질서가 초래된다. 법이 정당화되고 질서가 유지되기 위해서는 법 제정의 순간이 잊힐 필요가 있었다.

몽테스키외도 『페르시아인의 편지』에서 법의 기원과 관련하여 주권에 근거한 사회계약을 반대하였다.

"사회 기원의 탐구는 참으로 어이없는 일이다. … 사람이면 누구나 태어남과 동시에 서로가 서로에게 연결돼 있다. 아들은 아버지 곁에서 태어나게 마련이고 아버지에게 연결되어 있다. 그래서 사회가 생긴 것이고 이것이 사회의 원인이다."

사회의 출발은 계약이 아니라 가족의 자연스러운 확대다. 파스칼이 주장한 관습과 비슷한 맥락이다. 관습이 만들어낸 가족이 권력의 근원적 뿌리가 된다. 몽테스키외는 "가장권이야말로 모든 권력 중 가장 남용이 적은 권력이다. 법률 중 가장 신성한 법률이며 규정에 얽매이지 않고, 오히려 그런 규정을 우선하는 유일한 것이다."라고 했다.

이 논리에 따르면 아버지에게 보상과 처벌 권리를 많이 맡길수록 가정이 더 잘 다스려지므로 이는 국가에도 적용되어야 한다. 그리고 가족 확대와 가장권 확립이라는 논리의 연장선상에서 군주제가 옹호된다. 하지만 몽테스키외는 무소불위의 권력을 가진 과거의 군주제에는 반대했다. 그가 추구하는 것은 군주에 의해 통치되는 온건한 정부이며 이를 위해서는 법에 의해 왕권이 제한되는 입헌군주정이 가장 적합하다고 보았다.

몽테스키외가 보기에 주권 개념과 사회계약 원리는 국가와 법을 의식적 판단의 산물로 본다는 점이 문제였다. 『법의 정신』에서 "나는 무엇보다도 인간에 대해 생각했다. 그 결과 법률과 관례의 무한한 다양성 속에서 인간이

자의에 의해서만 지배되는 것이 아님을 믿게 되었다."고 설명하기도 하였다. 결국 그는 자연법 이론과 사회계약론을 거부하고 독자의 길을 걸었다.

현대사회에서 상당한 위세를 떨친 법적 실증주의도 주권을 이미 존재하는 실정법의 하위개념으로 격하시키는 경향을 보였다. 법적 실증주의의 위대한 이론가로 꼽히는 켈젠의 『순수법학』에서 발견되는 논리가 대표적이다.

> "실증주의 법학은 최초의 헌법 제정자를 최고의 법적 권위로 본다. … 그러한 규범이 법규범들의 객관적 효력을 근거 지움에 있어, 실효성을 갖는 강제 질서를 객관적으로 효력 있는 법규범의 체계로 해석함에 있어 전제되어 있다는 점을 확인할 수 있을 뿐이다."

법의 동기와 법 자체를 혼동하거나 동일시해서는 안 된다는 것이 그의 주장의 골자다. 당연히 법을 만드는 사람들이 좋은 의도를 가지고 모든 사회 구성원에게 이익이 되도록 하는 것이 바람직하다. 하지만 이는 법이 발생하는 과정에서의 동기 문제일 뿐이며 법 이해는 주관적, 추상적 동기가 아니라 존재하는 법에 대한 것이어야 한다. 그럴 경우, 주권이나 계약은 뜬구름 잡는 이야기에 불과하다. 현실에 만들어져 있는 실정법만이 의미가 있다. 제도화된 법이 우선이고, 법 체제 내의 상위법과 하위법이 있을 뿐이다. 어떤 헌법이 만들어져 있다면 그 자체로 권위가 성립하므로 이를 대상으로 정당성이나 정의 여부를 논하는 일은 법 이해를 넘어서는 영역이다.

그리스에서 중세를 거쳐 근대, 그리고 현대에 이르기까지 소수자의 권위나 신 혹은 관습이나 실정법을 근거로 주권을 제한적으로 규정하려는 견해는 공통적으로 이미 현실로 존재하는 법에의 복종만을 강조한다. 결국 현실의 법이 정의의 유일한 기준이다. 이 관점들에 따르면 인간의 천부적 권리나 모두가 동의할 수 있는 정의로운 계약 원칙이란 애초에 허무맹랑한 발상이며 법에 우선하는 가치 영역은 전적으로 부정된다. 불행하게도 이러한 논리는 역사적으로 전체주의와 권위주의 통치 세력의 유용한 법적 도구 역할을 전담해왔다.

사회계약론과 자연권으로서의 주권

르네상스와 종교개혁을 거치면서 신과 교회의 절대 권위는 무너지기 시작했다. 사람들은 신분적 강제가 사라지고 세상의 모든 질서를 이성적으로 설명해야 하는 시대를 맞이하였다. 그리하여 '신'의 자리는 '인간'이, '계시'의 자리는 '이성'이 대신하게 되었다. 천년에 이르는 암흑의 터널을 뚫고 '개인의 탄생'을 위한 서곡이 울린 것이다. 더불어 신과 신분을 대신하는 새로운 사회 구성 원리가 필요하게 되었고, 이를 개인에 기초하여 이성적으로 설명하려는 시도가 사회계약론으로 나타났다.

신권을 국가의 근거로 삼은 중세의 사고방식에 균열을 낸 것은 마키아벨리였다. 그는 『군주론』에서 신이나 도덕적 원리를 권력 근거로부터 추방해버렸다.

"어떤 상황에서나 선한 행동을 고집하는 자는 무자비한 자들에게 둘러싸여 몰락을 자초할 것이 불가피하다. 권력을 유지하고자 하는 군주는 필요하다면 부도덕하게 행동할 태세가 되어 있어야 한다."

마키아벨리는 추상적 원리나 관습적 도덕 위에 국가를 올려놓으면 불확실성에 휩싸여 멸망의 길에 이른다고 생각하였다. 또한 "인간이란 은혜를 모르고, 변덕스러우며 위선자인 데다 기만에 능하며 위험을 피하고 이득에 눈이 어둡다."고 생각하였다. 지나치게 이해타산적이기 때문에 이익을 취할 기회가 있으면 국가의 안정을 흔들어버린다고도 하였다. 그러므로 "두려움은 처벌에 대한 공포로써 유지되며 항상 효과적"이라면서 국가와 통치행위를 도덕이 아닌 정치 기술, 예측 가능한 합리적 행위의 토대 위에 놓고자 하였다.

그러다가 후에 『로마사 논고』에서는 "인민은 현명하다고 생각되는 군주보다 더 침착하고 신중하며 감사해하는 장점을 갖고 있다. 다른 한편 법률의 구속에서 풀려난 군주는 인민보다 더 배은망덕하고 동요하기 쉽고 경솔하다."고 함으로써 변화된 입장을 밝혔다. 군주로부터 인민으로, 주권이 변화한 것이다.

그런가 하면 근대 사회계약론의 초기 문제의식인 홉스Hobbes의 이론 속에서는 군주 주권과 인민 주권이 혼재된 양상으로 나타난다. 먼저 홉스는 『리바이어던』을 통해 자연권으로서의 평등의 권리에서 계약의 출발점을 마련한다.

"자연은 인간을 신체와 정신 능력에 있어서 평등하게 창조했다. … 인간과 인간 사이의 차이란, 어떤 다른 사람이 그에 대해 자기 자신과 마찬가지로 주장할 수 없는 어떤 이익을 갖는다고 말할 수 있을 만큼 큰 것이 아니다."

인간의 본성이 자기의 이익을 추구하는 데 있다고 보는 관점은 중세의 사변적 정의관이나 국가관과는 다르다. 홉스는 마키아벨리가 그러했듯이 경험적 지각에서 오는 동의의 필요성에 주목하고 구성원 간 동의의 필요성을 경험적으로 끌어내기 위해 현실적 본성에서 출발하였다.

문제는 각자의 이익이 충돌하는 데 있었다. "두 사람이 같은 것을 의욕하고 그럼에도 불구하고 둘 다 향유할 수 없다면 적이 된다." 자기 이익을 주장하는 평등에서 불신이 발생하며 불신에서 전쟁이 발생한다. 타인에게 해를 끼쳐서라도 이익을 추구하는 이기적인 인간 본성에 비추어볼 때, 본성이 그대로 발휘되는 자연 상태에서는 "항상 모든 사람에 대한 모든 사람의 전쟁"이 생긴다. 자연 상태란 폭력과 힘의 지배다. 그러므로 자연 상태를 사회 상태로 전환시켜야 한다. "강력한 국가가 모든 이에게 두려움의 대상으로 존재"할 때, 이를 구성원 모두가 인정할 때 평화로운 세상이 실현된다.

홉스의 자연권과 인간의 이기적인 본성에 대한 관점은 당시로서는 상당히 진보적인 태도였다. 이성 원리에서 출발한 그리스철학, 신에게서 근거를 마련한 중세 신학은 둘 다 구성원 모두의 의지와는 무관하게 이미 만들어진 질서에 순응하는 방식이었다. 이익을 추구하는 평등한 본성의 인정은 정해진 질서가 아니라 개인이 출발점이었다. 이는 신분적 제약에서의 해방이라는 근대적 인간 이해를 담고 있다. 동시에 무한한 욕망을 가진 개인이라는 근대적 인간관을 제시한다.

스피노자Spinoza도 국가의 기초를 인간의 공통적 본성에서 찾았다. 그가 보기에 인간의 본성적 욕망은 서로에게 해를 끼쳤다. 그리하여 온갖 폭력에서 스스로를 보호하고 공동의 판단에 따라 살기 위해서는 한 몸으로서의 권리를 갖고 연합해야 했다. 스피노자는 그것이 인간의 자연권이라 결론지었으며 이때 이성은 자연권을 수용하는 방향에서 성립했다. 『정치론』에서도 "사람들이 이성의 인도를 받으면 받을수록, 즉 자유로우면 자유로울수록 언제나 국가의 법을 더 잘 지킬 것"이라고 말하였다.

로크 역시 자연 상태에서의 인간은 자유롭고 평등하다는 전제에서 출발했지만 몇 가지 면에서 홉스의 견해와는 뚜렷이 구별되었다. 로크는 먼저 홉스가 설정한 자연 상태의 추상성에 경험적 측면을 가미하였다. 그리하여 『통치론』에서 자연 상태를 다음과 같이 규정하였다.

"정치권력을 올바로 이해하고 기원으로부터 도출하기 위해 모든 인간이 자연적으로 처한 상태를 고찰해야 한다. … 자연법의 테두리 안에서 스스로 적당하다고 생각하는 바에 따라 행동을 규율하고 소유물과 인신을 처분할 수 있는 완전한 자유 상태다."

실제 인간이 자연적으로 어떤 상태에 있었는지에 대한 경험적 탐구로 논리를 보완하며 이를 소유의 문제와 연결시켰다. 그리하여 "대지와 그에 속하는 모든 것은 부양과 안락을 위해 모든 인간에게 주어진 것이다."라고 말하였다.

근대 이전의 사상가들은 대부분 사회나 국가의 형성을 가족이 자연스럽게 확대된 결과로 이해했다. 가족이 씨족이 되고, 씨족이 부족이 되고, 부족이 자연스럽게 국가가 되었다는 논리다. 사회 구성의 기본 단위를 개인이 아니라 집단적인 가족으로 설정했다. 그리고 가부장제 가족 아래서는 가족의 대표인 아버지만이 권리를 가졌다. 사회 구성의 권한은 일정한 신분이나 재산을 가진 아버지에게만 주어졌다. 기본적으로 재산과 가족에 대한 소유권, 처분권이 아버지에게 있기 때문에 이들의 정치적 권한만이 인정되었다.

하지만 로크는 소유론을 통해 이에 반기를 들었다. 로크에 따르면, 만물은 애초부터 공유물이고, 사적 소유도 노동을 기반으로 정당화되기에 아버지만이 아니라 처나 자녀, 고용인 등 인간이라면 누구나 소유권의 주체였다. 이러한 관점은 모든 개인에게 자유롭고 평등한 근대적 주체, 정치적 동의의 주체로서 지위를 보장하는 근거로 작용하였으며, 시대적 한계를 고려할 때 정치적 측면에서 혁명적 성격을 띠었다.

로크는 여기서 "자연 상태는 '자유의 상태'이지, '방종의 상태'는 아니다."라고 덧붙였다. 인간은 모두 평등하고 독립된 존재이므로 누구도 다른 사람의 생명, 건강, 자유 또는 소유물에 위해를 가하면 안 된다. 하지만 권리에 대한 침해가 발생했음에도 구제를 호소할 수 없는 곳에서 모든 사람은 전쟁의 권리를 가진다. 이러한 생각에서 "전쟁 상태를 피하려는 것이 사람들이 사회를 결성하고 자연 상태를 떠나는 커다란 이유의 하나다."라고 했다. 그리고 이로 인해 사람들은 자연 상태를 벗어나 정치사회로 들어가고 정부를 수립할 필요성을 갖게 되었다.

근대적 사회계약론은 루소에서 정점에 이르는데, 루소는 먼저 홉스의 사회계약론을 비판하였다. 『인간 불평등 기원론』에서 자연 상태의 폭력과 전쟁을 근거로 권리 양도의 정당성을 바로 도출하는 논리를 지적하였다.

"그들 모두 욕구, 탐욕, 압박, 고통, 교만 등에 대해 끊임없이 논하기는 했으나, 자기들 이 사회에서 얻은 관념을 자연 상태에 옮겨놓은 데 불과했다. 미개인에 대해 운운한 것 이 결국 문명인에 대한 묘사가 되고 말았다."

원시 자연인은 만인에 대한 만인의 전쟁 상태에 있던 존재가 아니다. "자연 상태란 자기 보존을 위한 노력이 타인의 보존에 가장 해를 끼치지 않는 상태"다. 따라서 평화로운 삶을 특징으로 한다. 그들에게는 오히려 굴종과 지배가 무엇인지 이해시키는 것이 더 어려운 문제다.

폭력과 억압은 농경과 목축을 통해 정착 생활을 시작하면서 생겨났다. "이때가 바로 가족이 형성되고 구별이 생겨나고 일종의 소유 개념이 도입 된 최초의 시기다." 기존의 법은 이를 정당화하는 과정에서 생겨났기에 강 자의 법이며, 현실의 사회제도와 법률은 억압을 본질적 성격으로 지닌다 는 것이 루소의 관점이었다.

루소는 자연인으로서의 자유로운 권리를 온전하게 보장받도록 진정한 사회계약 원칙을 수립해야 한다고 주장하였다. 『사회계약론』에서 "사회질 서는 다른 모든 권리의 기초가 되는 신성한 권리다. 그런데도 이 권리는 자 연에서 생겨나지 않는다. 약속에 근거를 둔다."고 하였다. 각 개인이 자유 로운 자연 상태에 있는 것으로 가정하고, 이로부터 자발적이고 정의로운 계약이 이루어져야 사람들은 노예 상태에서 벗어날 수 있다. 하지만 여기서 끝나는 게 아니다. 왜냐하면 "이러한 힘들의 총화는 여럿의 협력에 의해 생겨난다."는 사실 때문이다. 당연히 수많은 사람이 모여 사회질서를 만들어야 하는데, 협력이란 그리 간단하지 않다. 전체를 위해 일방적으로 양보하거나 손해를 본다면 다시 노예 상태로 전락할 것이기 때문이다.

루소가 보기에 주권은 자연권에 기초하되 사회질서는 자연에서 생겨나지 않았다. 사회질서를 통해 획득되는 권리는 의식적 약속인 사회계약에 근거하였다. 따라서 천부적으로 갖는 주권이 사회계약에서 의식적인 일반 의지로 현실화될 때 구체적인 권리 주체가 될 수 있었다.

비슷한 문제의식을 칸트에게서 발견할 수 있다. 칸트 역시 자연적 권리와 사회적 권리를 뒤섞어버리면 안 된다고 주장하였다. 『법 이론의 형이상학적 원리』에 의하면 "법은 자연법과 실정법으로 세분화"되고, 모든 타인과 불가피하게 함께 있을 수밖에 없는 사회질서를 만들기 위해서는 "자연 상태를 벗어나 법적 상태"로 이행해야 했다. 그리고 법적 상태인 국가의 제 원칙은 이성적 판단과 선택을 통한 계약에 의해 만들어졌다.

> "법적 인간이 되어야 한다. … 이러한 의무를 '자신을 타인의 한갓 수단으로 만들지 말고 타인에게 동시에 목적이 되도록 해야 한다.'는 명제로 표현한다. 이와 같은 의무는 '자기 인격 안의 인간성이 가지는 권리에서 유래하는 구속성'으로 설명된다."

칸트는 또 "국민이 헌법을 제정하여 하나의 국가를 만드는 행위는 근원적 사회계약"이며 사람들은 국가 안에서 타인과 관계를 맺고 살아야 하기

때문에 자신의 가치에 머무는 대신 보편적 인간의 가치로 나아가야 한다고 주장하였다. 또한 "법이란 한 사람의 자의가 다른 사람의 자의와 자유의 보편 법칙에 의거하여 상호 통합될 수 있는 조건의 총체"가 될 때 루소가 강조한 일반의지, 칸트의 표현대로라면 통합된 의지가 생겨나는 것이었다. 동시에 "입법 권력은 오직 국민의 통합된 의지에만 귀속될 수 있다."고 주장하였다. 그런데 누구는 목적으로 다루어지고 다른 누구는 수단이 된다면 애초에 통합은 불가능한 일이 된다. 유일하게 모든 사회 구성원이 동의할 수 있는 보편적 원리는 누구나 다 목적으로 다루어지는 조건이다. 이러한 조건 아래서만 국가의 합법성, 정당성이 인정된다.

주권은 양도되는가? 공정한 계약은 어떻게 가능한가?

"자유와 권리에 따르는 책임과 의무를 완수하게 한다."

우리 헌법의 전문에 나오는 대목이다. 사회 구성 및 운영의 원리, 헌법의 정신과 관련하여 가장 자주 언급되는 내용이기도 하다. 물론 가장 잘 알려져 있다 하여 이 내용을 모두 잘 아는 것은 아니다. 상당수 사람은 권리와 의무의 문제를 막연하고 의례적인 표현 정도로 여긴다.

하지만 권리와 의무의 문제는 사회계약의 핵심 영역이다. 특히 루소의 사회계약론이 제시한 기본 원칙과 연관이 깊다. 근대 이후 대부분 국가의 헌법의 기준 역할을 한 1789년의 프랑스 인권선언을 통해서도 그 영향을 잘 알 수 있다.

인권선언 제6조에는 "입법은 일반의지를 표현한다. 모든 인민은 직접 또는 그 대표를 통하여 일반의지 형성에 기여할 자격이 있다."고 되어 있는데, 주권이 '일반의지' 형성을 통해 행사된다는 규정은 루소의 전형적 문제의식과 닿아 있다. 또한 인권선언은 전문에서 일반의지를 통해 사회질서를 구성하는 원리로서의 권리와 의무에 대해 다음과 같이 설명하였다.

> "이 선언이 정치체의 모든 성원에게 권리와 의무를 항상 상기시키는 것이 되도록 하고, 입법권과 행정권이 행하는 행위를 매 순간 정치제도의 목적과 비교하여 그 행위가 그 목적을 더욱 존중하도록 하며, 단순 명쾌한 원리에 입각한 인민의 요구가 언제나 헌법과 공동선을 유지할 수 있도록 하고자 한다."

권리와 의무의 상기가 모든 성원에게 '항상' 이루어져야 한다는 강조점도 루소가 갖고 있던 문제의식의 연장선에 있다. 따라서 이를 정확히 이해하기 위해서는 루소가 강조한 일반의지의 행사, 권리와 의무의 원칙이 갖는 의미를 확인해볼 필요가 있다. 또한 홉스나 로크를 비롯한 다른 사회계약론의 내용과도 비교해보자.

일반의지, 그리고 권리와 의무의 문제는 주권 양도를 둘러싼 논의와 직접 연관된다. 권리 행사만으로는 사회질서가 유지될 수 없다. 사회가 유지되기 위해서는 일정 정도의 강제력을 통한 규제가 필요한데, 이는 의무의 문제와 연결된다. 그렇기 때문에 권리 양도 여부와 범위 설정은 사회계약론 초기부터 논란의 중심에 놓였다.

홉스의 『리바이어던』에 의하면 국가는 상호계약에 의해 자연적 권리를 양도함으로써 구성된다. 만인의 만인에 대한 전쟁을 중단시키고 평화와 공동방위, 즉 개인의 안전을 실현하기 위해서는 "인간을 두렵게 하고 처벌에 대한 공포로 그들을 옭아매는 가시적인 힘"이 전제되어야 한다. 만일 수립된 힘이 없거나 충분하지 않으면 서로의 경계심 때문에 다시 개인의 힘에 의존하게 된다.

"전쟁 상태로부터 벗어나기 위해 국가에 의한 구속을 받아들인다. 만인으로 하여금 모두의 권력과 힘을 한 사람이나 한 집단에게 양도하고 모두의 의지를 다수결에 따라 그 사람이나 그 집단의 의지로 축소·대체시키는 것이다."

이때 개인에게서 모든 권리를 양도받는 한 사람이란 군주를 의미한다. 또한 국가는 '하나의 인격'이어야 한다. 만약 단일 판단에 의해 지도가 이루어지지 않고 이것들이 다수에게 맡겨지면 각자의 판단과 욕구가 부각되면서 상호 방해와 반대가 일어나 전체 힘을 감소시킨다. 그러므로 평화의 지속을 위해 다수를 지도하는 단일판단, 즉 하나의 인격은 항구적이어야 한다.

홉스에 의하면 군주에게는 규칙을 제정할 권리가 있다. 또한 전쟁과 평화를 선포할 권리도 있다. 신민은 정체를 변경시킬 수 없고, 군주의 주권을 찬탈할 수 없다. 이 모든 사항을 종합할 때 홉스의 주장은 절대군주제에 대한 강력한 옹호라는 결론에 도달한다.

로크 역시 『통치론』에서 전쟁 상태를 피하고 소유권을 지키기 위해 개인의 권리를 양도함으로써 공통의 권위를 세워야 한다고 주장하였다. 하지만 권리의 양도 대상에 대한 견해에 있어 홉스와 상당한 차이가 있었다.

> "자연법의 집행권을 포기하여 공동체에게 양도하는 곳에서만 비로소 정치사회, 또는 시민사회가 존재한다. … 권력은 인민에게 되돌아가며 인민은 원래의 자유를 회복할 권리와 새로운 입법부를 설립함으로써 사회에 가입한 목적에 다름 아닌 자신의 안전과 안보를 강구할 수 있는 권리를 가지게 된다."

로크의 관점에 따르자면 개인의 권리를 양도받는 주체는 군주가 아니라 '공동체'다. 개인이나 집단이 아닌 정치사회로서의 시민사회가 권리의 주체다. 권리를 양도한다고 해서 자연권에 기초한 시민사회가 사라지는 것이 아니다. 시민의 권리, 국민주권은 지속적으로 보장되어야 하기 때문에 정치체제는 시민사회와 공존해야 한다. 동시에 절대군주제는 "시민사회와 양립 불가능하며, 따라서 결코 시민적 지배 형태가 될 수 없다."

절대군주는 입법권과 집행권을 모두 갖기 때문에, 절대군주제 아래서는 군주가 저지른 침해나 폐해에 대해 권위를 갖고 공평한 결정을 내릴 수 있는 재판관이 존재하지 않는다. 따라서 입법권의 우위를 전제로 입법과 행정을 분리함으로써 권력을 분할하여 서로를 제한할 수 있는 국가를 수립해야 한다.

또한 이후에도 시민적 권리가 지속되기 위해서는 별도의 권리가 요구된다. 입법부나 최고 행정권자가 인민의 재산을 빼앗거나 파괴할 경우 또는 인민을 자의적 권력하에 놓인 노예로 만들 경우 어떻게 할 것인가 하는 문제가 생기기 때문이다. 로크는 그들이 스스로를 인민과의 전쟁 상태에 몰아넣었으므로 인민은 복종 의무로부터 면제된다고 단언하며 저항권을 주장하였다. 그리고 그 권리는 지속적이어야 한다고 덧붙였다.

이로써 권리가 특정 권력자가 아니라 공동체에 양도되어 계속 유지되어야 한다는 점은 분명해졌지만 권리와 의무가 어떤 관계여야 하는지에 대한 내용은 여전히 비어 있다. 이에 대해 근대 형법 사상의 기초를 마련한 베카리아Beccaria•는 『범죄와 형벌』에서 개인이 계속 지니는 자유와 내놓는 자유를 구분하는 방식으로 권리와 의무 문제를 설명하였다.

"사람들은 자유의 일부를 할애하여 나머지 자유의 몫을 평온하고 안전하게 누리고자 했다. 이렇게 각 개인에 의해 할애된 자유의 몫의 총합이 한 국가의 주권을 구성한다."

출발은 홉스나 로크와 비슷하다. 개인이 모든 자유를 지니면 사람들은 끊임없이 전쟁 상태에 놓이고, 전쟁 상태에 지친 사람들은 전적인 자유의 향유로 인해 결국 자신의 자유조차 제대로 보전할 수 없음을 깨닫는다. 그 결과 자유의 일부를 사회질서 유지에 내놓는다. 자유의 일부분을 양도함으로써 남아 있는 자유를 누리는 것이다. 즉, 베카리아가 보기에 국가의 역할은 개인이 쪼개어 내놓은 자유를 정당하게 공탁받아 관리하는 것이었다.

•
체사레 베카리아(Cesare Marchese di Beccaria, 1738~1794) 이탈리아의 형법학자. 근대 형법학의 선구자라 불린다. 저서 『범죄와 형벌』을 통해 형벌은 입법자에 의하여 법률로 규정되어야 한다는 주장을 펴서 당시 지식사회에 반향을 불러일으켰다.

그러나 루소는 주권이나 자유를 분할해서 일부는 유지하고 일부는 양도하는 발상을 반대하였다. 그는 공동체 구성 이후에도 개인의 자유를 손상시키지 않는 사회체제를 원했으며 이를 위해 홉스와 로크에 의해 제기된 사회계약 원리를 수정하여 새로운 원칙을 제시하였다. 『사회계약론』을 통해 사회계약 이후에도 자연 상태에서와 마찬가지로 자유로울 수 있는 원리를 제안한 것이다.

어떻게 각자 예속되지 않으면서 사회질서를 만들 수 있을까? 각자의 몸과 재산을 보호해주는 사회질서를 만들어야 한다는 점은 분명하다. 하지만 "저마다가 모든 사람과 결합되면서도 자기 자신에게만 복종하고, 전과 다름없이 자유롭도록 해주는 그러한 결합 형식"을 찾아내야 모두가 만족할 수 있다.

"사회계약이 해답을 주는 근본 문제란 이런 것이다. … 자기가 양도하는 것과 같은 권리를 얻지 않는 자는 하나도 없으므로, 자기가 잃는 것과 맞먹는 것을, 또 자기가 가진 것을 보존하기 위한 보다 많은 힘을 얻게 된다."

"해답을 주는 근본 문제"라고 표현한 것을 보아 여기서 제시한 결합 원칙이 주장의 핵심인 것은 분명하다. "자기가 양도하는 것"이란 모두를 위해 지켜야 할 의무다. 결국 의무와 동일한 권리를 갖지 않는 사람이 하나도 없어야 한다는 원칙이다. 의무는 많은데 권리는 적다거나 반대로 의무보다 권리가 많으면 둘 다 억압적 상황이라 할 수 있다. 의무와 권리가 일치할 때 공평하고 자유로운 계약이 성립한다.

하지만 루소는 홉스와 달리 주권 자체의 양도는 허용하지 않았다. 그가 보기에는 권리와 의무가 일치되는 상태에서의 공동 이해가 '일반의지'이고, 일반의지가 곧 주권이었다. 그러므로 일반의지인 주권을 양도하는 것은 모든 것을 다 주고 스스로 노예 상태에 빠지는 것과 같았다.

"주권이란 다름 아닌 일반의지의 행사이므로 결코 양도할 수 없다. … 권력은 양도할 수도 있다. 그러나 의지는 그렇게 못한다. 주권은 양도될 수 없는 것과 똑같은 이유로 분할될 수 없다."

주권은 일반의지로 나타나므로 주권자는 집합적 존재다. 주권은 집합적 존재 자체만이 대표한다. 그러므로 집합적 존재 스스로 주권을 유지해야 한다. 단지 현실에서 "권력은 양도할 수도 있다." 권력이란 일반의지에 따라 만들어진 하위개념이고 일반의지의 통제 아래 있기 때문이다.

또한 "각자는 표를 던짐으로써 의견을 말하며 표의 계산에 의하여 일반의지가 선언된다." 많은 사람들이 이를 근거로 루소가 말한 '권력'은 선거에 행사되는 투표 권리일 뿐이라고 해석하기도 한다. 하지만 이는 "국민의회에 하나의 법이 제안되었을 때"라는 전제 조건에서 나온 말이다. 국회에서 법률을 만들 때 다수결을 통해 일반의지의 향방을 확인할 수 있다는 의미인 것이다.

"영국 국민은 선거 때만 자유롭고, 그 밖의 경우는 노예 상태에 있다."는 루소의 지적은 이러한 점에서 깊이 새길 만하다. 주권이 단지 투표권만을 의미한다면 사람들은 노예 상태에서 벗어난 것이 아니다. 주권은 선거

시기와 무관하게 항상 관철되어야 한다. 그렇다고 루소가 직접민주제를 계약의 기본 원칙으로 주장했던 것은 아니다. 기본적인 정부 형태와 의사 결정 방법은 대의제에 기초하더라도 여전히 일상적으로 주권이 행사될 수 있는 상태를 제시하였다.

권력은 주권의 일부를 할애하고 양도하여 만들어지는 것이 아니다. 루소는 "정부를 만드는 행위는 결코 계약이 아니라 하나의 법이라는 것"을 강조한다. 정치 형태와 사회 운영 원리의 내용은 온전히 일반의지에 따라야 하며 이에 대해서는 어떠한 분할도 있을 수 없다. 다만 사회 운영을 위해 권력을 양도한 이상, 세부적인 권한 차원에서는 일부 규제를 인정하였다. 그러자 권리와 의무가 일치하는 결합 형식에 문제가 드러났다.

루소는 여기서 통치와 관련된 권한을 어떻게 분리할 것인가 하는 고민을 넘어, 인민이 자신의 주권을 온전히 보유하면서 그 모든 통치 권한을 어떻게 통제할 것인가 하는 고민을 파고든다. 권리와 의무의 일치는 일회적·일시적이어서는 안 되었다. 언제든지 항상 행사되어야 했다.

주권에 대한 루소의 관점은 시에예스의 관점과 일맥상통하는 면이 있다. 시에예스는 『제3신분이란 무엇인가』에서 현실의 사회질서를 위해서는 일정한 위임이 불가피하지만, 그렇다 하더라도 위임에 의해 운영되는 정부는 몇 가지 원리를 지켜야 한다고 주장하였다.

"공동체는 요구의 권리를 결코 포기하지 않으며, 이것은 공동체의 양도 불가능한 재산이며, 공동체는 그 행사를 위임하는 것뿐이다. … 인민은 헌법에 종속되지 않을 뿐만 아니라 종속될 수도 없고, 종속되어서도 안 된다."

정부를 비롯한 각종 국가기관이 구성되더라도 주권은 양도 불가능하다는 얘기다. 단지 집행 과정에서 질서유지에 필요한 부분만 위임될 뿐이고, 예외는 허용되지 않는다. 위임된 권력의 한계에서 일탈할 수도 없다. 심지어 헌법도 마찬가지다. 주권은 헌법에 종속되어 있지 않다. "헌법은 구성된 권력의 산물이 아니라, 구성하는 권력의 산물이다." 헌법은 권력 구성 이전의 계약에 해당하는 영역이다. '구성하는 권력'이란 바로 헌법을 비롯한 일체의 계약을 만들어내는 주체로서의 인민주권을 의미한다. 그러므로 요구의 권리는 포기하거나 스스로에게 금지할 수 없다. 사람들은 어떤 경우나 상황에서도 의사를 변경할 수 있는 항상적인 권리를 지닌다.

프랑스 인권선언을 보면 권리와 의무의 일치 원칙이 '항상' 지켜져야 하고, 입법권과 행정권의 행사에 있어서도 '매 순간', '언제나' 그 원칙이 견지되어야 한다는 점이 강조되는데, 이는 루소와 시에예스의 문제의식이 반영된 결과다.

하지만 여전히 '권리와 의무의 일치'라는 원칙에는 막연한 감이 있다. "사회계약이 해답을 주는 근본 문제"라고 강조될 만큼 중요한 원칙이 어떻게 실현되어야 하는가에 대해서는 여전히 비어 있기 때문이다. 권리와 의무는 어떻게 관계를 맺어야 공정한 계약일 수 있는가?

이에 대해 현대사회에서 많은 사람의 공감을 얻고 있는 주장은 존 롤스John Rawls의 '정의론'이다. 롤스에 의하면 사회계약이란 자유로운 개인이 만나서 합의를 통해 사회의 제반 규칙을 정하는 것이다. 어떠한 외적 강제 없이 자유로운 개인이 합의, 즉 계약을 통해 구성한 사회만 정당화된다.

"나의 목적은 로크 · 루소 · 칸트로 흔히 알려져 있는 사회계약 이론을 추상화함으로써 일반화된 정의관을 제시하는 일이다. 원초적 계약의 핵심은 특정한 사회나 정부를 세우는 것이 아니라 사회의 기본 구조에 대한 정의의 원칙을 합의하는 일이다."

이 경우 어떠한 사회계약이 정의로운가 하는 문제가 남는다. 사회계약을 위해서는 일종의 가상 상태를 설정할 필요가 있다. 아무리 신분제가 없어졌다 하더라도 현실에는 수많은 차별과 억압이 존재하기 때문이다. 이 상태에서 공정한 사회계약이란 한낱 공상에 불과하다. 아무래도 권력이나 부에 있어서 취약한 위치에 있는 개인은 불리한 계약에의 동의를 강제받기 때문이다. 이 경우 공정한 계약을 위한 원초적 입장이 필요하다. 그래서 롤스는 이른바 '무지의 베일'을 가정한다.

"아무도 자신의 사회적 지위나 계층상의 위치를 모르며, 어떠한 소질, 능력, 지능, 체력 등을 타고났는지를 모른다는 점이다. 심지어 당사자들은 자신의 가치관이나 특수한 심리적 성향까지도 모른다고 가정된다. 정의의 원칙은 무지의 베일 속에서 선택된다."

사회계약 체결을 위해 개인들이 한자리에 모여 있다고 가정해보자. 만약 각자가 자신의 지위나 재능을 미리 알고 있다면 어떤 일이 벌어질까? 자기가 다른 사람들보다 유리한 위치에 있고 경쟁력이 있다는 것을 아는 사람들은 당연히 자기에게 유리한 방향으로 사회계약이 이루어지도록 요구할 것이다. 그리하여 자신이 이익의 상당 부분을 독차지하는 방식의 계약, 심하게 말하면 승자 독식의 계약을 요구할 것이다. 반대로 불리한 위치에 있고 경쟁력이 부족한 사람들 역시 최대한 자신에게 유리한 계약을 원한다. 사회적 협동을 통해 만들어낸 이익에 대해 균등 분배를 요구한다.

이런 상태에서 합의는 애초에 불가능하다. 결국 남는 것은 강제일 텐데, 현실에서는 사회적 강자가 일방적 계약을 강제한다. 이것이 신분제가 사라진 이후에도 역사적으로 차별과 억압이 계속 존재해온 이유다. 만인은 평등하다고 얘기하지만 현실의 개인은 기존의 부나 권력의 차이가 만들어놓은 고착화된 차별과 만나게 된다. 사회계약을 맺을 때 이들의 처지가 반영될 가능성은 거의 없다.

그러므로 공정한 사회계약을 위한 가상의 상태를 설정할 필요가 생긴다. 무지의 베일은 실제 상황이 아니라 하나의 '관점'이다. 무지의 베일을 통과하면 계약에 참여하는 모든 사람이 비슷한 상황에 놓이게 되므로 아무도 자신에게 유리한 방향을 제시하지 않는다. 여기서 롤스는 정의의 원칙으로서 '차등의 원칙'을 끌어낸다.

"첫 번째 원칙은 기본적 권리와 의무 할당의 평등이며, 두 번째 것은 사회적, 경제적 불평등, 예를 들면 재산과 권력의 불평등을 허용하되 그것이 사회의 최소 수혜자에게 그 불평등을 보상할 만한 이득을 가져오는 경우에만 정당함을 내세우는 것이다."

공정한 계약을 위해 무지의 베일을 통과한 개인들이 모여 있다고 가정해보자. 자신의 지위나 재능에 대한 무지는 개인에게 사전 보장된 게 없음을 뜻한다. 앞으로 자신이 성공할 수도 실패할 수도 있음을 의미한다. 이러한 상황에서 개인들은 성공할 때와 실패할 때 모두에 대비하게 마련이다.

성공할 때의 대비는 이익 분배에서 더 많은 몫을 가지려는 경향이다. 노력해서 성공하면 당연히 노력한 만큼 더 많은 분배를 요구하게 된다. 그래서 불평등을 용인하는 계약에 동의한다. 사회적 이익에 대한 균등 분배는 무지의 베일을 통과한 개인들이 선택할 리 없는, 정의롭지 못한 방법이다. 실패할 때의 대비는 자신이 사회적 약자가 되는 상황을 의미한다. 개인들은 사회적 약자의 처지가 되더라도 일정하게 사회로부터 보호조치를 받을 수 있는 계약을 원할 것이다.

성공할 때와 실패할 때, 두 가지 상황에 대비한 선택을 간단하게 종합하면, 불평등을 인정하되 사회적 약자의 처지를 개선시킬 수 있는 계약이 된다. 다시 말해서 사회적, 경제적 불평등을 허용하되 사회적 약자에게 불평등을 보상할 정도의 이득을 제공해야 한다는 것이다. 사회적 약자에 대한 보호를 전제로 한다는 점에서 이를 '차등의 원칙'이라 부른다. 또한 계약에 참여한 모든 사람이 동의할 수 있는 유일한 원칙이기에 합의가 가능하다는 점에서 '차등의 원칙'이야말로 진정한 의미의 사회계약, 공정한 사회계약의 원칙이라는 것이 롤스의 주장이다.

기본권의 본질적 내용은 제한할 수 없다

자유와 권리는 제한될 수 있는가?

"국민의 자유와 권리는 헌법에 열거되지 않은 이유로 경시되지 아니한다."

"국민의 모든 자유와 권리는 국가 안전보장, 질서유지 또는 공공복리를 위하여 필요한 경우에 한하여 법률로써 제한할 수 있으며, 제한하는 경우에도 자유와 권리의 본질적인 내용을 침해할 수 없다."

대한민국 헌법 제37조 1항과 2항은 국민의 기본권, 즉 자유와 권리의 존중과 제한에 대한 내용이다. 이 조항을 주권의 제한으로 이해하면 곤란하다. 루소가 일반의지와 권력을 구분했듯이, 사회계약의 기본 원칙을 정하는 주권과 일상적인 권한은 서로 구분된다. 헌법이 규정하는 자유와 권리의 제한은 주권에 해당되는 것이 아니라 일상적인 세부 권한을 대상으로 규정된 내용으로 봐야 한다.

2항에서 "자유와 권리의 본질적인 내용을 침해할 수 없다."고 한정한 것도 이와 관련된다. 자유와 권리의 본질적인 내용은 주권에 의한 사회계약의 기본 원칙을 의미한다. 한국 헌법학자인 김철수가 『한국헌법』에서 구분하고 있는 바이기도 하다.

> "기본권의 본질적 내용은 기본권의 내용과는 상이하다고 보아야 할 것이다. 즉, 기본권의 내용은 포괄적인 데 비하여 기본권의 본질적 내용은 그 기본권의 근본 요소만을 포함하기 때문이다."

김철수는 이 책에서 기본권의 본질적 내용으로 우리 헌법이 보장하는 인간의 존엄 가치를 든다. 또한 양심의 자유, 신앙의 자유 등 내심의 자유는 본질적 내용만으로 구성된 절대적 기본권이므로 어떠한 경우에도 제한 대상이 될 수 없다고 한다. 주권을 지닌 존재로서 사회질서의 핵심 형식과 내용에 대해 갖는 권리 행사 내용이 제한될 수 없다는 의미다.

이러한 원리에 의하면 제한되는 자유와 권리의 내용은 세부적인 개별 권리로 국한되어야 한다. 이 경우 권리를 포괄적으로 제한하는 조치는 전형적인 주권 침해다. 막스 베버Max Weber가 독일 바이마르헌법 제정 당시 '강력한 대통령제'를 위해 지지한 대통령 비상사태선언 권한이 대표적인 경우다. 바이마르헌법은 제48조 2항에서 다음과 같이 비상사태선언 권한을 명시하였다.

"공공의 안녕과 질서에 중대한 장애가 발생하거나 발생할 우려가 있을 때는 공공의 안녕과 질서를 회복하기 위해 필요한 조치를 취하며, 필요한 경우에는 병력을 사용할 수 있다. 이 목적을 위해 대통령은 잠정적으로 제114조, 제115조, 제117조, 제118조, 제123조, 제124조 및 제153조에 규정된 기본권의 전부 또는 일부를 정지할 수 있다."

가장 문제가 되는 것은 헌법의 여러 조항에서 규정하는 "기본권의 전부 또는 일부를 정지할 수 있다."는 제한 내용이다. 특정한 상황에서 특정한 개별 권리를 어느 정도까지 제한하겠다는 것이 아니라 기본권 전반에 대한 포괄적 제한이기 때문이다. '전부'라는 표현에서 알 수 있듯이 기본권의 본질적인 내용에 이르기까지 모두 정지시킬 수 있는 것이다. 이는 주권 자체의 부정이다. 결국 이 조항은 이후 히틀러의 지배권 확립에 이용되어 그가 반대파를 억압하고 독재 권력을 얻는 헌법적 근거가 되었다.

독일 법학자로서 전체주의적 국가관·정치관을 주장하여 나치에 중요한 이론적 기초를 부여한 인물로 알려져 있는 카를 슈미트Carl Schmitt는 『정치적인 것의 개념』에서 국민의 주권을 박탈해버린 바이마르헌법 비상사태 선언 권한을 법 이론을 통해 정당화하였다.

"자유주의국가 이론은 독자적인 국가형태를 발견하지 못하고, 다만 정치적인 것을 윤리적인 것으로 구속하고 경제적인 것에 종속시키고자 시도한 것에 불과했다. 자유주의가 만든 것은 '권력'의 배분과 균형의 이론, 즉 국가의 억제와 통제 체계이며, 이것을 국가 이론이나 정치적 구성 원리라고 부를 수는 없다."

미국 독립선언문과 프랑스 인권선언 이래 민주국가 헌법의 기본 정신이 된 자유와 권리 원칙이 국가 구성 원리가 될 수 없다는 주장이다.

로크와 루소를 비롯한 사회계약론의 핵심은 국가가 주권을 침해할 수 없도록 하는 데 있었다. 몽테스키외의 삼권분립도 같은 맥락이었다. 이들은 기본권 침해 방지를 위해 권력의 배분과 균형에 주목했다. 슈미트에 의하면 이러한 관점은 국가를 통제하려는 이론이지 국가 이론이 아니었다. 단지 국가를 '사회'에 봉사하게 하는 논거일 뿐이었다. 그가 보기에 주권을 출발점으로 하는 사회계약 관점은 국가와 정치를 회피하거나 무시한다는 점에서 헌법 이념일 수 없었다. "정치적 통일체는 경우에 따라서 생명의 희생을 요구"하고, 더불어 국가 질서를 위해 생명을 포함하여 개인 권리를 내놓도록 요구할 수 있는 강력한 체제여야 했다.

이를 위해 슈미트는 정치와 국가를 정의나 권리의 개념이 아닌, 적과 동지의 구별 위에 세운다. "정치적 행동이나 동기의 원인으로 여겨지는 특정한 정치적 구별이란 적과 동지의 구별"이다. 상대적인 가치인 도덕이나 경제는 "공허하고 유령과 같은 추상적인 것"이기 때문에 스스로 존립할 수 없지만 결합 내지 분리로 나타나는 적과 동지의 구별은 이론적, 실천적 존립이 가능했다. 정치와 국가는 전쟁을 매개로 명확히 구분되는 적과 동지의 편 가르기 위에 기초해야 한다. "모든 국민은 다른 모든 국민에 대해서 언제나 적이냐 동지냐 하는 양자택일의 기로"에 서 있기 때문에 강력한 힘으로 '평화·안보·질서'를 확립해야 한다.

슈미트는 적은 외부에만 있지 않으며, 위기 상황에 국가가 주체적으로 '내부의 적'을 결정함으로써 비상한 조치를 취해야 한다고 주장한다. 그리하여 국가가 이 모든 조치를 취할 수 있는 특별한 권한을 갖도록 요구하였다. 이는 국가를 대표하는 대통령의 비상사태선언 권한을 정당화해주는 행위다. 결과적으로 베버나 슈미트의 국가·정치관은 나치에게 더할 나위 없이 중요한 이론적 기초를 제공했다.

한국의 경우

———

한국 사회에서 슈미트의 시각을 헌법을 통해 가장 극명하게 보여준 사례는 유신헌법의 주요 기둥인 '긴급조치권'이다. 유신헌법 제53조는 다음과 같이 규정한다.

> "대통령은 천재지변 또는 중대한 재정 경제상의 위기에 처하거나, 국가의 안전보장 또는 공공의 안녕질서가 중대한 위협을 받거나 받을 우려가 있어 신속한 조치를 할 필요가 있다고 판단할 때는 내정, 외교, 국방, 경제, 재정, 사법 등 국정 전반에 걸쳐 필요한 긴급조치를 할 수 있다."

바이마르헌법의 문제와 마찬가지로 긴급조치의 대상이 "국정 전반"이라는 점에서 이는 포괄적 제한이다. 특히 긴급조치 1·2·9호에서는 "유신헌법을 부정, 반대, 왜곡 또는 비방하는 행위, 유신헌법의 개정 또는 폐지를 주장, 발의, 제안 또는 청원하는 일체의 행위, 유언비어를 날조·유포하는 행위 등을 금지"하였고, 이를 "위반할 경우 비상 군법회의 등에서 재판하여 처벌"하도록 규정하였다.

유신헌법은 '외부의 적'이 초래하는 위협을 일상적인 것으로 보고, 이에 대응할 수 있도록 기본적인 권리조차 포괄적으로 부정하였다. 심지어 군법회의를 통해 '내부의 적'을 제압하겠다는 유신헌법의 논리는 슈미트의 논리와 참으로 닮은꼴이다.

2013년에 헌법재판소는 긴급조치 1 · 2 · 9호가 헌법에 위반된다고 판단했다. 그 이유로 주권을 가진 국민은 당연히 헌법의 개정 혹은 폐지 권한을 가지며 이것은 "가장 강력하게 보호되어야 할 권리 중의 권리"인 동시에 헌법이 보장하는 정치적 자유의 가장 핵심적인 부분이므로 정부가 공권력으로써 이를 원천적으로 봉쇄하는 것은 정당성을 인정할 수 없다는 점을 들었다. 또한 헌법상 표현의 자유는 강력하게 보호되는 자유권으로서 "명백하고 현존하는 위험"이 있는 때만 "본질적 내용의 침해 없이 제한" 가능하다는 엄격한 원칙 아래 보장되어야 하는데, 긴급조치가 이에 전반적으로 위배된다는 점에서도 위헌으로 판결했다.

현재의 헌법에서는 제76조의 긴급 처분, 명령권 조항을 통해 중대한 재정 · 경제상의 위기 시 "국회의 집회를 기다릴 여유가 없을 때에 한하여", 그리고 국가의 안위에 관계되는 중대한 교전 상태에 대해서도 "국회의 집회가 불가능한 때에 한하여" 법률의 효력을 가지는 명령이 가능하도록 정하고 있다. 국회 기능이 불가능한 상황에서만 정당성을 얻을 수 있도록 한정함으로써 긴급 처분의 남용을 막으려는 것이다. 재정 · 경제상의 처분에 대해서도 '최소한의 필요'로 한정하고 있다. 나아가 제77조 1항에서는 계엄 선포에 대한 내용을 다음과 같이 제시하고 있다.

"대통령은 전시, 사변 또는 이에 준하는 국가비상사태에 있어서 병력으로써 군사상의 필요에 응하거나 공공의 안녕질서를 유지할 필요가 있을 때는 법률이 정하는 바에 의하여 계엄을 선포할 수 있다."

확대해석의 여지가 다분한 "공공의 안녕질서"가 아니라 "전시, 사변 또는 이에 준하는 국가비상사태"에 공공의 안녕질서를 유지할 필요가 있다면 계엄을 선포할 수 있게 하였다. 확대해석의 여지를 완전히 없앤 것은 아니지만 "국가의 안전보장 또는 공공의 안녕질서가 중대한 위협을 받거나 받을 우려"로 규정함으로써 집권 세력에게 자의적으로 해석할 여지를 주었던 유신헌법에 비해 그 가능성이 확연히 줄었다고 볼 수 있다.

또한 현재의 법은 제77조 3항에서 비상계엄 선포로 "영장 제도, 언론·출판·집회·결사의 자유, 정부나 법원의 권한에 관하여 특별한 조치"를 취할 수 있도록 하고 있다. 유신헌법이 다분히 피상적으로 "국정 전반에 걸쳐 필요한 긴급조치"를 정한 것에 비해 구체적으로 조치 내용을 한정한다. 또한 자유나 권한 자체의 부정이 아니라 '특별한 조치'를 명령할 수 있도록 했다는 점에서 이전에 비하면 완화된 면이 있다.

하지만 영장 제도나 법원 권한에 대한 조치는 기본권의 본질적 내용에 해당하는 신체의 자유를 근본적으로 제한할 수 있다. 언론·출판·집회·결사의 자유에 대한 조치 역시 가장 중요한 양심과 사상의 자유와 연관된다는 점에서 심각한 우려가 생긴다. 2013년 헌법재판소가 긴급조치에 대해 "영장주의 및 신체의 자유, 법관에 의한 재판을 받을 권리 등을 침해"하기에 위헌이라고 판결을 내린 점을 고려할 때 이 부분은 여전히 문제가 된다. 그저 자유와 권리의 본질적인 내용은 침해할 수 없다는 제37조의 내용을 적극적으로 적용하는 수밖에 없는 실정이다.

그렇다고 자유와 권리의 본질적 내용은 침해될 수 없다는 헌법 규정만 믿는다면 그건 순진한 생각이다. 그동안의 역사만 보더라도 권위주의 통치 세력이 이를 무력화시키고, 법원이 이를 뒷받침한 경우가 종종 있었기 때문이다.

긴급조치 9호를 둘러싼 2015년의 대법원 판결만 봐도 그렇다. 당시 대법원은 긴급조치 9호는 위헌이지만 그것을 발동한 행위는 불법이 아니라는 판단을 내렸다. 긴급조치 9호 위반을 이유로 중앙정보부에 20일간 불법 구금돼 조사를 받은 최모 씨가 국가를 상대로 낸 손해배상 청구 소송 상고심에서의 판결이다. 긴급조치 9호가 사후적으로 법원에서 위헌·무효로 선언됐어도 대통령의 긴급조치권 행사는 "고도의 정치성을 띤 국가 행위"로서 국민 개인에 대해 민사상 불법행위를 구성한다고 볼 수 없다는 결정이었다.

"위헌이지만 불법은 아니다." 이러한 비상식적이고 어처구니없는 논리가 대법원에 의해 사용되고 있다. '고도의 정치적 행위'라는 근거는 쿠데타나 독재 통치를 정당화할 때 단골로 등장하는 논리다. 헌법재판소가 해당 조항을 애초부터 위헌·무효라고 판시한 것을 대법원이 뒤집음으로써 긴급조치 발동 행위에 면죄부를 준 것은 역사의 수레바퀴를 거꾸로 돌리는 판결이 아닐 수 없다. 대법원이 이러한 판결을 부끄러움 없이 내릴 정도로 한국 사회 통치 세력 내에, 심지어 사법부 내에 주권 자체를 제한할 태세를 갖추고 있는 사람이 적지 않음을 보여주는 사례다.

그러한 점에서 롤스가 『정의론』에서 주장한 다음의 내용은 경청할 만하다.

"모든 사람은 전체 사회의 복지라는 명목으로도 유린될 수 없는 정의에 입각한 불가침성을 갖는다. 그러므로 정의는 타인들이 갖게 될 보다 큰 선을 위하여 소수의 자유를 뺏는 것이 정당화될 수 없다고 본다."

정의로운 사회계약이라면 다수가 누릴 큰 이득을 위해 개인이나 소수에게 희생을 강요해도 무방하다는 규칙이 합의될 리 없다. 누구든지 그 소수가 될 수 있기에 동의하리라 기대하기 어렵다. 정의로운 사회에서는 평등한 시민적 자유란 보장된 것으로 간주되어야 한다. 또한 "정의에 의해 보장된 권리는 정치적 거래나 사회적 이득의 계산에도 좌우되지 않는다." 자유와 권리의 본질적 내용은 아무리 다수가 결정한 내용이라 하더라도 제한될 수 없다.

특히 전체와 개인의 구분에 기초하여 전체 이익을 무조건 우선하며, 개인 희생을 당연하게 여기는 공리주의 사고방식이 팽배한 현대사회에서 롤스의 정의 원칙은 더 큰 중요성을 갖는다.

현대사회에 널리 퍼져 있는 공리주의의 전형적 관점은 제러미 벤담Jeremy Bentham과 존 스튜어트 밀John Stuart Mill의 공리주의 이론을 통해서 잘 알 수 있다. 벤담은 『도덕과 입법의 원리 서설』을 통해 법의 목적과 정부의 책무를 공리성 원리에서 도출하였다.

"정부의 책무는 처벌과 보상을 통하여 사회의 행복을 증진시키는 것이다. … 모든 법령이 지니고 있거나 지녀야 하는 목적은 일반적으로 공동체 전체의 행복이다."

이 경우 공리성의 일반 원리와 마찬가지로 행복 총량의 관리가 직접적 과제다. 공리성 원리에 근거한 국가 이론은 자연권이나 사회계약론에 대한 비판을 포함한다. 권리는 다른 사람에게 부과된 의무의 결과로 누리는 이득인데, 자연권의 경우에는 권리에 상응하는 의무가 아예 존재하지 않는다. 더군다나 그러한 권리가 영구적이라는 점에서 자연권은 애초에 성립 불가능한 개념이다. 벤담은 기본적인 권리를 지속적인 가치로 제시한다는 점에서 프랑스 인권선언을 비판한다.

중요한 것은 특정 권리가 현실에서 얼마나 공리성을 만들어내는가 하는 문제다. 경험적으로 확인될 수 있는 공리성이 정부의 필요와 책무를 규정짓는 핵심 기준이 된다. 이 경우 원초적 계약은 허구적이다. 끊임없이 변하는 현실에서는 한 번의 추상적 합의로 국가에의 복종을 정당화할 수 없다.

정부에 대한 복종은 추상적, 허구적 계약이 아니라 복종함으로써 발생할 수 있는 폐해가 복종하지 않음으로써 발생할 수 있는 폐해보다 적다는 공리성에 기초한다. 행복의 총량 증가, 즉 전체를 위해 개인이, 다수를 위해 소수가 복종하는 것만이 중요하다. 그 이외의 주권이나 사회계약 원칙은 허무한 생각이다.

밀은 『공리주의』에서 전체의 이익이 무조건 우선하기 때문에 이를 위한 개인의 희생은 정당할 뿐만 아니라 도덕적으로 올바르다고 적극 주장하였다.

"자신의 행복을 온전히 희생함으로써 다른 사람의 행복을 증진시킬 수 있다면 … 희생이 인간 사회에서 발견할 수 있는 최고의 미덕이라는 사실을 인정해야 한다."

밀이 보기에 사회에 살고 있는 개인은 타인에 대한 행동에서 일정한 방침을 준수해야 했다. 또한 자기 행복보다 더 소중하다고 여기는 바를 위해 자발적으로 희생해야 했다. 전체 행복이 증진될 수 있다면 비록 "자기 몫의 행복이나 행복의 가능성을 완전히 포기한다는 것"이 여간 어려운 일이 아니더라도 이를 실행에 옮겨야 했다. 희생 자체가 가치 있는 것은 아니지만, "공리주의 도덕률에서는 다른 사람들을 위해 가장 소중한 것마저 희생할 수 있음을 인정"하였다.

이에 대해 롤스는 전체와 다수의 이익을 우월한 공리성의 기준으로 전제하고 개인과 소수의 희생을 정당화하는 일체의 시도를 정의의 원칙에 반하는 것으로 여겼다. 이와 관련하여 남아프리카공화국 헌법이 규정한 기본권 제한 내용은 진지하게 참고할 필요가 있다. 남아공의 헌법은 제36조 1항에서 제한의 범위와 목적, 그리고 수단을 다음과 같이 구체적으로 정하고 있다.

"권리의 성질, 제한 목적의 중요성, 제한의 성질과 정도, 제한과 그 제한 목적 간의 관계, 목적을 달성할 수 있는 수단 가운데 보다 덜 제한적인 수단일 것을 포함한 모든 관련된 요소를 고려한 것이어야 한다."

이때 제한은 일반적으로 적용되는 법을 통해서만 가능한 수준의 것이다. 게다가 "제한은 인간의 존엄 · 평등 · 자유에 바탕을 두는 민주적이고 열린사회에서 합리적이고 정당한 것"이어야 한다. 기본적으로 인간의 존엄성과 자유를 훼손하는 제한이라면 정당화될 수 없다고 못 박고 있는 것이다. 또한 제한되는 권리와 제한의 성질이 구체적으로 적시되어야 하고 나아가서 제한 수단도 최소한의 형태로 한정되어야 한다고 밝히고 있다.

기본권 보장 권리로서의 저항권

"대한민국은 3 · 1운동으로 건립된 대한민국임시정부의 법통과 불의에 항거한 4 · 19 민주 이념을 계승한다."

우리 헌법에서 저항권에 대해 언급되어 있는 전문의 내용이다. 3 · 1운동과 4 · 19혁명은 모두 당시의 법질서를 정면으로 거부하고 물리적 힘을 통해 정부를 전복시키려 한 시도다. 이를 '운동'과 '민주 이념'으로 표명할 뿐만 아니라 대한민국 정통성의 근거로 삼는다는 점에서 우리 헌법이 공식적으로 저항권을 인정하고 있다는 견해가 많다. 또한 저항권은 본질적으로 제도화할 수 없는 권리이기 때문에 헌법 규정에서의 인정 여부와 상관없이 근대 이후 자유와 권리의 본질적 내용 중 하나라고 여겨진다.

저항권은 주권이 투표권으로 제한될 수 없고, 자유와 권리의 본질적 내용이 어떠한 경우에도 훼손될 수 없음을 보여주는 또 하나의 근거다. 미국 독립선언문에는 저항권이 공식적으로 표명되어 있다.

"어떤 형태의 정부든 이러한 목적(생명, 자유, 행복 추구의 권리)을 유린할 때는 언제든 그 정부를 변혁하거나 폐지하고, 인민의 안정과 행복을 가장 효과적으로 가져다줄 수 있는 그러한 원칙에 기초를 두고 그러한 형태로 권력을 조직한 새로운 정부를 수립하는 것이 인민의 권리다."

이에 따르면 정부가 자유와 권리의 본질적인 내용을 무력화시킬 때 인민은 그 정부를 폐지할 수 있다. 이때 "어떤 형태의 정부든"이라고 한 점에 주목할 필요가 있다. 여기에는 절차적 민주주의 형식을 갖춘 정부도 포함된다. 정부의 '형태'가 군주정이냐 민주정이냐를 의미하는 것은 아니기 때문이다. 이 부분은 내용적으로 국가를 만든 '목적'의 이행 여부에 의해 결정된다. 따라서 민주주의 형식을 갖춘 정부여도 기본권을 유린한다면 그 권한을 중지시키고 새로운 정부를 수립시킬 권리가 인민에게 있는 것이다.

다음 대통령 선거나 국회의원 선거에서 바꾸라는 소극적인 의미가 아니다. '언제든'이라고 한 점이 중요하다. 선거와 무관하게 언제든지 정부를 폐지할 수 있다면 새로운 정부의 수립은 합법적인 방법으로만 제한되지 않는다. 이어지는 조항의 "정부를 타도하고 미래의 안전을 위하여 새로운 수호자를 세우는 것이 인민의 권리이며 또한 의무"라고 한 내용도 같은 의미다.

프랑스 인권선언 제2조도 "인간의 자연적이고 침해할 수 없는 권리"가운데 하나로 "압제에 대한 저항권"을 분명히 한다. 저항권은 합법적 절차나 수단으로는 목적을 달성할 수 없을 때 국민이 자유와 권리를 지키기 위하여 실력으로 저항하는 권리다. 기본권을 지키기 위한 최종적인 주권 행사다.

물론 저항권 개념은 역사적으로 법을 둘러싸고 뜨거운 논쟁을 낳아왔다. 서양철학에서 법을 어겨도 되는가를 놓고 벌어진 논쟁 가운데 법적 안정성 견해를 담고 있는 것이 플라톤의 『크리톤』이다.

소크라테스가 사형선고를 받자, 크리톤은 그를 찾아가 다른 나라로 도망갈 것을 권유한다. 하지만 소크라테스는 이를 거부하고 크리톤의 주장에 반박하며 국가와 법에 대한 생각을 펼친다.

> "어떤 것에 동의했다면 실천해야 하는가 아니면 동의를 번복해도 좋은가? … 자네가 하려는 일은 법률과 나라 전체를 마음대로 파멸시키려는 것이 아닌가? 나라에서 내려진 판결이 아무 효력도 거두지 못하고 개인의 임의대로 무효가 되고 파괴될 경우, 나라가 멸망하지 않고 존속할 수 있다고 생각하는가?"

이 경우 국가가 법을 강제하지 않았다는 점이 전제된다. 자발적 동의에 기초하고 있다는 의미다. 자발적 동의와 계약에 기초했으니 지키는 일만 남았다는 것이 소크라테스의 주장이다. 그가 보기에 강요가 아니라 자발적으로 동의한 경우에는 이를 어기는 것이 정당화될 수 없었다. 우리가 익히 들어온 대로 "악법도 법"인 것이다. 사실 소크라테스는 이 말을 직접적으로 하지 않았지만 다만 해석하는 입장에 따라 이런 식으로 이해할 수 있는 부분이 있었다고 한다.

소크라테스에게 법은 국가를 유지시키는 가장 중요한 요소다. 법이 개인들에 의해 무력해지는 순간, 국가는 유지될 수 없다. 설사 국가가 불의를 저질렀다 해도 법을 어기는 방식의 저항은 인정될 수 없다. "옳지 못한 방법으로 불의에 보복"한다면 동료 시민과 조국, 법률에 결정적인 해를 입히기 때문이다. 어떠한 경우에도 법을 어기는 방법은 정당화될 수 없다.

고대 사상가 중에는 키케로가 『의무론』을 통해 이러한 관점에 대해 통렬한 반박 논리를 펼쳤다.

"사람을 죽이는 것, 더군다나 친한 사람을 죽이는 것보다 더한 죄악이 있을 수 있겠는가? 그런데 친함에도 불구하고 누군가가 참주를 살해했다면 그는 자신을 악하다고 생각하겠는가? 진실로 모든 훌륭한 행위 가운데 그것이 가장 고귀한 행위라고 판단하는 로마인들에게는 그렇게 생각되지 않는다."

살인은 어느 나라에서나 불법 중의 불법이다. 살인자는 가장 엄한 처벌을 받는다. 국가를 대표하는 정치 지도자의 살해라면 말할 나위 없다. 하지만 그 정치 지도자가 독재자라면 누군가 그를 죽였을 때 훌륭하고 고귀한 행위를 했다고 인정받을 것이다. 이는 단지 법을 어기는 정도를 넘어서 현실의 법을 집행하는 최고 책임자를 죽여도 된다는 논리다.

키케로는 법 문구 자체가 절대적 기준일 수는 없다고 본다. "불의는 흔히 법의 자의적 해석, 즉 교활한, 더욱이 악랄한 법의 해석에 의해서도 발생"하기 때문이다. 그는 전쟁과 관련한 국가 간 조약을 예로 든다. 적과 30일간의 휴전을 성립시킨 후 한밤에 적국의 들판을 기습했다면, 그건 30일간의 휴전이 밤에는 해당되지 않기 때문이라는 것이다. '최고의 법은 최고의 불의'라는 말이 진부한 경구가 되어버렸을 정도로 독재자는 얼마든지 법을 자기 마음대로 해석해버린다.

사정이 그러하니 법 문구 자체에 절대적 권위를 부여하는 것은 어리석은 일이다. 동일한 문구를 놓고도 얼마든지 상이한 해석이 가능하기 때문이다. 이 경우 소크라테스가 말한 자발적 동의 여부에도 문제가 생긴다. 키케로가 예로 든 것처럼 합의로 정식화된 문구를 놓고도 상반된 해석과 집행이 나타난다. 중요한 것은 형식적 규정이 아니라 실질적 내용에 의해 결정된다. 실제 조치나 행동이 정의롭지 못하다면 거부할 수 있다.

파스칼은 『팡세』에서 법에의 절대복종을 강조한 견해의 포문을 연다. 그는 법은 법이기 때문에 유지되어야 한다고 강조하였다.

"법률은 법률이기 때문에 따르지 않으면 안 된다. 윗사람에 대한 복종은 올바르기 때문이 아니고, 윗사람이 윗사람인 것과 같기 때문이다. 인민이 이 점을 양해하고, 또 정의의 본뜻인 정의가 어떻다는 것을 깨닫게 한다면 모든 반란이 방지된다."

파스칼의 관점에서 가장 큰 악은 무질서에 있다. 혼란과 싸움을 방지할 수 있다면 비록 법의 내용에 문제가 있더라도 그 법은 무조건 지켜져야 한다. "인민을 향해서 법률이 올바르지 않다고 말하는 것은 위험한 일"이다. 따라서 안정된 법체계가 질서를 만들어낸다면 내용의 문제에는 시비를 걸지 말아야 한다.

생철학의 대표자인 프리드리히 니체Friedrich Nietzsche도 질서의 안정성을 우선하였다. 그는 질서의 혁명적 전복을 선동하는 사람들을 루소의 미신에서 벗어나지 못한 것으로 생각하였다. 루소는 모든 인간이 자연적으로 갖고 있는 아름다운 인간성을 최대한 발휘하도록 하면 이상 사회가 건설될 것으로 보았지만 니체는 대단한 착각이라며 이를 비판하였다. 『인간적인 너무나 인간적인』에서도 "혁명이란 지쳐버린 인간성에 있어서는 어떤 활력의 원천이 될 수도 있겠지만, 인간성의 정돈자·건축가·예술가·완성자가 결코 아니다."라고 하였다. 니체가 보기에 혁명은 어떤 자극을 줄 수는 있으나 무엇을 만들 수는 없었다. 역사적 경험에 의하면 혁명은 끔찍스럽고도 무절제한, 거칠기 짝이 없는 에너지를 부활시켜서 사람들을 극단적 혼란으로 몰고 갈 뿐이었다.

파스칼이나 니체가 비교적 거칠게 법을 통한 질서의 우위를 옹호했다면, 켈젠은 『순수법학』에서 이를 한층 세련된 법 이론으로 보완한다.

> "법질서가 공동체를 평화롭게 한다는 법학적 확인은 그 어떤 가치판단도 포함하지 않는다. 법 개념의 요소로 제시될 수 없으며 따라서 법 공동체와 강도 집단을 구별하기 위한 기준으로 기여할 수도 없는 정의 가치의 승인을 의미하지 않는다. … 근본규범은 동일한 질서에 속하는 모든 규범의 효력에 대한 공통의 연원, 즉 공통의 효력 근거가 된다."

켈젠이 생각하기로 강제력이라는 면에 국한해서 볼 때 굳이 조직 폭력 집단의 강제력과 국가의 강제력을 구분해야 할 이유는 없다. 권력의 주체가 누구든 완성된 사실로써 국가를 실효적으로 지배하고 있다면 그들의 규범이 바로 법이다. 그 법이 좋은 법인가 나쁜 법인가의 문제는 별도 영역이다. 그리고 이는 법적 질문이 아니라 정치적 질문에 해당된다. 법은 정치적 편견 없이 실증주의 방법으로 순수하게 접근해야 한다. 어떤 행위에 대한 법적 정당성은 법 내부에서 규정되어야지 법 외부의 정치적, 이데올로기적 가치판단에 근거해서는 안 된다.

켈젠은 법의 고유성·자율성을 강조하였다. 법에 문제가 있어도 법을 무시하는 저항 방식은 용인되지 않으며, 법을 무효화하는 방식이 아니라 법체계 안에서 법적 기준으로 다루어져야 한다고 주장하였다. 모든 것은 헌법을 정점으로 법 체제 내에서만 해결되어야 했다.

그런데 질서를 강조하는 법 원리로서의 법적 안정성과 저항권의 근거로서의 정의 가치 사이의 논란은 제2차 세계대전을 경계로 큰 변화를 맞이한다. 법에서 정의 가치가 배제됐을 때 얼마나 끔찍할 정도로 법이 전체주의 권력의 도구로 전락할 수 있는지를 너무나 분명하게 경험했기 때문이다.

독일의 법철학자 라드브루흐는 제2차 세계대전 이전에는 이들 이념 간에 충돌이 생기는 경우 법적 안정성이 우선해야 한다고 여겼다. 『법철학』의 다음 내용이 이를 잘 보여준다.

"정의와 법적 안정성은 법률관·국가관의 대립을 초월하고 정당의 싸움을 넘어선 이념이다. … 정의와 합목적성은 법의 두 번째 큰 과제이지만 모든 사람이 한결같이 필요하다고 인정하는 법의 첫 번째 과제는 법적 안정성, 즉 질서와 평화다."

안전과 질서를 위해서는 일차적으로 법의 권위가 그 기준이어야 한다. 그래야 나머지 기준도 제 역할을 한다. 루소가 주권에 의한 사회계약이 법에 우선한다고 본 반면, 라드브루흐는 "계약이 구속하는 것이 아니라 법률이 계약을 구속한다. 계약의 구속은 법률상 구속의 기초가 되는 자격이 아니라 정반대로 법률상의 구속을 전제로 한다."고 주장한다. 법률에 근거해서만 구성원의 의사가 맺어지고 계약이 성립하기에 사회와 개인은 일차적으로 법에 의지해야 한다. 라드브루흐의 논리대로라면 법이 흔들리면 모든 것이 흔들린다. 법적 안정성에 기초한 질서와 평화가 가장 중요하다.

법을 전체주의의 도구로 사용한 나치의 충격적 경험이 라드브루흐로 하여금 정의와 법적 안정성 간에 충돌이 생길 경우 실정법이 우선한다는 견해를 더 이상 제시하기 어렵게 만들었다. 나치 아래서 자유와 권리의 본질적 내용이 무참히 짓밟히는 현실을 법실증주의가 방치하고, 이론적으로 뒷받침했다는 점을 부인하기 어렵기 때문이다. 그리하여 그는 세계대전 후에 기존의 입장을 바꿔『실정법의 외양을 띤 불법과 실정법을 넘어서는 법』에서 이른바 '라드브루흐 공식'이라고 알려진 주장을 펼친다.

"실정법이 너무도 참을 수 없을 정도로 정의에 위반하는 경우에는 '악법'이 되며 이때는 정의가 법적 안정성에 우선한다. … 실정법 제정 때 정의의 근본을 이루는 평등이 부인되고 침해되는 경우에는 '악법'조차도 못되며 법으로서의 자격 자체가 박탈된다."

정의와 법적 안정성이 충돌하는 경우 부분적으로 부정의하고 비합리적이라면 여전히 법적 안정성이 우선한다. 하지만 참을 수 없을 만큼 전반적으로 부정의하다면 이때는 정의의 원칙이 우선한다. 특히 제정 당시부터 자유와 권리의 평등한 배분 자체를 부인하는 법이라면 법의 자격 자체가 인정될 수 없기에 이를 지키지 않는 행위가 하등 문제 될 게 없다.

야스퍼스는 다른 측면에서 내적인 전환을 보였다. 세계대전 이전에 그에게 중요한 과제는 현실 세계가 아니라 내면으로의 천착이었다. 그에게 실존은 인간 존재의 정신적인 자유 실현을 의미했으며 철학의 임무는 생각하고 실존하는 주체인 개인의 내면적 자유에 호소하는 일이라고 보았다. 하지만 『독일은 어디로 가는가』에서 볼 수 있듯이 그는 나치와 세계대전을 겪은 후 내적인 자유에서 정치적 자유로 자유의 중심을 이동시킨다.

"다수자가 소수자에 대해 불가역적인 권력을 구축하고 소수자를 말살하려고 한다면 소수자는 자포자기해야 하는가? 이러한 상황에서 내전을 각오하지 않고 부자유를 택하는 인민은 자유 인민이 아니다. 그러한 상황에서는 내전만이 합당한 결정이다."

전후 야스퍼스의 가장 중요한 문제의식이었던 "정치적 자유만이 완전한 인간이 되게 할 수 있다."는 생각은 이처럼 저항권을 전면적으로 옹호하는 방향으로 나아간다. 다수결 원칙이 민주주의의 주요한 절차임은 분명하지만 그 다수가 민주주의가 가져야 할 주요 내용을 폐기한다면 인정될 수 없었다. 다수결을 통해 특정 정치 세력에게 무제한의 통치 권력을 양도하고 기본권이 무력화된다면, 자유의 본질적 내용이 훼손된다면, 합법적 방식으로 문제를 해결할 수 없게 된다면, 저항권 행사로서의 내전이 유일한 선택이었다.

롤스는 저항권 개념을 확장하여 시민 불복종을 정당화한다. 『정의론』에서 "정의에 대한 명확하고 실질적인 침해"가 있을 때 불복종에 나설 수 있다고 주장한다.

"시민 불복종이란 정부 정책이나 법률에 변화를 가져오려는 의도를 가지고 일반적으로 법에 반대해서 행해지는 공적이고 비폭력적이며 양심적인 행위다. 시민 불복종은 시민사회와 공동선을 규정하는 도덕 원칙에 의해 정당화된다."

시민 불복종은 완전히 정의롭지는 않으나 어느 정도 정의로운 민주 체제에서 법률·정책·명령이 정의의 원칙을 어겼을 경우에 나타난다. 사회 협동 체제의 조건이 지켜지고 있지 않다는 것이 항거자의 확고한 신념임을 경고하기 위해 다수자의 정의감에 호소하는 정치적 행위다. 그런 점에서 법률이나 정부 정책의 변화를 유도하려는 공적이며 비폭력적인 양심에 의해 이루어지는 행위다.

롤스는 완전히 정의롭지는 않은 사회를 염두에 둔다. 완전히 정의롭다면 저항할 필요가 없다. 전면적으로 부정의한 사회에서는 시민 불복종이 아니라 근본적인 혁명이 필요하다. 그래서 시민 불복종은 기본적인 민주적 절차가 보장된, 어느 정도 정의로운 민주 체제에서의 부정의에 어떻게 대처할 것인가의 문제다.

롤스의 생각은 헨리 데이비드 소로우Henry David Thoreau가 『시민의 불복종』에서 "우리는 먼저 인간이어야 하고, 그다음에 국민이어야 한다. 법에 대한 존경심보다는 먼저 정의에 대한 존경심을 기르는 것이 바람직하다. … 불의가 타인에게 또 다른 불의를 행할 것을 요구한다면, 그 법은 지키지 말아야 한다."라고 강조한 바와 일맥상통한다. 그가 보기에는 정의가 법에 앞섰다. 법과 제도는 정의에 기초할 때만 정당했다. 판단과 행동이 일차적으로 의지해야 하는 것은 정의의 원칙에의 일치 여부였다.

다수결을 통해 법이 정당하게 만들어졌다고 해서 그 법이 정의롭다고 말할 수는 없다. 절차의 정당성이 내용의 정당성을 자동적으로 보장하지는 않기 때문이다. 다수자의 입법이 어느 정도의 부정의를 넘어버렸을 경우, 부정의가 사회 공동체 구성원들이 공동으로 부담해야 할 범위를 넘어서는 정도로까지 심각할 때는 시민 불복종 행위가 정당화된다.

현대의 민주국가 대부분은 불법적 방법으로 권력을 획득한 정부에 대한 저항권은 당연한 것으로 인정한다. 합법적 정부라 하더라도 법질서에 따라 강구할 수 있는 모든 법적 수단이 유효한 구제 방법이 될 수 있는 전망이 거의 없고, 저항권의 행사가 법의 유지 또는 회복을 위하여 남겨진 유일한 수단일 때, 저항권이 인정된다.

한국 사회에서 보수 세력은 줄곧 우리 헌법이 저항권을 인정하는 것은 아니라는 견해를 제기해왔다. "불의에 항거한 4·19 민주 이념을 계승"한다는 내용을 저항권 인정으로 볼 수 없다는 견해가 그중 하나다. 하지만 시위와 집회에 관련된 법이 제한하고 있는 바를 거부하고, 법이 금지하고 있는 폭력적인 방법까지 동원하여 정부를 전복시키려는 대중적 행동으로 표출된 4·19를 민주 이념으로 계승한다는 내용이 저항권이 아니면 도대체 저항권에 들어가는 게 무엇이겠는가? 헌법 전문의 법적 효력을 인정할 수 없다는 견해도 있지만 그건 억지에 가깝다. 그렇다면 전문에 명시된 "1987년 10월 29일"에 "국회의 의결을 거쳐 국민투표에 의하여 개정한다."는 내용도 법적 효력이 없다고 주장할 것인가?

또한 헌법에 규정된 것은 아니지만 총으로 무장하고 군대와 교전 행위까지 벌인 5·18이 정부에 의해 '민주 항쟁'으로 규정된 점을 보더라도 한국 사회에서 저항권 개념이 폭넓게 인정되고 있다는 점은 부인하기 어렵다. 이는 곧바로 헌법이 밝힌 주권 개념이 대의제 선거와 관련된 투표권 정도의 협소한 의미에 갇힐 수 없다는 점, 국가나 법에 우선하는 자유와 권리의 근본적 내용이라는 점을 다시 한 번 확인시켜 준다.

공무원은 봉사자이며
국민에게 책임을 진다

공무원은 누구인가?

"공무원은 국민 전체에 대한 봉사자이며, 국민에 대하여 책임을 진다."

우리 헌법 제7조 1항으로, 공무원의 지위, 책임, 신분을 다루고 있는 문장이다. 공무원은 사전적 의미로 국가 또는 지방 공공 단체의 사무를 맡아보는 사람이다. 사무 범위에 따라 국가공무원과 지방공무원으로 나뉜다. 하지만 이는 단어의 뜻에 국한된 형식적 규정과 구분일 뿐이어서 공무원의 성격과 역할을 이해하는 데는 아무런 도움을 주지 못한다. 역사적 검토와 인문학적 통찰 속에서 헌법이 규정하는 공무원의 구체적, 실질적 의미에 접근할 수 있겠다.

전통 사회와 현대사회의 공무원은 서로 다른 성격을 지닌다. 과거 신분제 사회나 군주 국가에서 공무원은 자신을 임명하고 고용한 특정 신분이나 사람에게 충성하며 그들의 이해에 복무하는 신하의 성격이 강했다. 하지만 과거 신분제 사회라 하더라도 어떠한 정치체제를 지향하느냐에 따라 일정한 차이는 있었다.

절대군주제를 옹호하는 경우에는 군주에게만 책임을 지는 신하의 성격이 두드러졌다. 하지만 신분제 한계 내이기는 하지만 공화정을 지향하는 경우에는 전체 시민에 대한 책임으로 그 성격이 확장되었다. 절대 군주정을 옹호하다 후에 공화정 지지 경향을 보인 마키아벨리에게서도 그 차이를 발견할 수 있다. 먼저 『군주론』에서의 공무원은 충성스러운 신하로 국한된다.

"그가 자신은 오직 군주에게 의존한다는 점을 깨닫고, 많은 명예와 재부가 그로 하여금 더 많은 명예와 재부를 원하지 않게 하고, 그가 맡은 많은 관직이 그로 하여금 변화를 두려워하도록 대우해야 한다."

이때의 공무원은 신하로서 오직 군주에게만 의존한다. 공무를 맡은 사람에게는 군주에 대한 절대적 충성심이 필요하다. 군주는 신하의 충성심을 통해 배타적 지위를 유지한다. 충성심을 확보하기 위해 군주는 그를 우대하고, 부유하게 만들며, 가까이 두고 명예와 관직을 수여하는 등 잘 보살펴주어야 한다. 만약 군주와 신하가 그러한 관계를 유지한다면 각자는 서로에 대해서 신뢰를 유지한다. 신뢰 아래서 신하는 군주에 도전하거나 군주를 배반하지 않고 충복으로 행동한다.

하지만 마키아벨리의 태도는 공화정을 지지한 『로마사 논고』에서 변화된 모습으로 나타난다. 여기서 그는 공직자는 처음부터 시민 전체와 관계를 맺는 사람이라고 말한다.

> "공화국을 잘 조직하는 사람들은 도시의 최고 관직을 임명할 때, 대중의 여론이 부적합한 선택으로 기우는 것을 막기 위해 모든 시민이 후보자의 결점을 공공 회의에서 발표할 권리를 갖도록 법률을 제정했다."

공화정하에서는 행정관의 임명 권한이 모든 시민에게 있다. 만약 부적합한 사람이 임명되면 전체 시민에게 해를 입히고 국가가 위험에 빠질 수 있으므로 후보자에 대해서라면 모든 정보가 공개되어야 한다. 설령 그것이 후보자에게 불리한 내용일지라도 말이다. 후보자의 결함을 공공 회의에서 발표하는 행위는 시민의 명예로운 권리였다.

시민이 임명했기에 행정관은 특정한 인물이나 가문의 이익을 위해 봉사하는 것이 아니라 전체 시민에 대해 책임을 진다. 로마공화정의 상징적 인물인 키케로가 『의무론』에서 "국가 경영은 후견인의 일과 같아서 그것을 위탁한 사람들, 말하자면 전체 시민의 이익을 위해 수행되어야 한다."고 주장한 내용과 비슷한 맥락이다.

키케로에 의하면 공화국의 정무를 맡으려는 자들은 일부 계층만을 돌보다 다른 계층 사람들을 무시하지 않도록 각별히 조심해야 했다. 자신의 이익은 물론이고 특정 계층의 이익을 돌보는 순간 시민의 복리 증진은 뒷전으로 밀려나기 때문이었다. 자신을 임명한 전체 시민의 이익을 항상 염두에 두어야 했다.

국민에 대해 책임을 지는 봉사자로서 공무원의 성격을 원리적으로 규명하고 구체적 내용을 정립한 인물은 루소다. 공무원의 성격과 임무에 다가서기 위해서는 먼저 『사회계약론』에서 제시한 정부의 성격을 이해해야 한다.

> "정부는 주권자로 오인되기도 하지만 실은 주권자의 대리인에 불과하다. … 정부는 국민과 주권자 간의 상호 연락을 위해 설치되어, 법률의 집행과 시민과 정치의 자유를 유지시키는 소임을 맡는 일종의 중개 단체다."

정부는 "일반의지가 지시하는 방향에 따라" 일상적인 집행 책임을 맡은 대리인이다. 정부는 주권자와 국가 사이의 중개자다. 하지만 중립적 위치에서의 중개 단체는 아니다. 일반의지로 표현되는 주권자의 지시에 따라야 한다. 일반의지가 사회에서 실효성을 갖기 위해 공공의 힘, 즉 강제력을 갖춘 정부를 만들었기 때문이다. 그러므로 "집행권을 맡은 사람은 결코 인민의 주인이 아니라 공복"임을 한시도 잊으면 안 된다.

한국 사회에서 선거에 출마한 후보자들은 거의 예외 없이 국민이 나라의 주인이고, 자신은 충실한 일꾼이라고 말한다. 입바른 소리로 끝나서 문제이지만, 사실 이런 발언은 공무원이 국민 전체에 책임을 지는 봉사자라는 헌법의 정신을 반영한 것이다. 또한 루소의 사회계약론 이래로 민주공화국에서 자리 잡은 주권자와 정부의 관계, 국민과 공무원의 관계를 반영한다.

그래서 프랑스 인권선언은 제12조에서 "인간과 시민의 권리를 보장하려면 공권력이 요구된다. 따라서 공권력은 그것을 위임받은 사람의 이익을 위해서가 아니라 만인의 이익을 위해서 설립된 것이다."라고 규정한다. 현대 민주국가에서 공무원은 주권자인 국민으로부터 임무를 부여받은 대리인으로서 국민 전체에 봉사하고 책임지는 역할을 요구받는다. 행정 수반에 대하여 충성 관계로 얽힌 기존의 신하와는 전혀 다르다.

진정한 의미에서 국민의 대리인, 루소가 말한 '인민의 공복'이기 위해서는 그 성격을 규명하는 것만으로는 부족하다. 루소는 이를 뒷받침할, 집행권이 맡겨진 사람들에 대한 주권자의 실질적 권한이 보장되어야 한다고 주장하였다.

> "인민은 하고 싶을 때 임명하고 또 해임할 수 있다는 것, 그들의 문제는 계약이 아니라 복종이라는 것, 그들이 국가가 부과한 직무를 맡는 것은 시민으로서의 의무를 다하는 데 지나지 않으며 그 조건을 왈가왈부할 권리는 전혀 없다는 것 등이다."

권력이 일반의지로부터 위임받은 일을 제대로 수행하지 못할 때, 예를 들어 의무와 권리의 일치를 흩트리거나 침해할 때 일반의지를 형성하는 사회 구성원이 그 권력의 자격을 박탈할 수도 있다는 혁명적 발상이다. 인민은 집행권을 맡은 사람들을 원한다면 언제든지 임명하고, 필요하다면 해임시킬 수 있어야 한다.

프랑스 인권선언도 제15조에서 이를 확인한다. "사회 공동체는 모든 공직자에게 그들 업무상의 책무를 물을 수 있는 권리를 갖는다." 일차적으로 책임을 물을 주체가 정부가 아니라 '사회 공동체'라는 점에 주목해야 한다. 즉, 국민 모두의 권리임을 말하는 것이다. 책임을 물을 대상이 '모든 공직자'라는 점도 중요하다. 몇몇 선출직 공직자로 제한되지 않고 공직을 맡고 있는 모든 사람에 대해 책임을 물을 권리가 국민에게 있다.

루소는 사회 구성원이 필요할 때 집행권을 박탈하는 즉각적 조치를 취할 수 있는 장치로 정기적인 집회를 제시한다.

"사회계약의 유지 이외에 아무런 목적도 없는 이 집회는 개회할 때 언제나 다음 두 가지의 의안을 내놓아야 한다. ⋯ 주권자는 정부의 현 형태를 유지하고 싶은가? 인민은 현재 행정을 맡겨놓고 있는 사람들에게 앞으로도 계속 맡기고 싶은가?"

공직자에 의해 일반의지가 훼손되거나 무력화되는 불행을 막을 수 있는 가장 적당한 방법은 사회 구성원이 직접 참여하는 정기적 집회다. 이때 중요한 것은 집회라는 형식이 아니라 국민의 직접 참여이며, 이것이 곧 핵심이다. 집권자나 특정 정치 세력에게 맡겨놓을 수 없는 중차대한 권리이기에 국민은 정기적으로 이러한 권리를 행사해야 한다.

매번 정부 형태를 판단하고 선택해야 한다는 언급은 당시의 특수한 상황을 반영한다. 루소가 이 책을 쓸 당시 프랑스 사회는 격동의 한가운데 있었다. 또한 절대군주제를 대체할 민주공화국의 정부 형태가 실험된 적이 없었기 때문에 일상적 불확실성 속에 있었다. 사회적으로 부와 세력을 독차지한 세력에 의해 그들의 이해를 반영하는 방식으로 정부 형태가 결정되고 유지될 가능성이 높은 것이 현실적 문제였다. 집단적 학습경험을 갖고 있는 현대사회에서는 감이 떨어질 수밖에 없는 안건이다. 정부 형태도 주권자가 주시하고 최종적으로 직접 결정할 권한을 갖고 있다는 정도로 이해하면 될 일이다.

현대사회에서 보다 직접적인 문제는 공직자에 대한 감시와 책임을 물을 권리다. '집회'라는 규정이 '선거'와 구분되는 직접 결정이라는 점에 주목할 때 몇 년에 한 번 선거 때만 투표를 통해 책임을 묻는 것과는 전혀 다른 의미다. 앞의 주권 논의에서 확인했듯이 일상적으로 행사되는 권리다. 또한 루소가 현재의 공직자에게 "앞으로도 계속 맡기고 싶은가?"라며 자문하고 프랑스 인권선언에서 "업무상의 책무를 물을 수 있는 권리"라고 한 점에 주목할 필요가 있다. 자유와 권리의 본질적인 내용 침해가 가장 크게 문제되는 행위일 테고, 나아가서는 업무상의 무능력도 물어야 될 책임의 범위 안에 있다.

공무원의 지위 · 책임 · 신분을 둘러싼 사회계약론상의 원리가 현실과 어떻게 만나고 우리의 헌법과 법률로는 어떻게 반영될 수 있는지에 대한 검토가 남아 있는데 이에 대해서는 현대사회의 변화된 상황과 조건을 고려할 필요가 있다.

관료주의 강화와 공무원 위상의 변화

현대사회에 들어 관료제 확대와 함께 공무원의 성격에 큰 변화가 나타났다. 밀스Mills●는 『파워 엘리트』에서 이 현상을 심층적으로 분석하였다.

"현대사회의 구조 자체가 보통 사람들을 자신이 고안하지 않은 프로젝트들 안에 가둬 놓고 있다. 그러한 변화는 사람들에게 사방에서 압박을 가하고 있다. 사람들은 파워를 갖지 못한 시대에 목적마저 잃은 상태에서 표류하고 있다는 느낌을 받는다."

현대사회를 상징하는 구조는 단연 관료 체제다. 사회의 기본 골격은 물론이고 일상생활 구석구석까지 수직 계열화된 관료 조직이 포진되어 있다. 정부 골간을 이루는 중앙 기구는 말할 것도 없고 하위 단위도 관료 조직의 숲을 이룬다. 한국 사회 현실만 봐도 금방 이해가 간다. 웬만한 규모의 시 단위에는 단체장 아래로 세분화된 부서, 각 부서의 부서장과 각종 직급이 있다. 그 아래 각 구청, 동 단위 조직이 있다. 또 시 단위 경찰청, 구단위 경찰서, 동 단위 파출소, 각 법원 · 검찰청 · 교도소, 각급 교육기관과 국민연금 · 의료보험 기관 등 다 열거하기 어려울 정도다. 모두 관료제 조직 형태와 원리에 의해 움직인다.

사람들은 현실적으로 사회를 움직이는 실제 힘이 그들에게 있다고 느낀다. 그들이 기술적으로나 정치적으로 경험하는 파워는 관료 조직 밖에 있는 일반 사람들의 그것을 훨씬 능가한다. 이들 파워 엘리트는 보통의 남녀

●
찰스 라이트 밀스 Charles Wright Mills, 1916~1962 **미국의 사회학자.** 권력의 '남용' 문제에 관심을 갖고 당시 미국에서 지배적이던 사회의 합의론과 기능적 관점을 강력하게 비판했다. 그의 공격적인 주장은 독자들을 매료시켰으며, 사회학에 대한 도덕적 접근은 미국의 신좌파에 큰 영향을 미쳤다.

들이 처한 보통의 환경을 능가할 수 있는 지위를 차지한다. 그 정점에 현대 사회의 지휘부들이 자리 잡고 있다. 이들이 내리는 결정은 보통 사람들의 삶과 생활에 막대한 영향을 미친다.

"이 시대의 역사적 상황이 파워 엘리트가 부상하도록 만들었고, 개별적·집단적으로 중요한 결정을 내리고 있으며, 이용 가능한 권력 수단이 확대되고 중앙으로 집중된다는 점을 고려할 때, 그들의 결정은 세계사에 유례가 없을 정도로 더 강한 영향을 미친다."

근대국가 수립 이후, 거대해진 국가 규모와 함께 관료 조직도 계속해서 확대의 길을 걸었다. 전체 규모가 커지면 효율성을 위해 중앙 집중적이고 행정적인 조직 원리가 강화된다. 관료 조직의 피라미드 위쪽으로 갈수록 훨씬 더 통합되고 막강한 힘을 발휘한다. 권력의 중간 단계에 있는 사람들의 힘은 상대적으로 덜하지만, 그래도 무기력한 상태에 있는 일반 사람들에 비해서는 여전히 큰 힘이다.

오늘날 사회 조직의 구석구석까지 연결되어 있는 관료 조직에서 일하는 공무원은 단순한 직업이 아니라 권력의 수단으로 기능한다. 공무원이 "국민 전체에 대한 봉사자"라는 헌법 규정을 현실에서 사실로 느끼는 사람은 거의 없다. 간혹 있다 해도 일선의 말단 공무원에게로 한정된다. 중간 직급 정도만 돼도 봉사자는커녕 권력 행사자로 보인다.

그러한 공무원들은 당연히 공무원이 "국민에 대하여 책임을 진다."는 헌법 조항에 대해서 회의적 반응을 보일 것이다. 수직 계열화된 직급 체계 아래서 자리 유지와 승진의 목줄을 쥔 상급자에 대해서만 책임을 지는 것이 우리 현실이다. 고위 공무원이라면 정권의 비위를 얼마나 잘 맞추느냐가 가장 중요한 관심 사항이다. 현실에서 국민에 대한 책임이 정권에 대한 책임과 상급자에 대한 책임으로 바뀐 지 이미 오래임을 모르는 사람은 거의 없다.

그럼에도 불구하고 관료제 확대와 공무원 위상 변화를 현대사회의 불가피한 흐름이자 모두가 적극적으로 감수해야 할 선택으로 보는 견해가 적지 않다. 현대 사회학의 거두 중 한 사람인 베버의 견해가 대표적이다. 그는 『행정의 공개성과 정치 지도자 선출』에서 관료제가 확대될 수밖에 없는 이유를 현대사회에서 요구되는 전문 기술에서 찾았다.

"모든 관리의 권력 지위는 행정의 분업 기술 이외에 두 종류의 지식에 의존하고 있다. 첫째, 전문 훈련을 통해 획득되는 것으로서, '기술적'이라는 단어의 가장 확대된 의미에서의 전문 지식이다. … 관리 권력의 토대에 근무 지식이 추가되어야 한다."

베버는 관료제를 현대사회의 가장 이상적 조직 체제로 보면서 특히 합리적, 법적 권한에 기초한 관료제적 운영을 강조하였다. 관료제가 합리적인 이유는 사람에 대한 복종이 아니라 법에 의해 공식화된 비인격적 질서에 대한 복종이기 때문이었다. 베버가 보기에 관료 조직은 역사적 측면에서 절대군주제의 잔인성·자의성·편파성·일방성에 저항한 시민계급의 투쟁 결과였다.

합리적으로 움직이는 관료 조직에서는 과거 신하가 보여준 충성심보다 각 조직의 특성에 맞는 기술적 지식이 필요하다. 거대화된 현대사회에서는 전문적 지식이 가장 중요하다. 여기에 구체적인 업무 진행 과정에 필요한 근무 지식이 덧붙여진다. 전문 지식과 근무 지식은 구체적 사실과 정보에 기초한다는 점에서 도덕 영역으로부터 독립해 있다. 가치판단에서 상대적으로 자유롭기에 행정의 효율적 통제에 효과적이다.

베버는 『경제와 사회』에서 사회 각 영역의 조직 발전은 관료제 발전과 일치한다고 보았다. 관료제는 한층 발전된 조직 원리에 기초한다.

> "모든 영역에서 근대적 단체 형식의 발전은 관료제적 행정의 발전 및 끊임없는 증가와 곧바로 일치한다. … 우리의 일상생활은 이러한 틀 속에 짜여 있다. 우리가 할 수 있는 선택은 '관료제화'가 아니면 '아마추어화'일 뿐이다."

관료 조직은 "정확성, 연속성, 규율, 엄격성, 신뢰성" 등의 계산 가능성을 지닌다. 철저히 예측에 의해 계획적으로 움직이기에 효율성으로 무장되어 있다. 따라서 현대사회에서 관료제 없이는 근대적인 생존 가능성이 사라진다. 나아가 관료제의 우월성이 절대화되면 공무원이 '국민에 대한 책임'에서 자유로워질 가능성이 커진다. 국민 전체에 대한 봉사자 혹은 '인민의 공복'이 아니라 전문가로서 독자적 지위를 누리는 게 당연하다는 사고방식이다.

현대 민주주의 이론에 큰 영향을 준 이탈리아의 정치 이론가 보비오Bobbio•도 『자유주의와 민주주의』에서 확대되는 관료제 조직과 공무원의 힘에 주목하였다.

"미처 예견치 못했던 장애물로 나타난 것은 관료제 규모의 지속적인 증가다. 다시 말해서 권력 기구가 바닥부터 꼭대기까지 위계적으로 조직되었다. 그러니까 이것은 민주주의 권력 체제와는 정면으로 반대되는 것이다."

문제는 보비오의 관점이 주권을 통한 관료 조직과 공무원의 통제 방향이 아니라 민주주의를 한정하는 쪽으로 향한다는 점이다. 보비오에 의하면 민주주의의 확대가 무조건 좋은 것만은 아니다. 관료주의를 촉진시키는 역설적 상황이 발생하기 때문이다. 즉, 선거권 확대에 따라 점점 더 많은 새로운 대중이 자기 요구를 권력에 제기함으로써 국가의 활동 영역과 장치는 부득이하게 증대되어가고, 민주주의가 확대될수록 관료주의도 확대되는 것이다.

관료주의화는 권력의 집중화 현상을 극적으로 보여준다. 관료주의가 증대될수록 민주주의는 위협을 받는다. 주권 행사를 국가에 대한 요구나 압력의 강화 방향으로 잡을 때 관료주의는 보다 확대된다. 국가 기능이 강화·집중되는 순간 관료주의가 확대되는 것은 필연이다. 그러므로 보비오는 더 많은 민주주의, 특히 직접민주주의 요소의 확대가 바람직한 것은 아니라고 주장했다.

하지만 현대사회에서 관료의 힘이 점점 커지는 것이 문제인 상황에서

●
노르베르토 보비오 Norberto Bobbio, 1909~2004 이탈리아의 정치 사상가이자 법철학자. 권력의 가시성이 민주주의를 판단하는 중요한 기준이 되며 평등의 관념과 실천에 대한 관념 차이로 자유주의와 민주주의는 서로 다른 길을 걸을 수밖에 없다고 주장하였다.

주권의 적극적인 행사를 자제하는 방식으로 문제를 해결해야 한다는 베버나 보비오의 문제의식은 본말이 전도된 논리다.

보비오의 걱정처럼 국가의 역할 확대가 반드시 민주주의의 위협으로 귀결되는 것은 아니다. 그럴 수도 있고, 그렇지 않을 수도 있다. 사회 구성원의 권리 확대가 무작정 국가에 무엇인가를 요구하고 바라는 것이라면 보비오의 우려가 현실이 될 수 있다. 하지만 진정한 의미에서 직접민주주의 요소는 국가에게 보상을 요구하거나 국가가 모든 것을 다 대신할 수 있다는 국가 신비화 경향과는 거리가 멀다. 반대로 국민주권의 실질적인 보장과 사회 제 영역에서의 결정 권한 확대와 집행 과정에의 참여를 뜻한다. 따라서 오히려 국가의 전횡을 억제하고 균형을 만들어나갈 수 있는 힘이 만들어진다.

이를 위해 현실에서는 국민이 일상적으로 정부를 감시할 수 있는 법적, 제도적 장치가 우선 마련되어야 한다. 국민에 비해 우월한 관료의 힘은 비밀주의에 근거한다. 소수의 전문적 관료가 정보를 독점하고 결정하며 집행할 때 사람들은 무력감에 빠진다. 밀실 행정이라는 말이 관료 조직을 상징하는 말이 된 게 우연이 아니다. 한국 사회만 하더라도 관료 조직 내에서 각 부처와 부서마다 '칸막이'를 치고, 국민을 향해서는 아예 높은 벽을 치는 경우가 허다하다. 국민의 권리가 제대로 행사되기 위해서는 입법, 행정, 사법 등 제 영역의 정보를 공개하도록 강제한 제도가 일상적 · 전반적으로 확대되어야 한다.

관료주의 문제점 해결은 헌법이 규정하는 내용인 국민에 대한 책임과 봉사자로서의 위상을 실제 적용해야만 가능하다. 헌법이 실질적 의미를 가지려면 프랑스 인권선언이 규정한 "모든 공직자에게 그들 업무상의 책무를 물을 수 있는 권리"가 국민에게 보장되어야 한다. 루소의 표현대로 "인민은 하고 싶을 때 임명하고 또 해임"시킬 수 있어야 한다.

이는 현대사회에서 소환 제도 형식으로 구체화된다. 한국 사회에서는 지방의원이나 지방 자치 단체장이 무능하거나 주권자의 이해를 벗어난 행동을 할 경우, 즉시 소환하여 자격을 박탈할 수 있는 주민소환제를 실시하고 있다. 하지만 관료의 월권을 방지하고 공무원이 진정 국민에게 책임을 지는 봉사자로 다시 태어나기 위해서는 소환 제도가 지금보다 훨씬 강화·확대되어야 한다. 당연히 국회의원도 소환 대상에 포함되어야 한다. 나아가 각 부처 책임자를 포함하여 주요 공직자 역시 소환 대상이 되어야 한다. 최종적으로는 국민이 뽑은 가장 중요한 자리인 만큼 중대한 귀책사유가 있을 때 대통령도 소환에서 자유로울 수 없어야 한다.

관료제를 인간이 만들어낸 가장 효율적 조직이라고 하는 베버의 주장도 비판적으로 검토될 필요가 있다. 현대사회에 와서 관료제가 오히려 비효율의 상징이 되어가는 점을 고려해야 한다. 관료제는 다수 구성원을 효과적으로 동원하고 움직이기 위해 상명하복에 기초한 피라미드형 조직 형태와 운영 방식을 갖춘다. 그래야 체계적이고 일사불란한 결정과 집행이 가능하다.

하지만 현대사회는 산업사회에서 정보화 사회로 변화하면서 네트워크에 기초한 수평적 사회로 나아가는 중이다. 이에 수직적 관료 조직은 비효율의 온상이 되고 있다. 개인의 창조적 역할이 중요해지는 지식 기반 사회에서는 더더욱 유연하고 횡적인 그물망을 중시하는 조직 형태와 운영 방식이 중요해짐을 놓쳐서는 안 될 것이다.

공무원의 정치적 중립은 의무인가?

"공무원의 신분과 정치적 중립성은 법률이 정하는 바에 의하여 보장된다."

우리 헌법 제7조 2항의 내용이다. 공무원의 정치적 중립성을 규정하고 있다. 이를 근거로 현행 공직 선거법과 정당법 및 국가공무원법과 지방공무원법 등이 공무원의 정치적 중립을 의무로써 요구하고 있다. 정부와 언론의 태도에 영향을 받은 결과일 테지만, 압도적으로 많은 사람이 이 내용을 당연히 의무 조항으로 이해한다.

하지만 이야말로 헌법에 대한 아전인수식 해석의 가장 대표적인 경우다. 조금 심하게 말하면 난독증을 의심해봐야 할 정도의 심각한 오독이다. 또한 공무원의 중립성이라는 주제를 둘러싼 역사적 경험과 논의에 대한 왜곡이기도 하다.

먼저 지독한 오독이 문제다. 헌법에서는 분명히 공무원의 신분과 정치적 중립성이 "보장된다."고 했다. 헌법 조문에서 '보장'은 '이러저러한 권리를 가진다'라는 규정과 함께 권리를 정하는 데 사용되는 대표적 표현이다. 예를 들어 제8조에서는 국민의 정치적 권리에 대해 "정당의 설립은 자유이며, 복수정당제는 보장된다."라고 하였으며, 제6조에서는 외국인의 법적 지위와 관련하여 "외국인은 국제법과 조약이 정하는 바에 의하여 그 지위가 보장된다."라고 하였다. 이를 외국인의 의무라고 해석하면 얼마나 웃기는 코미디인가?

보장이라는 표현이 '보장해줘야 한다'는 의무의 뜻도 포함하지 않느냐며 의문을 제기할 사람이 있을 수 있다. 하지만 제10조의 기본적 인권의 보장 조항을 보면 '보장'의 의미가 조금의 오해 여지 없이 분명해진다. "국가는 개인이 가지는 불가침의 기본적 인권을 확인하고 이를 보장할 의무를 진다."

'보장할 의무'라는 대목에서 확인할 수 있듯이 만약 보장에 의무의 의미가 들어가려면 일단 보장을 '권리'로 전제하고 나서 이에 대한 국가의 이행 의무가 뒤따르는 방식이어야만 한다. 어떤 경우든 국가가 보장해준다는 의미이기 때문에 역으로 그 대상이 되는 사람이나 단위에게는 권리의 성격이 된다.

의무를 정하는 조항들은 직접 '의무'라는 말을 사용하거나 이에 준하는 표현을 수반한다. 예를 들어 제2조와 같이 국가는 "재외국민을 보호할 의무를 진다."라고 하거나 제46조처럼 "국회의원은 청렴의 의무가 있다."라고 하는 것이다. 혹은 '이러저러하게 하여야 한다'라는 식으로 사실상 의무라는 말을 풀어 사용한다. 제16조 주거에 대한 압수나 수색을 할 때 "영장을 제시하여야 한다."라거나 제31조 "평생교육을 진흥하여야 한다."라는 식으로 국가가 이행해야 할 정책이나 조치를 직접 가리키는 방식이다.

정치적 중립성과 관련하여 직접 의무에 해당하는 표현을 사용하는 대상도 있다. 제5조 2항에서는 국군의 사명과 정치적 중립을 다루면서 국군의 "정치적 중립성은 준수된다."고 했다. 여기서 '준수'라는 표현을 직접 사용한 것은 적용 대상이 '국군'이기 때문이다. 해당 조직의 구성원에게는 권리이지만, 조직 자체에는 정치적 강요를 방지하기 위해 중립성 의무가 요구된다. 만약 공무원과 마찬가지로 군인이 적용 대상이라면 당연히 이 조항에서 '보장된다'라는 표현이 사용됐을 것이다.

다음으로 역사적 경험과 논의 차원에서의 검토가 필요하다. 공무원은 현실적으로 그를 임명한 상급자, 각 기관의 기관장, 최종적으로는 대통령이나 수상의 입김에 휘둘릴 수밖에 없는 위치에 있다. 각급 선거는 공식적인 선거 관리 기구를 매개로 이루어지지만 현실적으로 행정 기구와 그에 속한 공무원의 업무에 직결될 수밖에 없다. 당연히 관료 기구와 관료의 선거 개입은 항상 주권과 민주주의를 무력화시키는 심각한 골칫거리다.

한국 정치 역사만 봐도 그렇다. 거슬러 올라가면 가장 유명한 사례로 4·19혁명의 원인을 제공한 자유당 정권의 관제 선거가 있다. 유신헌법 시대에는 아예 '통일주체국민회의'라는 괴물 같은 조직을 만들어 사실상 대통령이 스스로 대통령 자리에 오를 수 있도록 했다. 5공화국도 상황은 비슷했다. '체육관 선거'라는 말이 생겨날 정도였다. 사라진 과거의 일이라고 치부할 수만은 없다. 국정원 등 국가기관의 조직적 선거 개입 논란이 여전하다는 점에서 행정기관의 선거 개입은 현재 진행형이다.

주권을 송두리째 부정하는 관권 선거 또는 관권 정치가 끊이지 않은 데는 당연히 관료 조직과 관료의 태생적 특성이 연결되어 있다. 관료제 안의 공무원은 국민 전체에 책임을 지는 봉사자가 아니라 집권자와 집권 정당, 나아가서는 사회체제의 특성상 지배적 위치에 있는 지배계급의 이해를 대변할 가능성이 훨씬 크다. 공무원의 중립성은 기본적으로 국가기관이 정부의 각 기구와 공무원에게 특정한 후보나 정당, 혹은 정치적 판단을 강요하는 데 대해 거부할 수 있는 권리를 보장한 것이다.

결국 일차적으로 공무원 권리 차원의 문제다. 그리하여 정치적 판단 강요에 공무원 개인이 응하지 않을 경우 인사에서 불이익을 주지 못하게 하고, 반대로 강요한 자를 처벌함으로써 공무원의 신분을 보호한다. 루소의 표현을 인용하자면 법률의 집행과 시민과 정치의 자유를 유지시키는 소임을 맡고 있는 "중개 단체"의 기능에 충실하도록 하는 것이다. 그래서 헌법에서는 공무원의 정치적 중립성을 '의무'가 아닌 '보장'이라는 표현으로 규정한다. 중립성이 의무로 강제되는 대상은 공무원 개인이 아니라 정부와 정부의 집행 책임자다.

그러므로 공무원 개인의 정당 가입이나 일상적인 정당 활동 및 정치 활동을 전반적으로 금지시키는 한국 사회의 각종 법률은 위헌의 여지가 매우 크다. 루소를 중심으로 한 사회계약론 사상에 근거하는 경향이 강하고 프랑스대혁명 전통을 상대적으로 많이 흡수한 유럽의 각 국가는 공무원 개인에게 정당 가입, 정치단체 결성 등 상당히 폭넓은 정치 활동을 허용한다.

한 사회를 구성하는 계약이 정치적 성격을 지닌다는 점에서 정치적 자유는 모든 국민이 누려야 하는 자유와 권리의 본질적 내용에 해당한다. 그렇기 때문에 공무원의 중립성을 '의무'로 제한하여 규정하고 공무원의 정치 활동을 금지하는 현행 공직 선거법과 정당법 및 국가공무원법과 지방공무원법 등은 기본권을 침해한다는 비판에서 자유로울 수 없다.

여기에는 교육공무원의 정치적 중립성을 둘러싼 문제도 포함된다. 일반 공무원과 마찬가지로 교원 개인의 정치 활동 역시 제한되고 있다. 대법원과 헌법재판소 판결이 주요 근거로 사용된다. 2012년 대법원은 교원의 정치적 중립성은 정치 활동뿐만 아니라 교육 현장 외에서도 지켜져야 한다면서 다음과 같은 결정을 내렸다.

"아직 독자적인 세계관이나 정치관이 형성되어 있지 아니하고 감수성과 모방성, 그리고 수용성이 왕성한 미성년자를 교육하는 초·중등학교 교원의 활동은 교육 현장 외에서 이루어졌나 하더라도 직접적이고 중대한 영향을 미치므로, 교육 현장 외에서의 활동도 잠재적 교육과정의 일부임을 인식하고 정치적 중립성이 훼손되지 않도록 유의해야 한다."

언뜻 듣기에는 그럴듯할지 모르지만 하나하나 뜯어보면 민주주의의 원리나 현실적 문제에 대한 억지 논리일 뿐이다. 먼저 초·중등 교원이 정치 활동을 해서는 안 되는 이유가 학생들에게 "아직 독자적인 세계관이나 정치관"이 형성되어 있지 않기 때문이라고 하였다. 세계관이나 정치관이라는 말 자체가 지극히 추상적이고 내면적이어서, 도대체 어떤 방법으로 이를 측정하거나 비교할 수 있을지 모르겠다. 이를 제쳐놓더라도 정치 활동과 관련되거나 정치 활동의 대상이 되는 사람들의 낮은 정치의식이나 인식 수준이 민주주의에서 어떠한 제한의 근거가 될 수 있는가 하는 점이 남는다.

그러면 학력이 낮거나 아예 학력이라고는 전무한 사람들, 좀 더 심하게 말해서 아직도 근대화 정도가 낮은 나라에서 흔히 나타나듯이 사회 구성원 다수가 문맹인 사회에서는 정치 활동이 전체적으로 제한되어야 하는가? 민주주의는 정치 활동의 주체이든 대상이든, "독자적인 세계관이나 정치관"은 물론이고 초보적인 정치의식이나 인식 수준과 무관하게 자유로운 정치 활동의 자유를 보장하는 데서 출발한다.

다음으로 학생들이 "감수성과 모방성, 그리고 수용성이 왕성"하다는 이유를 들었다. 어떤 나라의 법이나 법 해석에서도 '감수성'이 판단 근거가 되는 경우는 없다. 모방성이나 수용성은 더욱 말이 안 된다. 모방이나 수용으로 치자면 이는 한국 사회의 성인들에게 강하게 나타나는 성향이다. 누구나 정치가 상당 부분 지역감정에 의해 좌우된다는 점 정도는 상식적으로 알고 있다. 이보다 더한 모방과 수용은 다른 어디서도 찾아보기 어렵다.

나아가 교원의 정치 활동은 "교육 현장 외에서 이루어졌다고 하더라도" 학생들에게 "직접적이고 중대한 영향"을 준다고 하였다. 2012년 헌법재판소의 판결도 이와 비슷하다. 교원의 정치 활동은 근무시간 외에 이루어졌더라도 "학생들의 인격 및 기본 생활 습관 형성 등에 중요한 영향"을 미치기 때문에 안 된다는 내용이었다.

그런데 교육 현장 외에서 학생들의 사고방식이나 인격, 습관 형성에 영향을 미치는 정도로 따지면 텔레비전을 비롯한 대중매체의 영향이 훨씬 더 강력하다. 따라서 이러한 논리대로라면 텔레비전이나 팟캐스트, SNS 등을 통한 정치 토론이나 정치적 의사 표명 일체가 금지되어야 한다.

급기야 다음의 판결에는 헌법재판소의 지극히 독단적이고 편협한 판단이 여과 없이 그대로 드러난다.

"교원의 특성에 비추어 보아 교원의 선거운동을 기간·태도·방법을 불문하고 일체 금지시키는 방법 외에 달리 덜 제한적인 방법으로 목적 달성이 가능할 것인지 불분명하고, 법익 균형성도 갖추었다고 할 것이므로, 과잉 금지 원칙을 위배하여 선거운동의 자유를 침해한다고 볼 수 없다."

앞의 기본권 제한과 관련된 내용에서 보았듯이 기본권은 불가피하게 제한될 수 있지만, 자유와 권리의 본질적 내용은 어떤 경우든 제한될 수 없다. 그리고 본질적 내용의 부당한 제한, 즉 과잉 금지의 대표적인 경우가 권리의 일부가 아니라 전반적인 제한 조치라는 점을 확인했다. 하지만 헌법재판소는 교원의 선거운동을 "기간·태도·방법을 불문하고 일체 금지"해야 하는 것으로 보았다. 포괄적으로 모두 금지시켜 놓고 법익 균형을 갖추었다거나 과잉 금지가 아니라고 한다면, 정부의 제한 조치 가운데 과잉 금지 원칙 위반이 적용될 수 있는 경우는 거의 없을 것이다.

교원의 정치 활동과 관련해서도 다시 한 번 헌법이 규정한 공무원의 중립성이 기본적으로 정부의 부당한 정치적 간섭을 거부할 수 있는 권리의 '보장'이라는 점을 분명히 해야 한다. 국민이라면 다른 모든 국민과 마찬가지로 헌법이 정한 정치적 기본권과 표현의 자유를 보장받아야 한다. 최소한 수업 시간과 교육 현장 외부의 활동을 구분하는 접근이 필요하다. 미국, 영국, 프랑스, 독일 등 민주주의가 정착된 나라의 경우, 수업 시간에 정치적 신념을 강요하는 발언과 행위는 제약하지만, 공무원의 정당 가입과 당비 납부 등 교육 현장 외적인 정치 활동은 폭넓게 허용하고 있다. 한국 사회 역시 최소한 이 정도 수준은 수용해야 자유와 권리의 본질적 내용 제한에서 벗어날 수 있을 것이다.

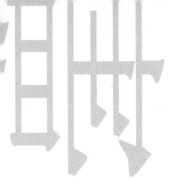

평화와 통일을
지향한다

침략 전쟁 부인과 평화 유지

"대한민국은 국제 평화의 유지에 노력하고 침략적 전쟁을 부인한다."

"국군은 국가의 안전보장과 국토방위의 신성한 의무를 수행함을 사명으로 한다."

우리 헌법 제5조 1항과 2항의 내용이다. 국제 평화 유지와 침략 전쟁 부인이 국가의 대외적 정체성이다. 전문에서도 "밖으로는 항구적인 세계 평화와 인류 공영에 이바지"한다는 말로 국제 관계에서 나아갈 방향을 제시하고 있다. 국군의 사명도 침략 전쟁 부인과 평화 유지에 그 초점이 맞춰져 있고, 동시에 국군은 "안전보장과 국토방위"를 신성한 의무로 행한다.

평화를 지향하는 조항은 전쟁으로 점철됐던 인류의 역사적 경험을 반영하여 거의 모든 국가가 헌법에 명시하고 있는 주요 내용이다. 인간은 수많은 전쟁을 치러왔고 지금 이 순간에도 지구에서는 화약 냄새가 난다. 특히 제2차 세계대전은 인류에게 끔찍한 기억을 심어주었다. 전쟁 기간에 발생한 수많은 사상자와 문명 파괴는 말할 것도 없다. 극단적 폭력성과 광기를 보여준 20세기 인류 최대의 치욕적 사건 홀로코스트Holocaust는 그 정점에 해당한다. 나치 독일에 의해 자행된 600만 명에 이르는 유대인 대학살은 이성으로 구축된 현대 문명 자체에 깊은 회의를 불러일으켰다.

독일과 나치 세력만의 문제는 아니었다. 세계대전 당시 연합국들은 적국에 대한 대응으로 도시 말살 정책을 채택했다. 원자폭탄이라는 가공할 무기는 도시 말살이 과장이 아니라 현실 문제임을 증명했다. 히로시마 원폭 투하를 변호한 미국 트루먼 대통령의 발언은 전쟁 승리를 위해서라면 어떠한 대량 살상 무기도 사용할 수 있다는 점을 잘 보여준다.

> "원자폭탄을 발명한 이상, 사용해야만 한다. 경고도 없이 진주만을 공격하고, 미국인 포로를 굶기고, 구타하고, 처형한 자들에 대해, 국제 전쟁법규를 준수하는 척조차도 하지 않았던 자들에 대해 그것을 사용했다. 전쟁의 신음을 단축하기 위해, 젊은 미국인 수천만의 생명을 구하기 위해 사용했다."

이미 독일은 항복했고, 일본은 동남아시아의 모든 전쟁터에서 패전을 거듭하던 상태였다. 일본은 본토 사수를 표방했지만 사실상 덜 불리한 조건에서 항복 협상을 이끌어내기 위한 의도였다. 하지만 미국은 '무조건 항복' 요구 정책의 일환으로 원자폭탄을 사용했다. 그리고 인류는 원자폭탄의 가공할 위력을 경험하였다. 원자폭탄이 도시 말살을 넘어 인류를 말살시킬 수 있음을 확인하였다.

이에 인류는 공동의 생존을 위해 유엔헌장 제1조 1항에서 국제 평화를 가장 중요한 가치로 내세웠다.

"국제 평화와 안전을 유지하고, 이를 위하여 평화에 대한 위협의 방지, 제거 그리고 침략 행위 또는 기타 평화의 파괴를 진압하기 위해 유효한 집단적 조치를 취하고 평화의 파괴로 치달을 우려가 있는 국제적 분쟁이나 사태의 조정 해결을 평화적 수단에 의하여 또한 정의와 국제법의 원칙에 따라 실천한다."

이에 따르면 각 국가는 전쟁의 늪에서 벗어나기 위해 관용을 실천하고 선량한 이웃으로서 상호 평화롭게 생활하기 위해 노력해야 한다. 하지만 이것이 모든 무력의 부정을 의미하는 것은 아니다. 유엔헌장은 전문에서 "공동 이익을 위한 경우 이외에는 무력을 사용하지 아니한다."라고 함으로써 인류 전체의 이익을 위해서는 불가피하게 무력을 사용할 필요성을 열어두었다. 주로 침략 전쟁이나 무참한 민간인 학살 방지가 목적이다.

하지만 유엔헌장의 잉크가 마르기도 전에 한국전쟁이 발발했고, 비무장 상태의 민간인이 악랄한 방법으로 학살되었다. 1945년 종전된 세계대전 이후 전 세계에서 일어난 전쟁과 내전은 대략 150~160회에 달한다. 민간인을 포함한 총 사망자 수는 3,000만~4,000만 명에 이른다. 부상 또는 강간 당하거나 강제로 이주되고 병들거나 빈곤에 빠진 사람은 포함하지 않은 수치다. 1945~1990년의 전체 2,340주 중 지구상에 전쟁이 전혀 없었던 기간은 도합 3주에 불과하다고 한다.

전쟁과 평화에 대한 근대의 문제의식
—

전쟁과 평화에 대한 태도는 정치체제와 연관이 깊다. 신분제나 절대군
주제 아래서 전쟁은 자국이나 군주의 이익을 위해 옹호되는 면이 강했다.
키케로는 공화정을 지지하면서도 기본적으로는 신분제 사회 논리에서 벗
어날 수 없었다. 그의 이러한 생각은 『의무론』의 전쟁에 대한 태도에서 드
러난다.

> "분쟁 해결에는 두 가지 방법이 있는데, 하나는 협상이고, 다른 하나는 무력 수단의 사
> 용이다. 그런데 토의는 인간, 힘은 야수에 고유한 것이므로, 더 우월한 것인 협상이 안
> 통할 때, 최종 단계에 이르러 보다 열등한 무력에 호소해야 한다."

키케로는 전쟁보다 협상을 우선하지만 분쟁 해결의 최후 수단으로 전쟁
을 옹호하였다. 실제 로마공화정 기간에는 영토 확장을 위한 전쟁이 계속
되었는데, 기원전 270년에 이탈리아 반도 전체를 장악하고, 서쪽의 패권을
사이에 둔 카르타고와의 싸움(포에니전쟁)을 승리로 이끌면서 로마는 지중
해의 새로운 강자로 등장하게 된다. 뒤이어 로마는 북아프리카, 이베리아
반도, 그리스와 마케도니아, 이집트, 소아시아, 시리아, 갈리아, 영국 등을
정복해나갔다.

전쟁의 목적은 재물 약탈을 넘어 대규모 노예 확보에 있었다. 로마의 길은 방사선 모양으로 뻗어 남쪽으로 시칠리아, 북쪽으로 라인 강, 서쪽으로 스페인, 동쪽으로 비잔티움까지 이어졌다. 그렇게 각 지역에서 확보된 노예가 끊임없이 로마로 보내졌다.

키케로는 전쟁을 통한 이익이 소수 귀족에게 집중되고, 평민의 기반이 축소됨으로써 공화정이 약화되고 귀족 중심의 정치체제로 변질되는 현상에는 반대했지만 전쟁 자체를 부정하지는 않았다. 기본적으로 키케로는 노예제라는 신분제 한계에서 벗어날 수 없었고, 노예 확보를 위한 전쟁을 인정했다.

서양 중세 사회에서는 귀족과 교회의 공동 이익을 위해 전쟁이 옹호됐다. 심지어 전쟁 억제 기능을 해야 할 종교가 전쟁의 주요 이데올로기 기능을 수행했다. 회교도에 빼앗긴 성지 예루살렘을 탈환한다는 명분 아래 교회와 황제가 주도한 십자군 전쟁이 대표적이다. 당시 교황 우르바누스 Urbanus 2세는 공의회를 개최하여 예수의 이름으로 전쟁에 나설 것을 호소하였다.

"악당에 불과했던 이들은 이제부터 그리스도의 기사가 되십시오! … 몇 푼 되지 않는 돈을 받고 용병이 된 이들, 그들은 앞으로 불멸의 보상을 받을 것입니다. 무익한 일로 심신을 해치던 이들, 그들은 앞으로 갑절의 영광을 위해 일하게 될 것입니다."

교황은 성지 해방 전쟁을 성전聖戰으로 명명하고 군사들에게 신의 구원을 약속했다. 전쟁에 전 유럽이 동원되었고, 8차에 걸친 원정 전쟁이 벌어졌다.

　십자군 전쟁은 표면적으로 종교 분쟁이었지만 사실 교회와 세속 군주의 정치적, 경제적 이권 획득과 영토 확장을 위한 전쟁이었다. 현실적 권위를 더욱 확고하게 세우고자 했던 교회, 영토 확장에 따른 이익을 추구한 영주, 시장 개척을 희망한 도시 상인의 의도가 맞물린 침략, 약탈 전쟁이었다.

　절대군주제 아래서는 전쟁 선포와 결행이 군주의 절대적 권한에 속하는 일이 된다. 마키아벨리는『군주론』에서 적극적으로 전쟁의 권리를 행사하라고 주장하였다.

　"사실상 전쟁은 피할 수 있는 것이 아니라 단지 당신에게 불리하게 지연되는 데 불과하기 때문에 전쟁을 피하기 위해서 화근이 자라는 것을 결코 허용해서는 안 된다."

　전쟁은 국가와 군주에게 불가피한 것이다. 다만 이익을 저울질하며 시기를 조절할 뿐이다. 그렇다고 무조건 모든 경쟁 국가와 전쟁을 해야 한다는 주장은 아니다. 군주는 "왕이나 다른 통치자들과 동맹을 맺어 호의를 베풀게 하거나 해를 가하는 것을 주저하게 만드는 재주"를 배워야 한다. 그리하여 전략적 판단을 통해 동맹을 맺을 필요가 있다. 하지만 이 동맹은 어디까지나 더 큰 전쟁에서 승리를 얻기 위한 용도다.

　근대 사회계약론은 전쟁을 회피하고 평화를 지향하는 경향을 보인다. 사회 구성원 모두의 주권을 전제로 할 때 각 개인이 자신에게 해가 될 전쟁을 선택할 리 없기 때문이다. 로크는『관용에 관한 편지』에서 전쟁은 누구의 권리도 될 수 없음을 밝혔다.

"어떤 개인·교회·공화국도 시민 재산을 침해하고 강탈할 권리를 종교적 구실 아래 가질 수 없다. 그러한 권리 주장이 인류에게 끝없는 분쟁과 전쟁의 원인을, 그리고 강탈, 학살, 영원한 증오를 향한 선동을 얼마나 공급해왔는지를 숙고해야 한다."

로크는 사유재산권을 개인의 가장 중요한 권리로 주장한 바 있다. 재산권이 가장 우선하기에 재산을 약탈하거나 피해를 입히는 일체의 행동은 정당화될 수 없다. 국가도 타인이나 다른 나라의 재산을 약탈할 권리가 없다. 전쟁은 오직 단 하나의 경우에만 정당하다. "자신에 대한 공격을 물리치기 위해서가 아니라면 어떤 사안에도 허용되지 않는다."

루소는 보다 강력하게 전쟁에 반대하였다. 평화 확립을 목적으로 설립된 국가가 전쟁을 자행한다면 이는 주권자에 의한 계약 목적 위반이며 주권에 대한 공격이었다. 원리적으로 볼 때 사회계약에 대한 부정이기 때문에 계약의 소멸로 간주될 수 있었다. 국가는 계약에 의한 인위적 구성물에 불과하다. 국가가 전쟁으로 치닫는다면 사회계약 파기로 국가를 소멸시켜 인명과 재산의 보호를 우선할 권리가 있다.

칸트도 『영구평화론』에서 국가가 전쟁을 선택한다면 사회계약을 위반한 것으로 간주하였다.

"한 국가를 다른 국가에 합병시킨다면 도덕적 인격체로서의 국가의 지위를 파괴하는 것이며 국가를 물건으로 간주하는 것이다. 그런 합병은 본래 계약의 이념에 위배되는데, 그런 이념이 없다면 국민에 대한 어떠한 법도 생각할 수 없다."

다른 국가에 대한 지배와 합병에서 전쟁이 생겨난다고 보기 때문에 이를 금지시키는 것이 무엇보다도 중요하다. 어떠한 독립국가도 "상속 · 교환 · 매매 · 증여에 의해 다른 국가의 소유로 전락"하는 상태가 인정될 수 없다. 무엇보다도 국가란 어느 누구에 의해서도 명령이나 지배를 받지 않는 인간들 사이의 계약에 의해 만들어진다. 그러므로 전쟁이나 합병은 사회계약 이념을 정면으로 부정하는 행위다.

칸트는 보다 구체적으로 전쟁을 최소화하는 방안을 모색하였다. 그에게는 공화 체제가 전쟁을 줄이는 가장 중요한 조건이었다. 공화제야말로 사회계약 이념에 의해 만들어지는 유일한 체제이며 구성원의 자유 원리가 적용되고, 평등 원칙에 의해 확립된 입법 원리가 관철되는 체제이기 때문이다. 공화제는 법 개념의 순수성을 보장할 뿐만 아니라 영원한 평화에 대한 전망도 제시하였다.

"공화 체제는 영원한 평화에 대한 바람직한 전망을 제시한다. 전쟁 여부를 결정하려면 국민의 동의가 필요한데, 이때 국민은 자신의 신상에 다가올 전쟁의 재앙을 각오해야 하기 때문에 그런 나쁜 경기를 감행하는 데 무척 신중하리라는 것은 너무나 당연하다."

공화제는 중요한 결정에서 국민 동의 절차를 거쳐야 하기 때문에 전쟁을 막는 체제다. 국민으로서는 전쟁터에 병사로 나가는 위험을 감수해야 하고, 비용이나 전쟁 후 복구 작업에 대한 부담 때문에 전쟁을 회피하는 경향이 강하다. 이에 반해 한 사람 혹은 소수가 지배하는 체제에서는 통치자의 의지대로 쉽게 전쟁을 결정하고, 그럼으로써 빈번한 참극이 일어난다.

따라서 대부분의 국가가 중대사에 대한 국민의 의사 결정을 원칙으로 하는 공화제를 구성하고, 국가 간 자유로운 연방 체제로서의 국제연맹을 결성하면 자연스럽게 전쟁은 최소화되고 궁극적 평화가 도래할 것이라는 전망을 칸트는 제시한다.

이를 위해 칸트는 보편적 우호의 조건을 규정하는 세계 시민법의 필요성을 적극 제기하고, 동시에 상비군의 완전한 폐지를 주장한다. 왜냐하면 상비군은 항상 전쟁을 준비하고 있다는 인상을 줌으로써 다른 나라에 위협적인 존재가 되고, 다른 한편으로 사람을 죽이거나 사람에게 죽임을 당하도록 고용하고 고용되는 것은 인간을 단순한 기계나 도구로 간주한 결과이므로 인격체로서 인간의 권리를 부정한 격이 되기 때문이다.

스피노자는 『정치론』에서 국가 간 갈등과 전쟁 문제에 대한 나름대로의 해법으로 세계 시민법으로서의 평화조약을 주장하였다. "평화조약을 맺는 국가들이 많으면 많을수록, 각각의 국가는 나머지 국가에 대해서 단독으로 두려움의 대상이 되는 일은 더 적어지게 되거나 전쟁을 일으킬 권한도 더 적어진다."는 설명이다.

현대사회의 평화 모색
—

제2차 세계대전 이후 군사적, 영토적 의미에서 식민지 해방이 이루어지기 전까지 전쟁과 평화를 둘러싼 논의는 상당 부분 식민지 문제를 매개로

전개되었다. 타인에 대한 피해를 자유 제한의 핵심 기준으로 주장한 밀조
차 『식민주의에 관하여』를 통해 식민지 지배에 대해서는 정당함을 인정하
였다.

> "주민들의 수준이 대의 정부를 수립해도 될 만큼 충분히 발전한 보호령도 분명 존재한
> 다. 그러나 그만한 수준을 갖추지 못했거나 종주국 또는 종주국의 위임을 맡은 사람들
> 에 의해 통치를 받아야 할 수준의 영토도 있다."

이 주장에 따르자면 상대 지역이나 국가가 미개한 상태라면 직접적인
식민지 통치 방식이 정당성을 얻는다. 피지배 인민이 현 단계에서 더 높은
문명 발전 단계로 이행하도록 촉진시키기 때문이다. 밀은 종주국에 의한
직접적이고 강력한 통치가 스스로 문명 발전을 추동해나갈 수 없는 피식
민지 인민을 훈련시키는 데 유용하다는 점을 근거로 든다.

하지만 역사적으로 유럽에 의한 식민지 지배는 곧바로 식민지 지배국 사
이의 갈등을 불러일으켰다. 20세기 초반에는 영국이나 프랑스가 이미 세계
대부분의 지역을 식민지로 삼은 상황이었다. 후발 자본주의국인 독일·이
탈리아·일본으로서는 식민지 확보를 위해 이들 국가와 전쟁을 불사할 수
밖에 없는 처지였다. 슈미트가 『정치적인 것의 개념』에서 어떠한 목적이든
전쟁 결행을 국가 권리로 주장한 것도 이러한 사정과 맞닿아 있다.

> "본질적으로 정치적 통일체로서의 국가는 교전권을 갖는다. 현실의 사태 속에서 적을
> 규정하고, 적과 싸울 현실적 가능성을 가지고 있다. … 자국민에 대해서는 죽을 각오와

살인할 각오를 요구하며, 적측에 서 있는 인간은 죽인다는 이중의 가능성을 의미한다."

후발 자본주의국가인 독일에게 급속한 부의 축적을 위한 식민지 지배는 절체절명의 과제였다. 현실적으로 영국이나 프랑스의 식민지를 빼앗아 오는 방법밖에 없었다. 하지만 그 어느 국가도 자신들이 갖고 있는 노다지를 포기할 리 없으므로 전쟁만이 돌파구였다. 국가의 교전권을 고유하고 포기할 수 없는 권리로 규정한 슈미트의 주장은 당시 독일로서는 가장 필요한 법 이론이었다.

이는 개별 국가의 주권이란 대외 관계 수행에 있어서 절대적이고 무제한적이라고 주장한 독일 관념론 철학자 헤겔Hegel의 논리와 유사하다. 국가 간 합의가 어려운 사안에 대해서는 전쟁이 불가피하고, 전쟁은 국가에 활기를 준다는 논리와 닮았다.

또한 슈미트에 의하면 전쟁 추방은 현실적으로 불가능했다. 루소나 칸트가 주장하는 평화, 즉 "인류라는 이름을 내세우고, 인간성을 찾고, 이 말을 독점하는 것"은 오히려 문제를 더 심각하게 만들었다. 현실에서 국가 간 전쟁은 불가피한데, 결국 적국과 적국의 국민을 인간성에서 벗어나 법률의 보호 밖에 있는 세력으로 규정하고 "전쟁을 극단적으로 비인도적인 것으로까지 몰고 가려는 무서운 요구"로 작용할 뿐이었다. 슈미트가 보기엔 오히려 전쟁을 국가의 일상적 권리로 인정함으로써 비정상을 정상으로 되돌릴 수 있었다.

군사행동을 통한 영토 점령과 식민지 지배는 필연적으로 식민지 해방을 위한 전쟁의 정당화 논리를 확산시킨다. 프란츠 파농Frantz Fanon이 『대지의 저주받은 사람들』에서 강조한 내용도 그 일환이다.

> "민족 해방, 민족 부흥, 인민에의 국가 반환, 연방 등등 어떤 이름을 갖다 붙이든, 아니면 새로운 표현을 만들어 붙이든, 탈식민화는 언제나 폭력적인 현상일 수밖에 없다."

파농에 의하면 식민지 시대에 가장 중요한 문제는 식민지 해방이다. 식민지 민중이 주권을 되찾기 위해 전개하는 의식적이고 조직적인 활동이야말로 그 무엇보다 고귀한 실천이다. 탈식민화 수단은 수많은 양상으로 나타나기 때문에 무엇이 진정한 탈식민화인지 단언하기 어렵다. 형태나 방법이 다양하지만 공통적으로 폭력적 현상이라는 점은 분명하다. 식민지 지배는 군사적 점령을 통해 이루어지고, 저항 행동에 대해서도 군대를 동원해 탄압하게 마련이므로 탈식민지화는 폭력적 과정을 동반한다. 따라서 민족 해방을 실현하려는 민족 지도자는 폭력을 두려워해서는 안 된다. 실제로 제2차 세계대전을 전후한 시기에 식민지 해방운동은 주로 전쟁 양상으로 나타났다.

세계대전 직후, 적어도 형식적으로는 영토 지배에 의한 식민지 시대가 저물었다. 하지만 경제적, 정치적 지배까지 사라진 것은 아니었다. 게다가 군사적 행동 자체가 소멸한 것은 아니었기 때문에 경제적, 정치적 지배력을 유지·강화하기 위한 군사적 간섭이 빈번하게 나타났다. 미국의 아프리카와 라틴아메리카에 대한 군사적 간섭이 대표적이다. 러시아 역시 과거 소련 시기에 체코와 폴란드 등 동구권에 대해 군사적 간섭을 자행하였다. 해체 이후에도 수십 년간 주변 국가에 대한 군사적 간섭을 멈추지 않고 있다.

중동의 상황은 더욱 복잡하다. 석유 자원을 둘러싼 경제적 지배와 이를 위한 정치적 영향력 행사는 줄곧 이어져왔으니 그렇다 치고, 영토와 군사 문제까지 겹쳐졌기 때문이다. 제2차 세계대전 직후 영국과 미국은 팔레스타인 지역에 이스라엘 건국을 강제했다. 이로 인해 몇 차례 중동전쟁이 터졌고, 전쟁은 미국의 군사적 지원에 힘입어 이스라엘의 승리로 끝났다. 이어 아랍 지역에 대한 군사적, 경제적 개입에 반발한 팔레스타인 및 아랍 내 이슬람 집단의 테러 공격이 여러 차례 벌어졌다. 이후 수십 년 동안 테러, 이스라엘과 미국에 의한 보복 공격의 악순환이 생겨났다. 9·11 테러를 기점으로 미국과 이라크 전쟁이 벌어지기도 했다. 이제 테러라는 표현은 국가 간 분쟁을 상징하는 말이 되었다.

이슬람에 대해 테러 국가나 불량 국가 딱지를 붙이는 것은 미국의 언어학자 노암 촘스키Noam Chomsky가 『미국의 제3세계 침략 정책』에서 적절하게 비판하였듯이 정치적 목적에 직접 연관된다.

"민주국가의 대중을 위협하고 조종하기 위해 사용되는 상징 가운데 테러와 테러리즘보다 더 중요한 것은 없다. … 테러 개념의 축소도 현실 문제에 대한 관심을 분산시키는 피뢰침 구실을 하며, 국가 활동에 보다 큰 자유를 부여하는 감각과 감정을 불러일으킨다."

테러에 대한 두려움을 조장하는 것은 자국 내 사회문제에 대한 대중의 무관심을 만들어내고 강압 통치가 불가피하다는 대중적 심리를 만들어냄으로써 권위주의 통치를 정당화하기 위해서다. 촘스키에 의하면 미국에서 즐겨 사용하는 '불량 국가'라는 표현은 "선별된 적국에 대해 적용하는 프로파간다로서의 용법"이다. 제국주의적 성격을 노골적으로 드러내는 표현이며, 이로써 몇몇 이슬람 국가를 비롯해 미국 이익에 저해가 되는 국가에 대한 군사적 공격을 정당화한다.

국가 간 분쟁이 복잡한 양상으로 나타나는 현대사회에서 전쟁을 최소화하고 평화를 정착시키기 위한 구상 중 법 이론 차원에서 가장 주목을 받는 것은 롤스의 '만민법'이다. 롤스는 일반적인 사회계약 개념을 만민의 사회로 확대하면서 "칸트가 『영구평화론』에서 제시한 선도적 발상과 평화적 연합이란 개념"을 기본적으로 따른다. 복잡해진 갈등 양상을 반영하며 입헌적 자유주의국가 간의 평화공존, 비자유주의 국가들과의 평화공존, 무법 국가에 대한 방어와 개입으로서의 평화 등 여러 측면에서 평화를 모색했는데, 롤스는 먼저 입헌적 민주국가 상호 간 평화공존을 논한다.

"정의로운 입헌 민주 사회들이 그러한 정체의 아래 다섯 가지 특징을 완전히 충족하는 한 이들 간의 평화는 더욱 안전해질 것이다. … ① 공정한 기회의 평등, ② 소득과 부의 적정한 분배, ③ 최후의 고용자로서의 사회, ④ 기본적 건강 보호 제도, ⑤ 선거에 대한 공적 자금 지원과 정책 관련 정보에 대한 다양한 접근 보장."

민주 공화 체제를 갖춘 국가 사이에서는 평화 정착이 용이하다. 단지 칸트가 '선도적 발상'으로 제시한 견해, 다수결이기 때문에 자신에게 불이익을 가져올 전쟁을 선택하지 않을 것이라는 견해에 머물지 않는다. 현실적으로 다수결 형식만 가지고는 전쟁을 방지하기가 어렵다. 민주 공화 체제 아래서도 전쟁을 통한 이익이 손해보다 클 경우 얼마든지 다수가 전폭적으로 지지할 수 있기 때문이다. 미국의 경우에서 여러 차례 나타났듯이 상대방 국가에 비해 자국의 군사적 우위가 압도적이고, 전쟁을 통한 막대한 이익이 가능할 때 다수의 전쟁 선택 가능성은 높아진다.

국민의 동의에 절대적 영향을 미치는 여론이 얼마든지 국가 이해에 따라 만들어질 수 있다는 점도 놓칠 수 없다. 텔레비전, 신문과 같은 주요 언론 매체는 물론이고 교육체계에 강력한 영향력을 갖는 국가는 필요에 따라 여론을 형성한다. 언론도 스스로 대기업이거나 그 이해에 서 있기 때문에 전쟁을 통한 자기 이익 실현을 정의나 민주주의의 이름으로 포장한다.

그런데 롤스는 어째서 전쟁과 상관없어 보이는 고용 확대나 복지제도 확충에 관련된 사항을 평화의 조건으로 내세웠을까? 이에 대해서는 존 메이너드 케인스John Maynard Keynes가 『고용, 이자 및 화폐의 일반이론』에서 강조한 내용을 참고할 수 있겠다.

"국민의 열정에 부채질하는 일을 용이하게 해주는 요인으로는 전쟁의 경제적 원인, 즉 인구의 압력과 시장 확보를 위한 경쟁적 투쟁을 들 수 있다. … 각 국가가 그들의 국내 정책에 의하여 완전고용을 마련할 방법이 있다는 것을 알게 된다면, 일국의 이익을 인접한 국가의 그것과 대립되는 것으로 만들게 하는 중요한 힘은 불필요하게 된다."

케인스는 시장에 대한 정부 개입을 통한 고용 확대로 국가 간 평화가 확대될 것이라고 주장한다. 독일·이탈리아·일본과 같이 전쟁 준비를 통해 공황 탈출을 꾀했던 나라들은 하나같이 국유화를 선택했다. 주요 산업에 대한 무분별한 국유화는 필연적으로 전체주의적인 성격을 갖는다. 반대로 투자를 사회화함으로써 국가가 자원을 효과적으로 배분하는 일에 참여할 때 평화롭게 경제 안정을 이룬다.

케인스에 따르면 전쟁을 통한 경제성장 추구는 죄악이며, 파괴와 기아를 낳는다. 투자의 사회화를 통해 고용과 복지를 확대시켜 개인의 소비 능력을 향상시킴으로써 전쟁 없이도 지속적인 경제성장의 기틀을 마련해야 한다. 케인스는 정부의 시장 개입을 통해 공황에서 벗어나는 평화적인 길을 제시한 것이다.

롤스는 이를 '만족에 의한 평화'라고 하였다. 안정된 고용과 사회복지에 "만족한 만민" 사이의 평화공존을 의미한다. 자기 나라 안에서 고용이 유지되고 기본적인 삶의 질이 유지되면 다른 나라를 공격할 이유가 없다. 그가 제시한 몇 가지 조건을 충족한 민주사회는 상호 위협 없이 안전하기 때문에 평화를 유지한다.

이어서 롤스는 비자유주의 국가들과의 평화공존을 논한다.

"만민법을 비자유적 만민으로 확장할 때 주요한 작업은 자유적 만민이 비자유적 만민을 어느 정도까지 관용해야 하는지를 구체화하는 것이다. 여기서 관용은 한 국내적 만민의 고유 방식을 변화시키기 위해 정치적 제재의 행사를 자제함을 의미한다."

비자유주의 국가에 대한 관용은 상호 존중으로 구체화된다. 상대국이 자유주의를 사회 운영 원리로 채택하지 않아도 정치적 제재를 통해 변화시키려 해서는 안 된다. 롤스에 따르면 자유주의 가치를 비자유주의 국가에 강요할 수 없다. 모든 사회가 자유주의적이어야 한다고 요구한다면 관용은 현실에서 실패로 귀결된다. 이 경우 국제기구를 통해 자유주의를 유도하는 방법도 허용되지 않는다. 예를 들어 국제 통화 기금(IMF)에서 차관 제공을 조건으로 상대국의 정치 구조와 운영 방식을 변경하도록 요구할 수 없다.

자유주의를 따르지 않는 국가도 국제사회의 우호 관계에 참여하는 동등한 성원으로 인정해야 한다. 그래야 국제 관계에서의 공적 영역을 위한 만민법을 수용하는 국가로 이끌어 전쟁을 비롯한 각종 분쟁의 여지를 줄일 수 있다.

롤스는 마지막으로 무법 국가에 대한 방어와 개입으로서의 평화를 제시한다.

"인권을 침해하는 무법 국가는 비난받아야 하며, 중대한 경우에는 강제적 제재와 심지어 내정간섭을 받을 수도 있다. ··· 내가 인권이라고 부른 것은 자유 입헌민주정체 시민에게 있는 권리나 위계적 사회 구성원에게 있는 권리의 적정한 부분집합이다."

이 경우 만민법 아래서 모든 전쟁이 부정되는 것은 아니다. 권력과 제국의 획득은 물론이고, 경제적 부를 획득하거나 자연 자원을 확보하기 위해 자국 시민을 전쟁에 참여하도록 요구하는 것은 정당하지 않다. 하지만 다른 국가의 침략 공격에 대응한 방어 전쟁은 기본적 자유와 입헌 민주정치 제도 수호를 위한 목적이기에 정당하다.

또한 자기 방어 목적이 아니더라도 무법 국가의 인권침해가 중대한 수준일 경우 강제 제재가 허용된다. 자국 내 소수파에 대한 학살을 포함하여 심각한 인권 유린 사태가 진정되지 않을 때 국제적 차원에서 개입할 수 있다. 다만 여기에 민주국가에서 흔히 공유하는 인권 기준을 그대로 적용하면 안 된다. 이때는 위계적 사회에서조차 인정되는 부분집합으로서의 최소한의 인권을 적용한다. 비록 최소한이긴 하지만 롤스는 인권 외교와 인권 전쟁을 긍정하였다.

한국의 평화 문제와 통일

이상의 논의에 비추어 "국제 평화의 유지에 노력하고 침략적 전쟁을 부인"한다는 대한민국의 헌법 규정은 현실에서 얼마나 지켜지고 있을까? 기본적으로 우리 헌법은 루소나 칸트의 근대 사회계약론 이후, 현대사회의 유엔헌장을 거쳐 롤스의 만민법에 이르기까지 전쟁을 억제하고 국가 간 평화를 지향하는 정신 위에 서 있다. 무엇보다도 이를 실현하기 위해 일차적으로 침략적 전쟁을 부인한다는 점을 분명히 하고 있다. 문제는 이를 얼마나 충실하게 이행하고 있는가 하는 점이다.

과거 베트남, 근래 이라크와 아프가니스탄 파병은 "국제 평화의 유지에 노력하고 침략적 전쟁을 부인"한다는 우리 헌법을 준수하는 조치였는가? 당시 정부가 강조한 유엔 지지 여부는 전쟁의 정당성을 설명해주지 못한다. 유엔안보리 상임이사국은 소수 강대국을 중심으로 구성된 데다 강대국이 일으킨 각종 전쟁을 정당화하는 들러리 구실을 한 경험이 많다. 1993년 미군과 함께 소말리아인 수천 명을 학살한 유엔평화유지군 사례도 상기할 필요가 있다. 미국-이라크 전쟁만 놓고 보더라도 전쟁의 빌미로 삼은 대량 살상 무기를 찾지 못했음에도 유엔은 부시 행정부가 제시한 '민주주의 확산' 명분을 승인했다.

민주주의 확산은 다른 국가에 대한 군사적 공격 근거가 될 수 없다. 이슬람은 롤스가 『만민법』에서 구분한 비자유주의 국가에 해당된다. 정교분리가 불확실하고 민주주의 발달 정도가 취약한 나라다. 롤스는 상대국이 자유주의를 사회 운영 원리로 채택하고 있지 않더라도 제재를 통해 이를 변화시키려 해서는 안 된다고 했다. 군사 행동은 물론이고 상대국의 정치 구조와 운영 방식 변경을 요구하는 경제 제재도 정당하지 않다. 롤스의 주장이 아니어도 비민주적 국가라는 이유로 군사 공격을 한다면, 한국의 군사 독재 시절에 다른 국가가 한국을 침공하는 것도 가능했다는 말이 된다.

한미 동맹도 만병통치약일 수는 없다. 제2차 세계대전 이후에 벌어진 전쟁 가운데 가장 추악한 침략 전쟁으로 꼽히는 베트남전쟁에 미국에 이어 가장 많은 군대를 보낸 주요 근거도 바로 '한미 동맹'이었다. 이로 인해 한국이 점령군의 일부로 인식되면서 평범한 한국인들이 테러의 표적이 되는 현실적인 문제가 생겼다. 무엇보다 지난 수십 년간 침략 전쟁이나 부당한 군사적 간섭 논란의 중심에 서 있는 국가가 미국이라는 점도 문제다.

아무리 한미 간의 관계가 중요하더라도 한미 동맹이 한반도를 넘어 다른 나라에 대한 군사적 개입을 목적으로 만들어진 것이 아니라는 점을 분명히 해야 한다. 한미 동맹은 어디까지나 부당한 침입에 대응하는 목적이지, 남의 나라 침략에 함께하자는 동맹이 아니다.

가장 위험한 논리는 '국익'이다. 인류 역사에서 벌어진 침략 전쟁은 당연히 강대국이 약소국을 대상으로 한 것이었다. 예외 없이 국민을 전쟁으로 몰아넣는 근거로 사용된 논리가 국가 이익이다. 자국 이익을 위해 타국의 침략을 정당하다고 여기는 제국주의의 가장 큰 특징이기도 하다. 만약 국익을 이유로 침략 전쟁 논란에 휩싸인 전쟁에 참여한다면 우리는 제국주의의 아류에 불과하다.

한반도에서 침략 전쟁의 부인과 평화 유지는 곧 통일 정책과 직결된다. 우리 헌법은 제4조에서 이에 대한 입장을 제시하고 있다.

> **"대한민국은 통일을 지향하며, 자유민주적 기본 질서에 입각한 평화적 통일 정책을 수립하고 이를 추진한다."**

분단국가의 특성상 대한민국의 기본 정신에서 통일은 빠질 수 없는 부분이다. 분단 이후 현재에 이르기까지 단 한 번의 예외도 없이 모든 정부는 통일을 과제로 제시했다. 다만 방법에는 큰 차이가 있다.

이승만 정부 아래서는 전쟁을 전제로 한 북진 통일론이 지배적이었다. 평화통일은 반국가적인 주장으로 단죄되었다. 하지만 지난 몇 차례의 정부에서는 침략 전쟁을 부인하고 평화 유지를 지향하는 헌법의 기본 정신을 통일 정책에 반영하는 데 있어 공식적으로 반대하지는 않았다. 그만큼 평화적 방식의 통일은 적어도 공개적으로는 거스를 수 없는 원칙이자 방향으로 자리 잡았다. 여전히 군사적 통일을 자기 신념으로 삼는 사람이나 세력이 전쟁을 통한 통일을 공식적으로 주장한다면 "평화적 통일 정책"의 수립과 추진이라는 헌법을 정면으로 부정한다는 점에서도 문제가 되지만, 현실적으로도 고립을 면치 못할 것이다.

문제는 평화 유지의 방법이겠지만, 이는 구체적 통일 방법론 차원에서 고민하고 논의해야 될 사안이다. 항구적인, 최소한 장기적인 평화 정착이라는 지향을 견지할 수 있는, 헌법 규정에 근거한 원칙 정도를 살펴보자. 우리 헌법 전문에 기본적인 원칙이 규정되어 있다.

"평화적 통일의 사명에 입각하여 정의·인도와 동포애로써 민족의 단결을 공고히 한다."

인도주의는 속성상 상호주의와 구별된다. 기아에 빠진 아프리카의 몇몇 나라를 인도주의 관점에서 지원한다고 생각해보자. 이 경우, 상식적으로 우리가 이만큼 도와주었으니 너희도 동등한 정도의 도움을 주어야 한다고 주장하지 않는다. 이에 상관없이 어려움에 처한 인류를 애정으로 지원하는 것이 인도주의의 핵심 정신이다. 인류애가 그러할진대 그보다 끈끈한 경향을 보이는 동포애라면 더 말할 나위 없다.

그동안 몇 차례 식량 위기를 비롯하여 북한의 경제적, 사회적 곤란 상황에서 지원 원칙에 대한 논란이 일었다. 가장 대표적인 대립이 인도주의와 상호주의로 나타났다. 인도주의는 현실에서 '햇볕 정책'으로 구체화됐다. 식량 지원 등의 경제 지원, 금강산 관광과 개성 공단 사업 등 경제협력 사업이 대표적이다. 인도주의 정책을 통한 화해와 협력으로 남북한 간 긴장

관계를 완화하고 북한을 개혁·개방으로 유도함으로써 평화적 통일을 진전시키자는 논리다.

햇볕 정책에 대한 비판을 통해 반대 관점을 제시한 것이 상호주의다. 북한에 대한 경제원조와 양국 간의 교류에 대해 상호주의 입장으로 바라봐야 한다는 논리다. 햇볕 정책도 상호성을 무시했다는 이유로 비판한다. 북한이 어려움에 처했을 때 이러저러한 원조와 협력을 했지만 돌아온 게 별로 없다는 논리다. 상호주의를 지키지 않는 남북대화는 소모적일 뿐이며, 그러므로 북한을 껴안기보다 오는 만큼 주어야 한다는 기준을 부동의 원칙으로 제시한다.

평화와 관련하여 가장 예민한 부분인 군사 영역에는 인도주의 원칙을 그대로 적용할 수 없다. 그렇다고 권위주의 정권이 항상 강조해온 "군사적 도발에 대한 단호하고 철저한 응징"처럼 일관되고 엄격한 상호주의를 무조건적인 기본 원칙으로 삼아야 된다는 의미는 아니다. 상황이나 사안의 성격 등에 따라 장기적인 평화 정착이라는 목적에서 벗어나지 않는 범위 내에서 대응 방식과 정도가 사안별로 정해져야 한다.

적어도 상호주의를 넘어서 오히려 군사적 긴장을 강화하는 방향으로 나아가는 대응은 헌법 정신에 비추어볼 때 경계해야 한다. 예를 들어 과거 북한군이 연평도를 향해 포사격을 했을 때 이명박 당시 대통령은 "북한이 쏜 포보다 몇 배로 응징"할 것을 지시했고, 도발의 조짐을 보이면 "북한 해안포 주변의 미사일 기지도 타격"하라고 전하는 등 "교전 수칙을 뛰어넘는" 초강경 대응을 지시했다. 이는 상호주의가 아니라 과잉주의라고 해야 마땅하다. 만약 북한도 동일한 방식의 대응으로 맞서는 일이 실제 벌어진다면 우발적 충돌이 국지전으로, 국지전이 전면전으로 나아갈 가능성을 정부가 한껏 부채질한 꼴이 된다. 이는 헌법 정신을 거스르는 정책이다.

결론적으로 헌법에 부응하기 위해서는 경제적, 사회적 영역에서 동포애에 기초한 인도주의를 기본 원칙으로 견지해야 한다. 정치적으로는 평화 정착을 위해 상대 체제를 인정함으로써 불안 요인을 구조적으로 제거해야 한다. 상대 체제를 부인하면서 평화 관계를 유지한다는 발상은 형용 모순에 가깝다. 군사 영역에서는 사안에 따라 일정한 상호주의가 불가피하지만, 언제 어떤 상황에서도 무조건 엄격한 군사적 상호주의를 강조하는 것은 과거 군사정권 시절의 힘을 통한 도발 억제라는 절대 안보 신화의 되풀이다. 하물며 몇 배의 보복 공격을 실제 행동으로 옮기는 과잉주의는 헌법이 정부와 군대에 부여한 임무의 심각한 왜곡이다.

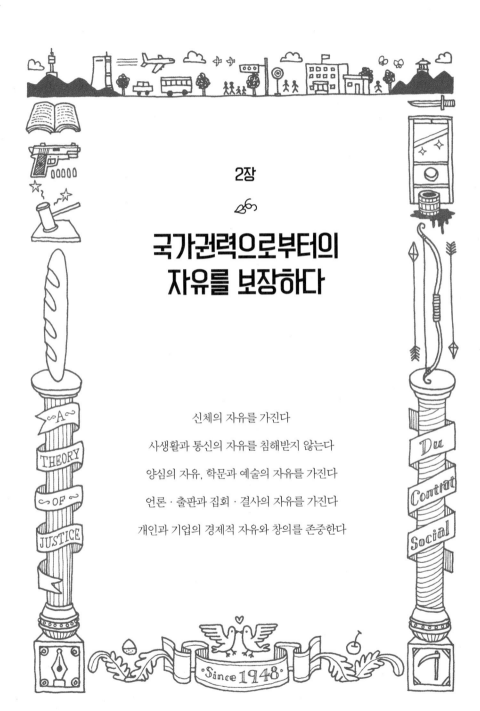

2장

국가권력으로부터의
자유를 보장하다

신체의 자유를 가진다

사생활과 통신의 자유를 침해받지 않는다

양심의 자유, 학문과 예술의 자유를 가진다

언론 · 출판과 집회 · 결사의 자유를 가진다

개인과 기업의 경제적 자유와 창의를 존중한다

신체의 자유를 가진다

자유의 출발이자 핵심적 기본권

자유는 국가 출현 이래 현재까지 인류가 추구해온 가장 중요한 가치다. 인류 역사는 자유를 둘러싼 논란과 갈등에서 비켜서 본 적이 거의 없다 해도 과언이 아니다. 그만큼 자유의 문제는 하나의 쟁점에 머물지 않고 실제적인 인간 활동과 정신 활동의 거의 전 영역에 걸쳐 있다. 우리 헌법도 여러 측면에서 자유를 다룬다. 국민 권리를 다루는 내용에서 자유가 차지하는 비중이 가장 크다. 그 출발점에 신체의 자유가 있다.

"모든 국민은 신체의 자유를 가진다. 누구든지 법률에 의하지 아니하고는 체포, 구속, 압수, 수색 또는 심문을 받지 아니하며, 법률과 적법한 절차에 의하지 아니하고는 처벌, 보안처분 또는 강제 노역을 받지 아니한다."

　신체의 자유를 규정한 제12조 1항의 내용이다. 1950년에 제정된 유럽 인권 협약도 제5조 1항에서 "모든 사람에게는 신체의 자유와 안전의 권리가 있다."는 내용으로 시작한다.

　신체의 자유는 모든 사회적, 경제적, 정신적 자유의 근간이 되기 때문에 근대 이후 헌법에서 가장 중요한 기본권으로 보장되어왔다. 신체의 자유가 자유의 출발점인 이유는 역사적으로 권력이 자유의 박탈이나 제한을 위해 사용한 대표적 방법이 신체적 억압이었기 때문이다. 고대 노예제와 중세 봉건제, 혹은 절대군주제 등의 각종 신분제 국가에서는 지배 집단의 이해에 반하는 행위에 대해 직접적인 폭력의 일환으로 신체적인 위협이나 제한, 제거가 뒤따랐다.

　미셀 푸코Michel Foucault가 『광기의 역사』에서 강조한 것처럼 명백한 범죄 행위만이 아니라 지배 세력 관점에서 '정상'이라고 규정된 것을 벗어난 행위나 상태가 '비정상'으로 규정되어 여기에 신체적 제한이 가해졌다.

> "비이성을 대상으로 하는 판결을 통해 제재를 가하고 비이성의 과오를 증명해 보이고, 고귀한 교정을 시도하며, 마침내는 사회적 질서를 위협할 정도로 위험한 과오를 범한 사람을 사회에서 배제시킨다. … 감금 관행과 노동에 대한 강조 사이의 관계는 경제적 조건에 의해 규정되지는 않는다."

　이러한 이유로 시민혁명 이후 신체의 자유는 자유와 권리의 가장 기본

어떻게 인류는 신체의
자유를 침해받아 왔나?

역사적으로 개인에게 가해지는 신체적 제약 가운데 가장 확실한 효과를 얻는 극단적 방법은 생명의 제거였다. 숨을 끊어 버리지 않더라도 죄의 정도에 따라 십자가형이나 화형 등으로 죽음보다 더한 고통을 겪도록 했다. 프랑스대혁명과 뒤이은 공포정치 시대의 상징이 된 기요틴guillotine, 즉 단두대가 본래 인도적 목적에서 만들어졌다는 사실이 이해되는 대목이다. 순식간에 목이 잘려 나가게 하는 이 장치는 "신분이나 지위 고하를 막론하고 죄인을 고통 없이 처형하는 방법"으로 개발되었다.

근대 이후의 구금 형과는 차이가 있지만 제한된 공간에 가두는 것도 한 방법이었다. 얼굴에 문신을 새기는 낙인도 신체적 통제의 하나였다.

역사적으로 볼 때 끊임없는 노동 강제는 도덕적 강요의 형태로 나타났다. 빈곤의 원인으로 지적된 것은 재화 부족이나 비고용 상태가 아니라 도덕적 기강 약화였다. 근면한 노동은 위대한 윤리적 협약에 대한 동의로 간주되었다. 반대로 언제나 열심히 일해야 한다는 근로의 도덕을 회피하고 게으른 생활을 하면 도덕적 비난과 처벌의 위험 앞에 서야 했다. 감금과 지배의 효과는 광인·부랑자·범죄자로 분류된 사람만이 아니라 사회 전체에 영향을 끼쳤다.

적인 출발로 여겨졌다. 근대 헌법은 잔인한 방법의 사형이나 낙인 등은 어떠한 경우에도 부당한 조치로서 금지했다. 가장 문제가 되는 것은 임의적으로 자행되는 신체적 제약이나 처벌이었다. 그래서 신체의 자유에 대한 조사나 처벌의 권한을 사적인 집단이 아니라 국가 공권력으로 제한했다.

오직 법률에 의해서만 체포·구속·압수·수색·심문과 처벌·보안처분·강제 노역이 가능하도록 헌법에 규정을 두었다. 프랑스 인권선언 제7조에서 볼 수 있듯이 이는 확고한 원칙으로 자리 잡았다.

> "사람은 법에 정한 경우에만, 그리고 법이 규정한 절차에 의해서만 고소, 체포 또는 구금될 수 있다. 자의적인 명령을 제청·전달·시행하거나 남에게 시행토록 하는 사람은 처벌받아야만 한다."

법으로 정해진 규정이나 절차가 아닌 한, 법에 의해 구성된 국가기구가 아닌 한 개인의 신체를 제한하는 개입은 어떠한 것도 정당화될 수 없다. 체포·구속·압수·수색의 적법성을 현실적으로 강제하기 위한 절차로 우리 헌법은 제12조 3항에서 "검사의 신청에 의하여 법관이 발부한 영장을 제시하여야 한다."고 정하고 있다. 예외적으로 "현행범인인 경우와 장기 3년 이상의 형에 해당하는 죄를 범하고 도피 또는 증거인멸의 염려가 있을 때"만 사후에 영장을 청구할 수 있도록 유보한다.

임의로 행사되던 체포나 수사, 처벌 등의 신체적 제한이 법의 테두리 안에서만 행사되도록 한 것은 신체적 자유를 위한 큰 진전이라고 할 수 있다. 헌법의 핵심적 취지는 신체적 제한을 동반하는 집행에서의 임의성 제거이기도 하지만, 다른 한편으로 제한의 최소화이기도 하다. 하지만 법 절차가 무조건 자유를 보장해주지는 못한다. 또한 경찰·검찰·사법부는 관료 조직의 특성, 즉 권위적인 속성, 효율적 일 처리 중시, 승진과 연관된 실적 추구 등으로 인해 신체적 제한의 최소화보다 확대로 향할 가능성이 있다. 그렇기 때문에 다른 나라의 헌법이 그러하듯이 우리 헌법도 제27조 4항에서 중요한 또 하나의 원칙을 제시한다.

"형사피고인은 유죄의 판결이 확정될 때까지는 무죄로 추정된다."

이것은 단지 수사관·검사·판사의 '태도' 문제에 머물지 않는다. 피고인이 그렇게 추정받을 구체적, 실질적 '권리'의 문제다. 제27조 전체가 각 항에서 법관에 의한 재판을 받을 권리, 일반 법원에서 재판을 받을 권리, 공개재판을 받을 권리, 재판 절차에서 진술할 권리 등 재판과 관련된 개인의 권리를 다루고 있는 데다 이미 앞서 규정된 신체의 자유와 직결되는 내용이라는 점까지 고려할 때 더욱 그렇다.

즉, 유죄 확정 전까지는 범죄자 취급과 대우를 받지 않을 권리가 있다. 여기에는 대표적인 신체 제한인 인신 구속 상태도 포함된다. 구금 시설에 갇히면 신체와 관련된 자유가 전반적으로 제한을 받는다. 마음대로 나갈 수 없는 것은 물론이고, 육체적 고통, 의식주 선택에 대한 자유 박탈과 대우의 열악성, 성적 박탈감, 기호품에 대한 접근의 차단, 외부와의 접촉 제한 등 전반적으로 억압 상태에 놓인다. 또한 개인의 자유 박탈에 머물지 않고 직장 생활 단절과 가족생활 곤란으로 이어진다.

대부분의 민주국가에서는 신체의 자유와 무죄 추정을 현실에 적용하는 장치로 '불구속 수사'를 한다. 구속을 전제로 한 수사와 재판을 억제하고, 불가피하게 구속하더라도 무죄 추정에 따라 신체적 제한을 최소화하며, 엄격한 영장실질심사제를 실시한다. 영국, 미국, 독일, 프랑스 등에서는 기소 전 보석제로 피의자의 구금을 최대한 억제한다. 설사 구속을 유지한다해도 1957년에 제정된 유엔의 '피구금자 처우에 관한 최저 기준 규칙'을 준수한다. 구금 시설 밖에서는 사복을 허용하고, 서신에 대한 검열을 금지하며, 자연광선으로 독서나 작업이 가능해야 한다는 시설 기준이다.

하지만 한국의 실정은 다르다. 영장실질심사제가 실시되고 있지만, 법원의 구속영장 발부율은 지나치게 높고, 구속 공판 사건이 양산되고 있다. 불구속 수사·불구속 재판의 원칙이 사실상 무시된다. 구치소 등 구금 시설에서 행해지는 미결수에 대한 처우도 유엔 기준에 상당히 미달된다. 구속 상태에서의 검찰 조사나 재판 과정에서 사복 착용이 보장되지 않고, 커피, 차, 음료수, 담배 등 기호품에 대한 권리도 제대로 인정되지 않는다. 신체의 자유와 무죄 추정의 권리 보장이라는 헌법 규정이 무색할 정도다. 헌법이 보장한 권리가 국가에 의해 무시되는 상황이 장기간 지속되고 있다.

정당한 절차에 의한 자백의 증거능력

"자백이 고문·폭행·협박·구속의 부당한 장기화 또는 기망 기타의 방법에 의하여 자의로 진술된 것이 아니라고 인정될 때 또는 정식재판에 있어서 피고인의 자백이 그에게 불리한 유일한 증거일 때는 이를 유죄의 증거로 삼거나 이를 이유로 처벌할 수 없다."

우리 헌법 제12조 7항의 내용이다. 신체의 자유는 재판 과정만이 아니라 조사 과정에서도 문제가 된다. 폭행과 고문은 고대국가에서 현재에 이르기까지 사형이나 구금 이상으로 사람들에게 두려움을 안겨주었다. 신분제 사회에서 사용된 고문 도구들만 봐도 오금이 저릴 정도다.

워낙 오랜 기간에 걸쳐 인류에게 큰 고통을 안겨주었기에 근대 헌법은 어느 나라나 특별히 고문 금지 조항을 둔다. 우리 헌법 제12조 2항에도 "모든 국민은 고문을 받지 아니하며, 형사상 자기에게 불리한 진술을 강요당하지 아니한다."라고 되어 있다. 위의 7항은 자백의 증거능력을 통해 이를 보다 구체적으로 뒷받침한 내용이다. 1950년의 유럽 인권 협약도 제3조에서 "어느 누구도 고문, 비인도적인 또는 굴욕적인 취급이나 형벌을 받지 아니한다."라고 강조한 바 있다.

몽테스키외의 영향을 받았고, 근대 형법 사상의 기초를 놓은 이탈리아 범죄학자 베카리아는 『범죄와 형벌』에서 고문과 관련하여 다음과 같이 주장하였다.

"범죄가 만일 불명확하다면 고통을 가해서는 안 된다. 왜냐하면 법적으로 유죄가 아직 입증되지 않았기 때문이다. … 또한 죄가 없지만 예민한 사람은 자백하면 고통을 멈추게 할 수 있을 것으로 믿어 유죄 자백을 할 것이기 때문이다."

범죄 사실은 명확하든가 불명확하다. 만일 명확하다면 고문과 같은 고통을 줄 필요가 없다. 법률에 의해 규정된 형벌의 부과로 족하다. 보통 범죄 증거가 불명확할 때 수사 과정에서 고문이 자행된다. 하지만 범죄 사실이 입증되기 전에는 모든 피고인을 무고한 사람으로 간주해야 하기 때문에 고문은 법 자체의 위반이 된다. 또한 실제로는 죄가 없음에도 오직 고통 때문에 없는 죄를 인정할 가능성이 결정적으로 높아지기 때문에 고문은 재판의 핵심인 사실이나 진실을 재는 기준이 될 수 없다.

베카리아는 고문이 "식인종에게나 합당한 것"이라고 하였다. 고대 로마인조차 고문을 노예에게 적용했을 따름이라고 덧붙인다. 노예제 국가였던 로마제국과 달리 모든 구성원이 권리를 갖는 사회에서 고문은 원천적으로 정당화될 수 없을 뿐만 아니라 그 자체로 큰 죄악이다.

한국을 비롯하여 현대사회의 어떤 사상가나 법 이론가, 국가의 집행권을 갖고 있는 사람도 공식적으로 고문의 필요성을 주장하기 어렵다. 반인간적 범죄임이 명백하기 때문이다. 이제 남은 문제는 헌법이 금지하는 바를 현실에서 얼마나 지키고 있는가 하는 것이다. 이는 고문 행위자에 대한 처벌로 끝나지 않는다. 또한 "고문·폭행·협박·구속의 부당한 장기화 또는 기망 기타의 방법"에 의한 진술을 인정하지 않는 조항을 재판 과정에서의 원칙으로만 제한해서도 안 된다. 이 조항도 신체의 자유와 무죄로 추정받을 권리에 직결되기 때문이다.

이 모든 것은 헌법 내용을 제대로 수행할 수 있도록 현실의 법률과 제도를 만들고 개선하는 적극적 조치로 연결되어야 한다. 예를 들어 한국 사회에서 고질화된 구속 수사 관행은 고문과 협박을 비롯한 강압 수사 가능성을 온존시키는 역할을 한다는 점에서 문제가 있다. 정부나 군 정보기관에 수사권을 보장함으로써 강압 수사의 가능성을 일상화하는 것도 헌법에 역행한다.

군사재판제도의 온존도 일반 법원에서 재판받을 헌법의 권리를 훼손한

다는 점, 다른 한편으로 군이라는 특수한 환경 내에서 수사와 재판이 진행됨으로써 폭행, 협박 등에 의한 권리 침해 가능성을 유지시킨다는 점에서 문제가 된다. 군인이라는 이유로 전쟁 시기가 아님에도 불구하고 군사재판을 받는다는 점, 그동안 군대에서 벌어진 범죄가 대부분 군이라는 특수한 조건에서의 사건이 아니라 일반 형사사건이라는 점, 게다가 법관이 아니라 일반 장교가 재판에 참여하는 심판관 제도가 있다는 점 등에서 군사재판은 민간에 이양될 필요가 있다.

신체적 활동 자유의 제한 기준

신체의 자유는 수사나 재판 과정에서만 문제가 되는 것이 아니라는 점에서 여러 쟁점과 연결될 여지가 있다. 신체의 자유란 자기가 원하는 신체적 활동을 하고 이에 대해 제한받지 않을 자유를 포함하기 때문이다. 그러므로 수사, 재판, 처벌 과정 이전에 어떠한 신체적 활동이 금지 대상인지 이해할 필요가 있다. 신체적 활동은 어디까지 보장되고, 어떤 경우에 제한되는가?

프랑스 인권선언 제4조에서 그 기준을 접할 수 있다.

"자유는 타인에게 피해를 주지 않는 한 무엇이든 행할 수 있는 권리다. 그러므로 각자가 자연권을 행사할 때 발생하는 유일한 제약은 사회 공동체의 다른 구성원도 같은 권리를 향유할 수 있도록 보장해야 한다는 것뿐이다."

개인 활동이 타인에게 피해를 줄 때, 그러한 의미에서 사회 공동체에 해로운 행위가 될 때만 제한을 받는다. 제5조의 내용대로 "누구에게도 법이 금지하지 않는 것을 못하도록 방해할 수 없으며, 누구에게도 법이 명령하지 않는 것을 행하도록 강요할 수 없다." 이는 밀이 『자유론』에서 제시한 기준과 비슷한 맥락이다.

> "인류가 개인적으로나 집단적으로 어느 개인의 자유에 정당하게 간섭하는 유일한 목적은 자기 방어다. 권력이 문명사회의 한 구성원에게 본인의 의사에 반해서 정당한 제재를 가할 수 있는 유일한 목적은 타인에게 가해지는 해악을 방지하는 것이다."

다른 사람에게 해를 끼치지 않는 한 국가는 개인 활동을 금지시킬 수 없다. 밀은 "이러한 자유가 절대적·무조건적으로 존재하지 않는 사회는 절대로 자유를 누리는 사회가 될 수 없다."고 하였다. 그가 가장 경계하는 국가의 개입은 타인에게 해를 입히는 행위는 아니지만 당사자에게 더 유리하기 때문에 그 행위를 금지시키는 경우다.

국가가 행위자 스스로의 안전과 행복을 명분으로 체포, 조사, 처벌 등을 통해 신체의 자유를 제한하는 경우는 현실에서 빈번하게 나타난다. 물론 그 방식이 충고와 이해, 설득과 권유라면 전혀 문제될 게 없다. 하지만 대부분 강제력이 행사되고, 불이행 시에 처벌이 가해지기 때문에 문제가 된다.

이는 기본적으로 국가와 가족을 혼동하는 오류다. 국가와 가족은 그 성격이 전혀 다르다. 가족은 감정과 생활에 기초한 자연적인 공동체다. 부모라면 자식에게 '다 너 잘되라고 하는 것'이라는 근거로 일정 정도 제약을 가할 수도 있다. 하지만 국가는 원리적 성격으로 볼 때 구성원 사이의 계약에 의해 만들어진 인위적인 공동체다. 자유의 직접적인 제한은 선의가 아니라 오직 동의에 기초한 계약에 의해서만 정당화된다.

가부장적 부모가 자식에게 개입하듯 개인의 활동을 제약하는 대표적인 정부 형태는 역사 속에서 군주제로 나타났다. 현대사회 권위주의 통치 세력의 논리도 국가와 개인의 관계를 부모와 자식의 관계로 대체하는 데서 나타난다.

국가의 목적은 개인의 안전에 있기 때문에 타인에게 해를 입히지 않더라도 자신을 해칠 수 있는 행위에 대한 국가의 처벌이 정당하다고 주장하는 사람들이 있다. 그러면 자신에게 가장 극단적인 피해를 미치는 자살에 대해서는 왜 처벌하지 않는가?

이미 자살한 사람을 어떻게 처벌하느냐고? 자살은 대부분 실패로 끝난다고 한다. 자살 미수자, 즉 부상 정도로 끝나는 사람이 훨씬 많다. 그렇다면 자살 미수자를 처벌해야 하지 않는가?

자살을 교리 차원에서 종교적으로 금지하는 경우는 있어도 민주국가에서 법적으로 자살 미수자를 처벌하는 경우는 없다. 이는 타인에 대한 해가 아니라, 자기 개인에게만 관련된 행위이기 때문이다.

국가의 목적이 개인의 안전에 있다는 논리도 지극히 왜곡되어 있다. 확실히 홉스는 『리바이어던』에서 "국가의 목적은 개인의 안전"에 있다고 했다. 하지만 문맥을 구체적으로 이해해야 본래의 뜻을 정확히 알 수 있다.

"자신에 대한 구속의 궁극적인 동인 · 목적 · 의도는 자신의 보존과 그로 인한 보다 만족된 삶에 대한 안목이다. … 계약 이행에 대한 처벌의 두려움으로 옭아매는 가시적 힘이 없을 때 자연적 정념에 의해 초래되는 처참한 전쟁 상태에서 벗어나고자 하는 안목이다."

인간은 이기적이기 때문에 동일한 것을 다수가 원하는 상황이 되면 '만인에 대한 만인의 전쟁' 상태가 된다. 이때는 국가가 물리적으로 개입해 전쟁 상태를 막아야 한다. 즉, 홉스 역시 타인에 의한 피해로부터 개인을 보호하기 위해 국가의 개입을 주장한 것이지, 그것과 상관없는 자기 자신에 대한 행위의 처벌을 주장한 것은 아니었다. 처벌의 근거 역시 스스로의 안정이나 이익에 두었다. 부모의 자식에 대한 개입의 근거가 아니라 어디까지나 '계약의 이행'이다.

한국 사회에서도 현실과 기본적인 자유권 개념의 충돌이 종종 발생한다. 그런데 사람들은 이를 그냥 일상으로 받아들이는 경우가 적지 않다. 여전히 맹위를 떨치는 봉건적 사고, 즉 유교적이고 가부장적인 논리가 국가와 개인의 관계에 여과 없이 적용되기 때문에 나타나는 현상이라 할 수 있다. 프랑스 인권선언이나 밀의 자유권 원리가 타당하다면 타인에 대한 직접 피해와는 무관하게 자신의 안전 · 행복에만 영향을 미칠 뿐인 행위에 대해서는 특별하고 비상한 경우가 아닌 한 기본적으로 처벌이 아니라 캠페인으로 대신해야 합당하다.

사생활과 통신의 자유를 침해받지 않는다

사생활의 비밀과 자유 보장

"모든 국민은 사생활의 비밀과 자유를 침해받지 아니한다."

우리나라 헌법 제17조의 내용이다. 사생활에 관련된 권리를 두 가지로 나누어 보장하고 있다. 하나는 사생활의 비밀이다. 사적인 생활 영역이 자신의 의사에 반하여 외부에 노출되지 않도록 보호받을 권리다. 인간은 누구나 남에게 보여주고 싶지 않은 내밀한 생활 영역을 갖는다. 원하지 않을 때 외부에서 들여다본다면 인격 침해 상황이 벌어진다.

사생활의 자유는 자기만의 감정과 정신에 따라 고유한 삶과 생활 방식을 선택할 수 있는 권리를 의미한다. 누구나 간섭이나 방해를 받지 않고 존중받으면서 자기가 선호하는 생활을 누리려는 지향을 갖는다. 그러므로 자기만의 생활 영역을 자유롭게 형성하고 그 비밀을 지킬 권리는 보편적 성격을 갖는다.

사생활의 비밀과 자유가 침해받는 상황은 인간이 본래 갖는 인격과 존엄성의 훼손이라는 점에서 인권 문제와 직접 연관을 맺는다. 1948년의 세계 인권 선언도 제12조에서 이를 중요한 내용으로 다룬다.

"어느 누구의 프라이버시, 가정, 주택 또는 통신에 대해서도 타인이 함부로 간섭해서는 안 되며, 어느 누구의 명예와 평판에 대해서도 타인이 그것을 침해해서는 안 된다. 모든 사람은 그러한 간섭과 침해에 대해 법의 보호를 받을 권리가 있다."

사생활은 생활 방식의 영역으로 한정되지 않는다. '프라이버시'라는 표현에서 알 수 있듯이 사적 영역 전체, 즉 개인의 얼굴과 몸 등의 신체는 물론이고 이름과 음성, 나아가 정신 활동과 신체활동 정보에 이르기까지 인격적 요소 전반을 포함한다.

현실에서 사생활의 비밀과 자유 침해로 자주 거론되는 경우가 개인 정보의 상업적 이용과 다른 개인에 의한 악의적 사용이다. 상업적 이용은 몇 가지 유형으로 나타난다. 본인의 동의 없이 공개를 원하지 않는 사적 사항이 대중매체를 통해 공개되는 것이나 각종 인터넷 사이트나 은행, 카드 회사 등에서 개인 정보를 다른 이익집단에 제공하는 행위 등이다.

상업적 목적과는 별개로 타인에 의해 악의적으로 사용되는 경우는 주로 인터넷 공간에서 일어난다. 개인 관계에서 획득한 사진과 동영상을 당사자의 동의 없이 유포하는 경우가 종종 사회적 물의를 일으킨다. 나아가 해킹을 통한 개인 정보 수집과 유출, 공개 행위도 무시할 수 없을 만큼 빈번하게 일어난다.

하지만 사생활의 비밀과 자유 보장의 가장 중요한 영역은 국가와 개인 사이에서 발생하는 권리 침해다. 한국 헌법재판소는 2003년의 관련 판례에서 다음과 같이 판시했다.

> "사생활의 비밀은 국가가 사생활 영역을 들여다보는 것에 대한 보호를 제공하는 기본권이며, 사생활의 자유는 국가가 사생활의 자유로운 형성을 방해하거나 금지하는 것에 대한 보호를 의미한다."

헌법의 본질이 국가에 대한 사회계약이라는 점을 생각해보면 사생활의 비밀과 자유 영역에서도 국가와 개인과의 관계가 핵심이다. 헌재는 국가의 부당한 개입과 간섭으로부터 개인이 보호받아야 할 사생활의 권리로 다음의 몇 가지를 들었다.

개인의 내밀한 내용의 비밀을 유지할 권리, 개인이 자신의 사생활의 불가침을 보장받을 수 있는 권리, 개인의 양심 영역이나 성적 영역과 같은 내밀한 영역에 대한 권리, 인격적인 감정 세계에 대한 존중의 권리와 정신적인 내면생활이 침해받지 않을 권리 등이다.

국가의 사생활 영역 침해는 여러 측면에서 나타나는데, 우선 지문 날인 제도를 둘러싼 논란이 있다. 우리나라에는 본래 지문 날인 제도가 없다가 박정희 군사정권 시절에 만들어졌다. 1968년 김신조 등이 청와대를 기습한 1 · 21 사태의 여파로 남파 간첩 및 불순분자 색출이라는 명목하에 17세 이상 국민에 대하여 열 손가락 지문 채취가 의무화되었다. 하지만 현실에서 이는 국민에 대한 효율적 행정 통제 수단으로 사용되었다. 실시 당시부터 현재에 이르기까지 중대한 인권침해, 특히 사생활의 비밀과 자유 침해라는 논란이 끊이지 않고 있다.

한국의 지문 날인 제도는 합리적인가?

헌법재판소는 2004년에 세 명의 청소년이 주민등록법상의 지문 강제 날인 규정과 경찰청장의 보관 등 행위가 헌법에 위반된다며 헌법 소원을 제기한 사건에 대해 합헌 의견 6, 위헌 의견 3에 따라 다음과 같이 합헌 판결을 내렸다.

> "신원 확인 기능의 효율적 수행을 도모하고, 신원 확인의 정확성 내지 완벽성을 제고하기 위한 것으로 목적의 정당성이 인정된다. … 정보 주체가 현실적으로 입게 되는 불이익에 비하여 경찰청장이 지문 정보를 보관 · 전산화하여 범죄 수사 활동이나 신원 확인 등의 목적을 위하여 이용함으로써 달성할 수 있는 공익이 더 크다."

지문은 타인으로부터 자신을 구별해주고, 고유성 · 동일성을 나타내는 핵심 정보이기에 전형적인 개인 정보에 해당한다. 개인 정보에 대한 자기 결정권은 사생활의 비밀과 자유 보장에서 첫 줄에 서야 하는 주요 요소다.

헌재의 주요 합헌 근거는 크게 두 가지다. 하나는 신원 확인의 효율성이다. 다른 대목에서도 "효과적이고 적절한 방법의 하나로써 수단의 적합성이 인정된다."고 강조한다. 행정적 효율성이 크기 때문에 사생활의 비밀과 자유를 제한해도 괜찮다는 논리다. 우리 헌법 제37조 2항에서 "국가 안전보장, 질서유지 또는 공공복리를 위하여 필요한 경우에 한하여" 제한할 수 있다고 한 자유와 권리의 제한 요건과 멀어도 한참 먼 논리다.

헌법의 제한 요건 어디에도 효율성 논리는 없다. 기본권의 부당한 제한, 즉 과잉 제한 금지 원칙의 대표적인 위반이 행정적 효율성을 이유로 한 제한이다. 이는 롤스가 『정의론』에서 "아무리 쓸모 있고 번듯한 제도라도 정의롭지 못하다면 다시 짜거나 버려야 한다."며 강조한 바이기도 하다.

정의의 원칙을 사회에서 무시하거나 후퇴시키는 빌미로 가장 단골 역할을 해온 것이 바로 효율성 논리다. 효율성과 정의가 충돌하는 상황에서는 정의가 우선한다. 헌재의 판결은 헌법에 근거를 두지 않는 이상한 논리의 동원이라 할 수 있다.

다른 하나의 합헌 근거는 불이익에 비하여 공익이 더 크다는 점이다. 지문 날인 제도로 인해 발생하는 사생활의 비밀과 자유 침해보다는 지문 정보를 보관·전산화하여 얻는 범죄 수사의 이익이 크다는 것이다. 범죄 수사와 억제라는 면에서 헌법이 정하는 "질서유지 또는 공공복리를 위하여 필요한 경우"에 해당하므로 과잉 금지의 원칙에 위배되지 않는다는 논리다.

질서유지나 공공복리는 추상적이고 막연한 면이 있기 때문에 역사적으로 전체주의·권위주의적 정부나 정치 세력에 의해 권리의 부당한 제한에 이용된 사례가 많다. 헌법에서 규정하는 질서유지와 공공복리의 '필요'는 일반적인 의미를 넘어서야 한다. 국민의 자유와 권리를 제한할 정도로 긴급하고 중대한 상황이어야 한다. 문제는 전 국민 지문 날인을 통한 범죄 수사의 효율성이 과연 그러한 경우에 해당하느냐 하는 것이다.

여기에 대해서는 얼마든지 아전인수식 해석이 가능하기 때문에 필요 여부 판단을 위해서는 다른 나라와 비교 검토하는 방법이 가장 유용하다.

대부분의 민주국가에는 지문 날인 제도가 없다. 미국, 영국, 캐나다, 호주, 아일랜드, 노르웨이, 스웨덴, 핀란드, 덴마크 등에는 전 국민 신분증 제도 자체가 아예 없어서 이들 나라는 지문 날인 강제와 관련이 없다. 프랑스, 독일, 벨기에의 경우, 신분증 제도는 있지만 개인 고유 번호와 지문 날인은 없다. 미국에서는 대부분 체포된 범죄자에 대해 제한적으로 지문 날인을 받는다. 적어도 대부분의 민주국가에서는 지문 날인을 질서유지와 공공복리의 긴급하고 중대한 필요로 보지 않는 것이다.

한국이 이들 나라에 비해 유난히 범죄율이 높거나 더 비상할 정도로 질서가 교란된 상태라고 보기는 어렵다. 따라서 그저 행정적 편의만을 위한 부당한 국민 권리 제한이라는 비판에서 벗어날 방법은 없다. 게다가 그동안 한국의 권위주의 통치 경향에 비추어볼 때 이 제도는 전반적인 국민 감시 장치로 악용될 현실적 우려가 크다. 그래서 당시 헌재 소수 의견으로 나온 내용인 "전 국민의 지문 정보는 범죄 예방을 빙자한 특정 개인에 대한 행동의 감시에 남용될 수 있어 법익의 균형성도 상실될 우려가 있다."는 발언은 충분히 의미 있는 지적이다.

미시 권력과 사생활 영역의 중요성
—

국가에 의한 사생활 침해는 신분제 사회나 절대군주제 아래서나 행해진 것으로 생각하는 사람이 있을 수 있다. 실제로는 오히려 절차적 민주주의가 자리 잡은 현대사회에서 더욱 심각하고 중대한 문제로 부각된다. 이에 대해서는 현대사회를 심층적으로 분석한 후기구조주의 문제의식을 참고할 만하다. 질 들뢰즈Gilles Deleuze와 펠릭스 가타리Félix Guattari는 『천 개의 고원』에서 변화된 사회적 조건을 분석하였다.

> "파시즘은 나치 국가 안에서 전체적으로 공명하기 이전에 한 점에서 다른 한 점으로 상호작용하면서 건너뛰고 급격히 번식하는 분자적 초점과 분리할 수 없다. … 이것이 권력의 중심이 능력에 의한 지배보다 회피와 무능력에 의해 훨씬 더 잘 정의되는 이유다."

들뢰즈와 가타리는 전체주의국가와 파시즘을 비교하면서 미시 권력에 대한 문제의식을 수용한다. 전체주의는 전체적으로 집중된 국가를 통해 거시적 지배력을 행사한다. 폭력을 동반하는 처벌을 통해 개인을 직접 지배하고 경찰과 군대, 감옥을 가장 중요한 통치 수단으로 사용한다. 이때 국가는 물리적 폭력이 만들어내는 공포로 유지된다. 그러므로 누구의 눈에도 국가라는 거시 권력이 직접 통치하는 단위로 명백하게 확인되고, 현실의 억압에서 벗어나고자 하는 저항도 국가를 상대로 전개된다.

하지만 현대 국가는 사회 내의 다양한 부분에서 점과 점으로 연결되고 확장되는 미시적 단위를 생산해낸다. 다양한 영역에서 다양한 성격의 통제 단위를 확대 재생산한다. 국가 중앙 기구 자체로 권력을 집중시키기보다 농촌, 도시, 지역 차원에서 각 조건에 밀착한 권력 단위를 만들고, 나아가

청년층·노년층, 가족·학교·직장, 심지어 우익·좌익 등 각각의 상이한 성격의 단위에 서로 다른 방식으로 번식하는 권력 단위를 만들어낸다.

즉, 과거 전체주의국가에서는 국가가 직접 개인을 상대로 폭력을 행사했다면, 현대 국가는 개인 생활에 밀접히 관련된 가정, 학교, 직장 등을 통해 지극히 세밀한 부분에 이르기까지 영향력을 행사한다. 국가의 힘이 미시적인 단위를 매개로 개인 생활 깊숙이 파고들면서 보다 촘촘하고 안정적으로 지배력을 장악하는 것이다.

미시 권력이 권력의 중요한 요소로 등장함에 따라 억압에 대한 저항은 방향을 상실하였다. 국가권력 중심으로 집중된 전체주의는 상대해야 할 대상이 분명하기에 한 곳을 향해 질주하면 됐지만, 분산된 미시 권력 상태에서는 어느 방향으로 갈지 갈피를 잡을 수가 없다. 심지어 누구와 싸워야 하는지도 불분명한 상태에 처한다.

한국 사회에서 흔히 과거 군사정권의 향수에 빠진 사람들은 '요즘의 국가는 힘이 없고 물러터져서 문제'라는 불평을 토해낸다. 경찰·군대·감옥을 앞세워 국가가 직접 강력하고 일사분란한 통치력을 발휘하던 때와 비교하며 현재는 무능력하다고 질타한다. 들뢰즈와 가타리는 현대 국가가 "회피와 무능력에 의해 훨씬 더 잘 정의"된다는 점에서 현상적으로는 비슷한 반응을 보인다. 하지만 내용적으로는 전혀 다른 결론에 도달한다.

미시 권력으로 분산된 상태에서 외면상 국가 권력 자체의 장악력은 현상적으로 약화된 듯 보이고 심지어 무능력해 보이기조차 한다. 하지만 회피의 효과에 의해 저항에서 비켜남으로써 권력의 안정성과 실질적 지배력은 오히려 높아진다. 사회 각 분야에 마치 모세혈관처럼 분화된 권력에 의해 권력의 편재, 즉 어디에나 권력이 있는 상태가 형성되기 때문이다.

개인의 내밀한 생활 영역으로까지 파고들면서 권력은 과거보다 더욱 강력하게 개인의 사고와 행위를 좌지우지하게 되었다. 직접적인 처벌과 징계보다 소리 없고 잘 보이지 않는 통제 방식의 지배로 변화되었다. 이에 대하여 들뢰즈는 『통제 사회에 대하여』에서 다음과 같이 설명한다.

"징계 사회는 20세기 초에 절정에 달하여 거대한 감금의 공간을 형성했다. … 현재 감옥, 병원, 공장, 학교, 가정 등 모든 감금 장소가 전반적 위기를 맞이하고 있다. … 지금 한창 '징계 사회'를 대체하고 있는 것이 '통제 사회'다."

통제 사회로의 변화에는 여러 요소가 영향을 미친다.

첫째, 정치 · 사회 · 생활의 민주주의를 추구하는 흐름을 거스를 수 없게 된 사정이 작용한다. 과거처럼 국가가 직접 물리적 폭력을 이용하여 지배하려 들었다가는 광범위한 저항에 직면할 수밖에 없는 상황이다. 국가기관을 통한 직접 지배보다 개인 생활에 밀착된 단위를 통한 간접 지배가 훨씬 더 안정적인 기반을 제공한다.

통제 사회를 유지하기 위한 가장 효과적 방법은 개인 생활을 경쟁 원리로 획일화하는 것이다. 기존의 권력은 꽉 짜인 규율과 일탈에 대한 징계라는 고정된 형식에 지배되었다. 대신 생활은 상대적으로 개인의 내밀한 영역으로 더 열려 있었다. 하지만 통제 사회에서는 국가의 직접적인 작용이 훨씬 유연하다. 마치 개인이 자율적으로 움직이는 것처럼 포장되어 있을 뿐이다.

통제 사회는 가정, 학교, 직장 등 사생활 영역을 경쟁 원리가 지배하도록 만든다. 개인의 고유하고 다양한 생활 방식을 파괴하고 경쟁이 유일한 가치를 갖도록 한다.

모든 개인은 최소한 10여 년에서 길게는 20년에 이르는 학교생활을 거친다. 과거에는 교장이나 교사의 권위가 학생 개인에게 직접 행사되는 방식이었으나 이제는 우등생과 열등생으로 나뉘어 스스로 경쟁의 도가니로 뛰어드는 학생들에 의해 학교의 지배가 행사된다. 억압받는 자 스스로가 권력의 수호자가 된다.

직장에서는 더 말할 필요 없을 만큼 경쟁 원리가 전면적으로 적용되고 자율적 통제 형식이 정착된다. 성과급이나 상여금 등 그 크기가 조절되는 봉급을 통해 노동자들은 스스로 경쟁 논리, 근로 도덕을 내면화한다. 노동자가 규율의 감시자이자 자기 통제 역할을 함으로써 지배는 안정화된다.

경쟁을 통한 자기 검열과 자기 통제 논리는 학교와 기업을 넘어 전 사회로 확대된다.

둘째, 과학기술의 발전, 특히 정보 기술의 발달이 통제 사회로의 변화를 일으키는 원동력으로 작용한다. 정보화 사회에서 정보의 장악과 통제는 곧바로 개인에 대한 감시와 통제의 힘으로 전환된다. 정보화 사회에서는 정보를 지배하는 자가 세상을 지배한다. 특히 정보 기술은 벤담이 제안한 파놉티콘panopticon, 즉 원형 감옥을 사회 전체에 적용하는 가장 효과적 수단일 수 있다는 점에서 경계가 필요하다. 푸코는 『감시와 처벌』에서 다음과 같이 경고한다.

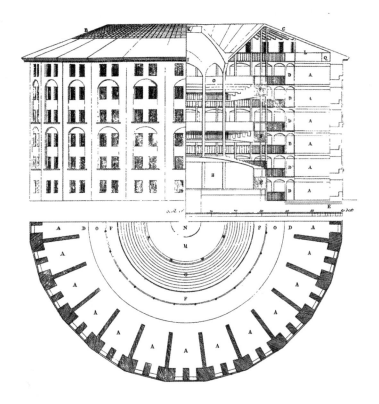

파놉티콘은 많은 수의 죄수를 한꺼번에 감시할 수 있는 형태로 설계되어 있다. 둥글게 죄수를 가두는 방이 있고, 중앙에는 이를 감시하기 위한 탑이 있다. 간수는 죄수의 일거수일투족을 볼 수 있지만, 죄수들은 간수를 볼 수 없다는 점이 파놉티콘의 핵심이다.

"쇠창살이나 쇠사슬, 묵직한 자물쇠도 필요 없다. 단지 구분을 명확히 하고, 출입구를 잘 배치하면 된다. 권력의 효과와 강제력은 권력의 적용 면 쪽으로 옮겨간다. 즉, 가시성의 영역에 예속되어 있고, 그 사실을 알고 있는 자는 스스로 권력의 강제력을 떠맡아서 자발적으로 자신에게 적용시킨다."

파놉티콘은 원래 '다 본다'라는 의미의 단어다. 파놉티콘 바깥쪽에는 원주를 따라 죄수를 가두는 방이 자리하고, 중앙에는 죄수를 감시하기 위한 원형 공간이 있다. 죄수의 방은 항상 밝게 유지되고 감시 공간은 어둡게 유지되어, 간수는 죄수의 일거수일투족을 모두 볼 수 있다. 죄수는 보이지 않는 곳에서 항상 자신을 감시하고 있을 간수의 시선 때문에 규율에서 벗어나는 행동을 하지 못한다. 한마디로 소수에 의한 다수의 감시가 효과적으로 이루어질 수 있는 시설이다.

현대사회에서 파놉티콘은 CCTV와 정보 기술의 도움을 받아 전 사회적으로 확산되어 있다. 관공서는 물론이고 은행·백화점·지하철·철도역·편의점, 심지어 직장·학교·길거리에 이르기까지 구석구석에서 CCTV가 우리를 지켜본다. 우리는 정보나 행동을 관리, 감시하는 그들을 볼 수 없다. 하지만 그들은 일상적으로 우리를 관리한다. 이보다 파놉티콘의 원리가 더 훌륭하게 실현될 수 있을까? 여기에 휴대전화 위치 확인 기술까지 결합되어 국가는 원하기만 하면 개인이 어디서 누구와 무엇을 하고 있는지 언제든 감시할 수 있다.

현대사회에서 사생활의 비밀과 자유는 국가가 개인의 일상까지 파고들어 관리·통제하고, 정보 기술이 이를 효과적으로 뒷받침하는 조건에서 위태로운 상황에 놓여 있다. 그러므로 CCTV 설치를 그저 경찰이나 행정 기관이 알아서 할 일로만 치부할 수는 없는 노릇이다. 사적인 시설이나 공간에 CCTV를 설치하는 일이야 간섭할 수 없다고 해도, 공공 공간은 다른 차원의 문제다. 특히 개인의 생활과 밀접히 연관되어 있는 동네 뒷골목마다 CCTV 설치를 강제하는 정책은 사생활의 비밀과 자유 침해 여지가 매우 높다는 점에서 위헌 여부에 대한 진지한 검토가 필요하다.

정보 기술을 이용하여 개인 정보를 국가가 일괄 수집·관리하는 제도는 사생활의 비밀과 자유를 훼손할 우려가 더 크다. 학생의 개인 정보는 이미 실시를 둘러싸고 위헌 논란이 일었던 NEIS(교육행정정보시스템)에 의해 20~30개가 일상적으로 관리된다. 정부에 의해 추진되고 있는 전자주민카드제도 역시 20여 개의 개인 정보를 관리한다고 알려져 있다. 개인 정보는 이름, 나이, 성별, 주소, 주민등록번호 등 몇 개만 넘어서면 개인적으로 상당히 비밀스러운 정보까지 들어간다. 이를 개별 학교나 직장을 넘어 국가가 일괄 관리·통제할 이유는 없다. 개인의 비밀스러운 정보까지 국가에 의해 관리될 때 개인과 국가의 관계는 일방적이 된다. 정보를 장악하고 있는 국가에 개인은 항상 위축되고 수동적일 수밖에 없다.

통신의 비밀은 어떻게 보장되는가?

"모든 국민은 통신의 비밀을 침해받지 아니한다."

우리 헌법 제18조에서 통신의 비밀을 규정한 내용이다. 통신의 비밀은 사생활의 비밀, 자유와 관련하여 문제가 되는 사항이다. 통신이란 우편이나 전화, 전보, 전신, 이메일 등의 전기통신 방법 및 개인 간 대화를 통하여 주고받는 의사표현이나 정보 등을 의미한다. 통신 내용만이 아니라 누가 언제 누구에게 무엇을 얼마만큼 어떤 방법으로 보냈는지에 대한 일체의 정보도 포함된다. 이 모든 정보를 열람 · 청취 · 누설하는 행위는 문제가 된다.

오직 자유와 권리의 제한은 법률에 의해서만 가능하기 때문에 불법 감청, 즉 도청은 어떠한 경우에도 인정될 수 없다. 회사가 개인의 이메일 수신 · 발신을 감시하고 웹 서핑 내역을 감시하는 행위는 사적인 침해라 할 수 있다. 하지만 앞에서 언급했듯이 헌법의 성격상 핵심 문제는 국가에 의한 통신 비밀의 침해 행위다.

이 경우 어디까지가 도청이고 어디서부터가 정당한 감청인지 구분하는 일이 중요해진다. 감청은 국가가 법원의 허가 또는 명령을 얻어 타인 간의 통신 내용을 청취하는 강제처분을 말한다. 통신비밀보호법은 조직범죄, 마약 범죄, 무기 거래, 밀수 등의 범죄 수사 또는 국가 안전보장을 위한 감청을 허용한다. 하지만 법이 허용한다고 해서 무조건 정당성이 입증되는 것은 아니다. 통신의 비밀과 자유를 보장하는 헌법에 비추어 이러한 법적 개입이 정당한지 아닌지를 따져보아야 하겠다.

범죄 수사나 국가 안전보장을 위한다는 목적이 주어지는 한 모두 정당하다고 인정하는 것은 국가에게 무소불위의 권한을 주는 결과가 된다. 이 경우 국가와 개인의 관계에서 통신의 비밀은 설 자리가 없어진다. 과장이라고만 볼 수 없다. 한국은 범죄 수사와 예방을 목적으로 범죄와 직접 관련된 사람만이 아니라 전 국민의 지문 날인을 받는 사회다.

미국의 경우, 연방 대법원 판례를 통해 통신의 비밀 제한이 정당화될 수 있는 경우를 당사자 가운데 일부의 동의에서 찾는다. 두 가지 사건을 비교해봄으로써 확인할 수 있다. 하나는 1967년의 '카츠 공중전화 감청 사건'

이다. 도박 범죄에 관련한 대화 내용을 FBI에서 감청하여 재판 증거로 제출했다. 연방 대법원은 공중전화를 사용하는 당사자들이 통화 과정에서 기대하는 프라이버시를 배반하여 대화를 감청했기에 헌법 위반이라고 판결했다. 전화 대화 당사자 쌍방 누구의 동의도 없었기 때문에 헌법이 보장하는 통신의 비밀이 훼손됐다는 취지다.

1971년의 '화이트 비밀 정보원 송신 녹취 사건'에서는 다른 판결이 내려졌다. 정보원이 대화를 하면서 휴대한 무선 수신 장치를 이용했는데, 정보원을 이용한 것은 헌법을 위반한 것이라 할 수 없기에 그가 채록한 녹음을 증거로 사용하는 데는 문제가 없다는 판결이다. 대화 당사자 중 한 사람이 녹음했으므로 승인되었다고 본다는 해석이다.

하지만 미국의 기준에도 상당히 많은 문제가 있다. 정보원을 국가기관과 별도의 개인으로 봐야 할까? 사실상 대부분의 경우에 정보원은 국가기관의 일을 대신하는 성격을 갖기 때문이다.

한국의 경우는 다른 나라에 비해 감청 기간을 비롯해 허용 요건이 지나치게 넓다는 점에서 논란이 된다. 2001년에 개정된 통신비밀보호법에 의하면 범죄 수사는 2개월, 국가 안보와 관련된 사안은 4개월의 감청 기간을 허용한다. 미국 연방 대법원은 2개월의 감청을 허용한 뉴욕 주 형사소송법 감청 조항을 지나치게 긴 기간 때문에 위헌으로 판결한 바 있다. 미국은 30일, 일본은 10일로 제한하고 있다.

또한 한국의 통신비밀보호법에 의하면 통신 제한 조치 사후에 제한받은 자에게 통지를 하도록 정하고 있으나, 국가의 안전보장, 공공의 안녕질서를 위태롭게 할 현저한 우려가 있는 때는 통지를 유예할 수 있다. 그러나 안전보장이나 안녕질서라는 개념은 얼마든지 국가기관에 의해 확대해석될 수 있다.

게다가 인터넷과 스마트폰 사용이 일상화된 상태에서 일정 기간 내 사용된 인터넷 게시판, 이메일, 메신저의 내용을 국가기관이 감청할 수 있게 되어 있는 한국의 법은 통신의 비밀 권리를 포괄적으로 제한하는 조치로 악명이 높다. 해당 기간 동안 특정 사건과 관련 없는 개인의 사적인 통신 정보까지 무차별적으로 국가가 감청할 수 있기 때문이다. 한국의 메신저 이용자들이 독일에 근거를 둔 메신저로 대거 이동하는 '사이버 망명' 현상은 한국의 통신 비밀 권리가 얼마나 폭넓게 훼손되고 있는지를 국제적으로 증명해준다.

사실 모바일 메신저 상에서만 나타나는 문제가 아니다. 전화나 이메일 등도 일단 감청이 시작되면 통신의 성질상 필요한 부분만을 제한적으로 감청하는 게 아니라 모든 통신 내용이 그 대상이 된다. 국가가 획득한 포괄적인 정보를 직접 관련이 없는 다른 사건에 사용하거나 정치적으로 악용할 가능성이 언제나 열려 있는 것이다.

그러므로 엄격한 요건하에서 예외적으로 행해지는 감청 행위에 한하여 허용한다고 하더라도 '엄격한 요건'의 개념이 보다 분명하고 구체적이어야 한다. 기간만이 아니라 특정 사건, 이에 관련된 당사자 사이의 통신 내용으로 그 요건이 엄격히 제한되어야 하겠다.

양심의 자유,
학문과 예술의 자유를 가진다

양심의 자유

"모든 국민은 양심의 자유를 가진다."

"모든 국민은 종교의 자유를 가진다."

우리 헌법 제19조와 제20조 1항의 내용이다. 먼저 양심의 의미를 정확히 이해할 필요가 있다. 양심이라는 말은 워낙 막연해서 자칫 마음의 다른 표현 정도로 느껴진다. 개인의 인생관 정도로 협소하게 이해될 수도 있다. 더군다나 헌법 자체에는 '양심의 자유'라고만 규정되어 있기 때문에 이것이 어디까지 적용되는지 보다 분명히 할 필요가 생긴다. 여기에는 2002년 대한민국 헌법재판소의 관련 판결 내용이 좋은 참고가 될 듯하다.

"보호돼야 할 양심에는 세계관, 인생관, 주의, 신조 등은 물론, 이에 이르지 않아도 보다 널리 개인 인격 형성에 관계되는 내심에 있어서의 가치적, 윤리적 판단도 포함될 수 있다."

엄밀하게 말하면 종교도 양심의 일부다. 그러나 종교는 역사적으로 중요한 위치에서 특수한 역할을 수행해왔기 때문에 별도로 구분된다. 마찬가지로 양심의 자유와 구분하여 사상의 자유라는 말을 사용하기도 한다. 하지만 판결 내용을 보면 양심의 가장 중요한 내용 가운데 하나가 사상이라는 점에서 둘은 별개로 취급할 수 없다. 따라서 헌법이 규정한 '양심의 자유'를 '사상과 양심의 자유'로 풀어 사용해도 무방하겠다.

양심과 종교의 자유는 근대 시민혁명 이후 기존 신분제도와 함께 가장 문제가 되는 과제였다. 중세 말부터 근대에 이르기까지 새로운 사상과 종교는 기존의 교회 권력과 봉건 체제, 절대군주로부터 지속적인 탄압을 받았다. 가장 충격적인 탄압은 누구나 다 알고 있는 마녀사냥이다.

중세 중기부터 근대 초기에 이르기까지 수백 년 동안 유럽, 북아메리카, 북아프리카 일대에 걸쳐 잔인한 고문과 살육이 동반된 재판이 이어졌다. 무려 약 50만 명에 달하는 사람이 마녀 혹은 마법사라는 죄목으로 처형되었다.

마녀사냥은 점차 권위를 잃어가는 가톨릭교회와 봉건세력의 위기감이 불러온 참극이었다. 유럽 지배 세력은 십자군 전쟁의 패배로 인해 혼란과 분열을 겪고 있었다. 또한 상업자본 확대와 산업자본 대두를 배경으로 한 화폐경제 활성화로 중세의 고유한 경제적 토대에 균열이 생겼다. 또한 신분제도에 대한 대중적 의문과 반발이 확산되는 중이었다. 교회의 정신적, 현실적 영향력도 악화 일로에 있었다.

마녀사냥은 체제와 권력의 위기를 폭력적 방법을 통한 공포로 돌파하고자 했던 지배 세력의 반응이었다. 체제에 대한 불만과 저항을 '마녀'라는 대상, 가공의 산물이지만 현실적 효과를 낼 수 있는 대상으로 돌리려는 술수였다. 고문과 사형을 통해 사회 전체적으로 공포감을 조성함으로써 사람들이 서로 만나려는 생각을 차단하고, 불만이 저항으로 나아가지 못하도록 봉쇄했다. 그래서 로크는『관용에 관한 편지』에서 종교의 자유를 강조하였다.

> "불과 검으로 특정 교리를 받아들이도록 강제하고 무력으로 외적인 예배 형식을 취하도록 강요되어야 한다고 생각하면 ⋯ 도덕적으로 깨끗한 사람들의 연합이 아니라 단지 자신과 같은 신앙 고백을 하는 사람들의 연합만을 원한다는 것을 의심하지 않습니다."

로크에 의하면 영혼의 구원을 바라는 사람들이 종교의 차이를 이유로 다른 영혼을 고문해서 죽이는 행위는 사랑이나 자비, 혹은 선이 아니다. 모든 인간을 사랑해야 한다고 하면서 실제로는 같은 종교를 가진 사람만 사랑한다면, 이는 지극히 협소하고 이기적인 연합에 불과하다. 그는 국가가 종교를 선택할 권리가 아니라 개인이 종교를 선택할 권리를 요구한다.

절대왕권에 반대했던 자유주의나 계몽주의 사상가들도 지속적인 탄압의 대상이었다. 체포와 구금의 위협을 받았고, 새로운 사상을 담은 책들은 출판 금지 처분을 받았다. 그래서 많은 사상가들이 당시 유럽에서 가장 자유로웠던 네덜란드에서 책을 출판하고, 나중에 몰래 프랑스나 영국으로 반입하는 방법을 사용했다.

근대 철학을 대표하는 데카르트Descartes도 사상 탄압의 두려움 때문에 네덜란드로의 망명을 선택했다. 상당수 유럽 국가에 아직 종교적 광풍이 살아 있었지만, 네덜란드는 1579년 건국 헌장을 통해 종교의 자유를 선언함으로써 관용 정책을 폈다. 내적인 평온을 유지하며 학문 활동을 전개하기에 더 없이 좋은 조건이었다.

기존에 진리라고 믿어오던 일체의 사고에 대한 의심을 통해 확고한 것만을 인식의 토대로 삼아야 한다는 데카르트의 주장은 전통적 학문과 세계관에 충격을 줄 수 있는 위험한 생각이었다. 또한 데카르트가 『방법 서설』을 쓸 당시는 파리 의회가 아리스토텔레스에 반하는 내용으로 다른 물리학적 결론을 이끌어내는 자를 사형으로 다스렸을 만큼 위협적인 상황이었다.

루소도 체포 영장이 발부되어 1762년 스위스로 망명한 이래, 오랜 세월 유럽 각지를 떠돌아다녀야 했다. 전통과 기득권을 부정하고 기존 제도와 질서를 타파하자는 혁명적 주장을 펼쳤기 때문이다. 교육론을 다룬 『에밀』도 네덜란드에서 출간되고 4개월이 지나서야 프랑스에서 출간되었다.

압수와 판매 금지를 통한 사상 통제는 물론이고 직접적인 투옥은 계몽사상가들의 공통 경험이었다. 그렇기 때문에 계몽사상은 사상과 양심의 자유를 자유의 가장 중요한 영역으로 여긴다. 칸트도 『계몽이란 무엇인가』를 통해 학문과 양심 차원에서의 사상과 종교, 의사 표현의 자유를 강조한다.

"학자로서 저술에 의해 대중 앞에, 전 세계에 널리 자신의 견해를 피력할 경우 … 그는
자신의 이성을 사용하며, 이성으로 말할 수 있는 무제한의 자유를 향유한다."

예를 들어 근무중인 장교가 명령의 적합성과 유용성에 관해 시끄럽게
논하는 것은 쓸데없는 짓이지만, 그가 한 사람의 학자로서 병역 의무의
결점을 비판하고 대중 판단에 호소하는 것을 금지해서는 안 된다. 마찬가
지로 시민은 조세 납부를 거부할 수 없지만, 그가 학자로서 과세의 부당
함이나 부정에 대해 발표한다면 이는 시민의 의무에 반대되는 행위가 아
니다. 국가는 양심에 관한 모든 사항에서 사람들 각자가 자신의 이성을
사용해 사고하고 의견을 표하는 것을 허락해야 한다. 학자의 자격으로서
제도의 결함에 대해 자유롭고 공개적으로, 저술을 통해 비판하도록 허용
해야 한다.

20세기 들어서도 사상 통제를 통한 양심의 자유 억압이 이어졌다. 특히
파시즘의 등장과 함께 지배 세력과 다른 사상을 가졌다는 이유로 투옥과
고문은 물론이고 살해당하는 경우가 빈번했다. 이에 따라 1948년 세계 인
권 선언은 제18조에서 다시 한 번 사상과 양심의 자유를 중요한 원칙으로
제시하였다.

"모든 사람은 사상의 자유, 양심의 자유 그리고 종교의 자유를 누릴 권리가 있다. 이러
한 권리에는 자신의 종교 또는 신념을 바꿀 자유도 포함된다. 또한 이러한 권리에는 가

르침 · 실천 · 예배 · 의식을 행함에 있어서 혼자 또는 다른 사람과 함께 공개적으로 또는 개인적으로 자신의 종교나 신념을 겉으로 드러낼 수 있는 자유가 포함된다."

세 문장으로 이루어진 간략한 조항이지만 여기에는 양심의 자유와 관련된 여러 중요한 측면이 포함되어 있다. 먼저 어떠한 사상이나 양심, 종교도 자신의 의사에 따라 가질 자유, 즉 양심 형성의 자유다. 종교나 신념을 바꿀 자유도 포함되며, 이를 해당 사회의 지배적인 생각에 반하여 선택할 수 있는 자유도 있다.

또한 사상과 양심의 자유는 내심의 자유에 머물지 않는다. 자기 생각을 밖으로 드러낼 수 있는 자유가 동시에 보장되어야 마음속에 품고 있는 생각이 현실적 의미를 갖는다. 다른 사람들을 상대로 자기의 사상과 양심이 올바르다는 점을 알릴 수 있어야 하고, 보다 많은 사람의 공감과 동의를 이끌어내기 위한 실천적 노력까지 보장되어야 한다.

또 하나 눈여겨보아야 할 것은 개인적 실천만이 아니라 다른 사람과 함께 공개적으로 실천할 수 있는 자유를 포함한다는 점이다. 자신의 생각을 다른 사람들에게 혼자 알리는 데는 물리적 한계가 따른다. 보다 빨리 많은 사람의 공감을 형성하기 위해서는 집단적 실천이 필요하다. 연구 모임을 비롯한 학술 단체는 물론이고 정당과 사회단체 등 법률이 일반적으로 허용하는 조직체라면 무엇이든 문제 될 게 없다.

양심의 자유는 제한될 수 있는가?

━

사람은 생김새만큼이나 생각도 서로 다르다. 1,000명이 있으면 1,000개의 양심이 있을 수 있다. 따라서 양심의 자유 보장 여부를 판가름하는 일차적인 잣대는 양심의 다양성 보장 여부다. 앞서 언급한 2002년 헌법재판소의 판결 내용도 이를 확인해준다.

"양심은 옳고 그른 것에 대한 판단을 추구하는 가치적, 도덕적 마음가짐으로, 개인의 소신에 따른 다양성이 보장되어야 하고 그 형성과 변경에 외부적 개입과 억압에 의한 강요가 있어서는 안 되는 인간의 윤리적 내심 영역이다."

인간은 소신에 따라 스스로 옳다고 여기는 바를 가치관으로 삼을 수 있다. 다양성이 보장되어야 하기에 국가가 특정한 사상이나 견해를 주입하거나 배제해서는 안 된다. 특히 초·중·고 교육과정은 양심의 형성 과정에 중요한 영향을 미칠 수 있으므로 이들에게 특정한 내용을 강요하거나 배제하면 안 된다.

또한 사상과 양심은 내심 영역이다. 직접적이고 구체적으로 드러나지 않는다면 어떠한 제한도 정당화될 수 없다. 양심은 우리 헌법이 보장하는 "자유와 권리의 본질적인 내용"에 해당한다. 어떠한 제한도 용납되지 않는 절대적 자유의 영역이다. 오래 전 밀도 『자유론』에서 이러한 내용을 강조했다.

"자유의 고유한 영역은 다음과 같다. 자유는 의식의 내면적 영역을 포함한다. 가장 포괄적인 의미에서 양심의 자유, 사상과 감정의 자유, 그리고 실천적 혹은 사색적 · 과학적 · 도덕적 혹은 신학적 등과 같은 모든 주제에 대한 의견과 감정이 절대적 자유를 요구한다."

양심의 자유는 자유의 고유한 영역이라는 점에서 절대적 자유를 보장받아야 한다. 각 분야의 사상과 감정도 마찬가지다. 생각을 지니는 데 그치지 않고, 주제에 상관없이 이에 대한 '의견'을 표하는 것이 절대적 자유다. 자신의 생각을 다른 사람들에게 밝히고 알리는 과정을 말한다.

사상과 양심에 대한 의견을 표할 자유가 "절대적이고 무조건적으로 존재"하는 사회가 자유로운 사회다. 그 누구든 인간인 이상 무오류일 수 없다. 상대 의견이 오류임을 확신한다는 이유로 청취를 거부하는 것은 자기 의견의 무오류성을 전제로 한다는 점에서 정당성이 없다. 오직 다양한 의견의 소통만이 인간을 현명하게 만든다. 의견 청취의 거부를 비롯하여 "다른 방법으로 현명해지는 것은 인간의 지적 능력 밖의 일"이다.

이와는 대조적인 문제의식도 있다. 에머리히 코레트Emerich Coreth가 『인간이란 무엇인가』에서 주장한 내용이 그중 하나다.

"인간의 자유는 자유로운 결단에 당위와 가치의 규범이 미리 주어져 있다는 의미에서 제한된 자유다. 그러므로 의미가 없는 자유가 아니라 오히려 선善의 인정과 실현 안에 발생하는 의미 있는 자기 발전이다. 자유는 선과 존재 당위에 예속되어 있다."

코레트가 보기에 인간의 자유 중에는 절대적인 자유가 없다. 일정 조건 속에서 한정적으로 누릴 수 있는 자유가 있을 뿐이다. 이때 자유를 한정하는 조건은 몇 가지로 압축되는데, 당위와 가치의 규범이 대표적이다. 당위란 마땅히 그렇게 하거나 되어야 하는 것을 의미한다. 즉, 이미 정해져 있는 절대적 기준이 있고, 자유는 그 안에서만 허용된다.

규범도 마찬가지다. 그가 강조하는 규범은 논의를 통해 만들어지고 있는 현재 진행형의 것이 아니다. 당위라는 말에서 알 수 있듯이 자신의 의지와는 무관하게 이미 존재하는 가치다. 따라서 사회적으로 선이라 규정된 내용을 인정하고, 그 안에서 사고하고 행해야 한다. 결국 자유는 구체적이고 역사적인 상황에 의해 제약되며, 자유가 제공하는 인간의 가능성은 제한된 범위 내에서의 선택이다.

자유의 제한이 국가를 비롯한 외부의 강제적 개입만을 의미하는 것은 아니다. "의식적인 자기 처리와 자기규정을 의미"할수록 자유는 더 실현된다. 스스로 당위와 가치의 규범을 따르는 책임이 중요하다. 하지만 외적 강제든 내적 강제든 자유의 억압이라는 점에서는 마찬가지다. 형식적으로는 자신의 선택과 책임이겠지만 당위와 규범이 사회적 기준이라는 점에서는 결국 외부적 강제를 자기 검열로 내면화한 것에 불과하다.

사상과 양심의 자유에 관한 한 코레트의 견해는 과거 지향적인 면이 다분하다. 그의 논리대로라면 자유 확대는 기존 규범 안에서만 가능하다. 규범이 사회에 뿌리를 박고 있는 이상 기존 사회체제 내의 부분적인 개선에만 머물러야 한다. 프랑스대혁명을 비롯하여 과거 체제와 규범을 본질적으로 뒤집어버리는 전면적 변혁은 불가능해진다.

근대 이후 현대에 이르기까지 현실의 정치권력이라면 몰라도, 적어도 학문적 차원에서는 양심의 자유에 대해 제한하기보다 다양한 의견의 소통과 경쟁을 중시하는 경향이 강하다. 그다지 혁신적이라고 보기 어려운 실증주의 사회학의 창시자로 잘 알려진 오귀스트 콩트Auguste Comte조차 『실증주의 서설』에서 사상의 자유로운 경쟁을 강조하였다.

> "실증주의는 표현과 사상의 진정한 자유를 실질적으로 보장하기 위한 유일한 체계적 수단이 될 것이다. 깊이 있는 토론을 견딜 수 없고 어떠한 결정적 증명과도 무관해 보이는 학설들은 스스로 체계적 수단이라고 자임할 수 없을 것이다."

콩트의 주장에 따르자면 사상이란 토론을 통해 그 생명력을 인정받아야 한다. 어떠한 의견이든 토론을 통해 그 정당성을 입증하는 과정이야말로 진정한 사상의 자유의 보장이라 할 만하다. 밀과 콩트의 주장은 흔히 '사상의 자유시장론'으로 불리는데, 이는 단순히 유럽에서의 논의로 국한되지 않는다. 미국을 비롯하여 민주주의가 정착된 모든 국가에서 일종의 상식으로 통한다. 1919년 미국 홈스Holmes 대법관의 판결문을 보자.

> "진리의 가장 좋은 시금석은 시장 경쟁에서 인정될 수 있는 아이디어의 힘이며 또한 그 진리야말로 인간의 소망이 가장 안전하게 달성될 수 있는 터전이라고 하는 그들 자신의 행위의 근거를 사람들은 보다 더 신뢰하게 될 것이다. 그것이 바로 우리 헌법의 논리다."

어떤 견해의 올바름 여부는 미리 정해져 있는 것이 아니다. 어떤 시대에도 여러 대립하는 신념이 서로 경쟁하게 마련이다. 신념의 자유로운 교환에 의해 궁극적인 선은 더욱 잘 이루어진다. 헌법에서 양심의 자유가 보장하려는 바도 바로 여기에 있다. 이러한 내용은 하나의 이론으로 머물지 않고 이후 이와 관련된 사건을 거치면서 미국 연방대법원의 판결 기준이 되었다. 1974년 '거츠 사건'에 대한 판결에서도 "수정 헌법 제1조 아래서 틀린 의견이란 존재하지 않는다. 아무리 의견이 유해한 것으로 보일지라도 우리는 그 시정을 위하여 법관이나 배심의 양심에 의존하는 것이 아니라 다른 의견의 경쟁에 의존한다."고 하였다.

심지어 1989년의 '존슨 성조기 사건'에 대한 연방 대법원 판례에서는 국가에 대한 반항 의사를 표현하기 위해 국기를 태우는 행위도 사상의 자유에 포함시켰다. 이는 존슨이라는 사람이 공화당 전당대회 기간에 성조기를 불태운 행위에 대해 처벌한 것이 위헌이라는 심판에서 나온 결과다. 연방 대법원은 존슨의 행위가 치안을 파괴할 가능성이 있었다는 것만으로는 처벌할 수 없다고 판시했다. 또한 사상의 자유 시장에 성역이란 있을 수 없다는 취지를 강조하면서 어떤 주제에 대해서도 솔직하게 토론할 수 있는 자유가 허용되어야 하며, 미국의 상징인 성조기에 대한 모욕적인 표현조차도 허용되어야 한다고 판시했다.

한국 사회에서 양심의 자유 제한과 관련하여 항상 문제가 되는 것은 사회주의 사상이다. 대법원은 1986년 판결에서 "사상의 자유도 순수한 내심의 상태에서 벗어나 반국가단체를 이롭게 하는 외부적인 형태로 나타난 경우에는 자유의 한계를 넘은 것"이라고 하였다.

그러나 이는 모호한 단어를 남발함으로써 최대한 국가의 개입과 제한 여지를 확대한 판결이다. 먼저 "외부적인 형태"라는 말로 교묘하게 논지를 흐려버렸다. 만약 그 외부가 직접적인 행동이라면 경우에 따라 타당할 수도 있다. 하지만 학문적 연구나 의견이라면 부당한 제한이라고 봐야 한다. 마음속의 신념이든 밖으로 드러나는 의견이든 생각 자체의 제한을 양심의 자유가 허용하지 않기 때문이다. 게다가 "이롭게"라는 규정도 법률 용어로 보기에는 부끄러울 지경이다. 처벌의 핵심 근거를 자의적 해석의 여지가 너무나 큰 '이롭게'에 두고 있기 때문이다. 한국 현대사에서 '이롭게'라는 표현 하나로 양심의 자유가 얼마나 탄압받았는지 돌이켜볼 때, 이는 당장 사라져야 하는 근거다.

양심의 형성에 있어 외부적 개입과 억압에 의한 강요가 가장 큰 문제라면, 특정한 사상만 옹호하는 교과서를 강제하는 것은 헌법의 부정이라고 봐야 한다. 국가가 교과서에서 특정한 사상만을 옹호하고, 반대로 특정 사상의 비판만을 강요한다면 이는 양심의 자유를 침해하는 것이다. 한국에서는 정권 교체가 일어날 때마다 역사 교과서 내용을 둘러싼 논란이 끊이지 않는다. 교육과정에서 양심의 자유가 보장받고 있지 못한 현실을 잘 보여주는 사례다.

또한 양심의 자유는 의견을 내놓는 자유만이 아니라 의견을 겉으로 드러내지 않을 자유, 즉 사상 및 양심에 대하여 침묵하는 자유를 포함한다. 이와 관련하여 '준법 서약서'를 요구하는 행위는 한국 사회에서 침묵하는 자유를 침해한 것으로 논란이 되었다. 준법 서약은 국가가 이른바 '시국 사범'의 석방 조건으로 서약을 요구하는 행위를 말한다. 다음은 헌법재판소의 2002년 판례다.

"국법 질서나 헌법 체제를 준수하겠다는 취지의 서약을 할 것을 요구하는 준법 서약은 국민이 부담하는 일반적 의무를 장래를 향하여 확인하는 것에 불과하며, 가정적 혹은 실제적 상황하에서 특정 사유를 하거나 특별한 행동을 새로이 요구하는 것이 아니다."

준법 서약은 구체적, 적극적 내용을 담지 않은 단순한 합법적 의무의 확인·서약에 불과하기 때문에 양심 영역을 건드리는 것이 아니라는 판결이다.

침묵의 자유는 일반 사건의 경우에도 우리 헌법 제12조 2항의 불리한 진술의 거부권을 통해 보장되고 있다. 구체적 행위가 동반된 사건에서도 진술을 하지 않을 권리가 주어지는데, 하물며 내심의 영역이라면 더 말할 나위 없다.

침묵의 자유는 인류의 역사적 경험 속에서 중요성이 입증되었다. 전통 사회에서 양심에 대한 외부의 개입은 군주에 대한 충성 서약이나 특정 종교에 대한 강제 신앙고백 형식으로 나타났다. 신앙을 공개할 의무가 강제된다면 이는 종교의 자유가 전적으로 부인되는 상황이 된다. 마찬가지로 특정한 이념의 공개 의무가 강제된다면 사상의 자유는 설 자리를 잃는다. 그렇기 때문에 침묵의 자유는 양심의 자유를 구성하는 핵심 부분으로 자리 잡았다.

국가에 대한 충성 표현도 마찬가지다. 미국 연방 대법원의 1943년 '국기 경례 거부 사건' 판례는 좋은 참고가 된다. 국기 경례를 지키지 않을 때 정학을 명할 수 있는 법률의 위헌 여부를 묻는 사건이었다. 연방 대법원은 위헌 판결을 하면서 다음의 근거를 제시했다.

"우리 헌법상의 위상에 고정된 성좌가 있다면 공무원의 고하를 불문하고 정치, 민족주의, 종교, 기타 의견 사항에 관하여 무엇이 정통적인 것인가를 규정할 수 없고, 시민들로 하여금 언어나 행동으로 그들의 신념을 고백하도록 강요할 수 없다는 점이다."

미국 정부는 국민에게 성조기에 대한 존경을 강요할 수 없고, 공립학교의 학생은 성조기에 대한 경례를 거부할 수 있는 권리를 갖는다는 취지다. 양심의 자유의 일환으로 특정한 의견을 표현하지 않을 자유를 인정한 것이다. 국기에 대한 경례나 선서가 정치적, 종교적 신념과 배치된다고 여길 때 표현하지 않을 자유가 보장된다.

한국 헌법재판소의 준법 서약 관련 판결 내용은 이와 상당히 대조적이다. 먼저 "특정 사유를 하거나 특별한 행동을 새로이 요구하는 것"이 아니기 때문에 합헌이라는 근거는 침묵의 자유에 대한 무지를 드러낸다. 침묵의 자유는 본래 사유든 행동이든 무언가를 특별히 요구하는 자유가 아니다. 아무런 의사표명을 안 할 자유다. 침묵하겠다는 사람에게 침묵을 깨라는 강요 자체가 이미 자유의 침해다. 게다가 침묵을 깨지 않을 때 불이익을 받을 수 있는 상황이라는 점에서 이러한 조치는 침묵의 자유를 무력화시킨다.

법을 지키겠다는 서약이 "국민이 부담하는 일반적 의무를 장래를 향하여 확인하는 것에 불과"하기에 상관없다는 논리도 안이하다. 미국의 성조기 판례에서 확인할 수 있듯이 법이나 국가에 대한 존경은 적어도 내심의 영역이다. 공식적 의사를 표명하도록 강요할 수 없는 것이다. 이는 다른 사건에서의 헌재 판결을 스스로 부정하는 것이기도 하다. 헌재는 1998년 '불고지죄 헌법 소원 사건'에서 "내심적 자유, 즉 양심 형성의 자유와 양심적 결정의 자유는 내심에 머무르는 한 절대적 자유"라고 판결한 바 있다. 스스로 '절대적 자유'라고 규정하며 어떠한 이유로도 개입할 수 없다고 못 박아놓고 이를 단 4년 만에 뒤집어버린 꼴이다.

학문 · 예술의 자유와 제한

"모든 국민은 학문과 예술의 자유를 가진다."

우리 헌법 제22조 1항의 내용이다. 학문과 예술의 자유는 사상의 형성과 유지, 의견 제시를 넘어 구체적 표현과 실행의 영역이기에 엄밀한 의미에서는 일반적인 양심의 자유와 구분되어야 한다. 사상과 양심은 자유의 본질적 내용에 속하는 절대적 자유고, 어떠한 이유로도 제한될 수 없다. 하지만 학문과 예술의 자유는 양심의 자유에 비해 현실과 접촉하는 면이 훨씬 더 넓고 깊기 때문에 일정한 제한이 불가피한 경우가 생긴다.

얼핏 보기에는 내적인 양심을 의견을 통해 제시하는 자유와 학문의 자유가 어떻게 구별되는지 의아할 수 있다. 둘 다 내적인 내용을 외적으로 표현하는 것이기 때문이다. 비슷해 보이는데 왜 하나는 보장되고 다른 하나는 제한될 수 있는가? 다소 거칠지라도 '인간 복제'를 예로 들어보고자 한다.

인간 복제의 필요성 여부는 관련 의견을 제시할 수 있는 차원의 문제다. 즉, 단순한 찬반 표명만이 아니라 이를 논하는 데 요구되는 전문적인 근거와 논리, 현실적인 영향 등을 모두 포함하는 의견이다. 그러므로 학문과 상당 부분 겹칠 수 있다. 하지만 학문은 필요성 여부나 평가, 옹호, 반박 등을 넘어 직접적인 실행으로까지 나아갈 가능성을 갖는다. 인간 복제를 직접 실현해내는 연구가 그것이다.

인간 복제와 관련하여 의견을 개진하는 것은 어떤 입장이든지 양심의 자유 차원에서 절대적으로 보장된다. 아무리 파격적이더라도, 절대 다수의 의견과 상반되더라도 무제한적으로 말할 자유가 있다.

하지만 실행을 포함한 직접적인 연구는 엄연히 다른 문제다. 종교적, 윤리적 논란을 넘어 실제적인 차원에서 공공복리에 심각한 위협이 되는 경우 헌법 제37조 2항의 "공공복리를 위하여 필요한 경우에 한하여 법률로써 제한"을 받는 대상이 된다. 인간 복제 연구 과정에서는 난자 사용의 정당성이 문제가 된다. 또한 동물 복제 실험 과정에서도 나타났지만, 인간에 적용하는 과정에서 생기는 기형아 출산 문제도 빼놓을 수 없다.

의견 차원에서 제시되는 학문적 연구는 정치나 체제를 직접 다루는 내용이더라도, 헌법 테두리를 넘어서는 관점을 담고 있다 하더라도 제한될 수 없다. 혹자는 이에 대해 정부나 국가에 대한 비판이면 몰라도 헌법에 반하는 내용인데도 허용되느냐고 의문을 품는다. 그러면 우리는 역으로 질문을 던져본다. 현행 헌법을 비판하는 내용의 학문적 연구가 제한되어야 하느냐고. 헌법에 대한 비판을 봉쇄한다면 유신헌법의 긴급조치 내용 가운데 "유신헌법을 부정, 반대, 왜곡 또는 비방하는 행위"를 금지한 것과 다를 바 없다.

정치적, 사회적 학문 연구의 제한도 필요성 여부나 평가, 옹호, 반박 등을 넘어 직접적인 실행으로까지 나아갈 때 문제가 된다. 그러나 이 경우에도 1919년에 미 연방 대법원 홈스 대법관이 주장하고, 이후 법령의 합헌성 판단 기준으로서 오늘날 여러 나라의 학설·판례에 큰 영향을 끼치는 '명백하고도 현존하는 위험'을 충족시켜야 한다. 하물며 의견 차원에서 학문적으로 제기되는 주장이라면 전적으로 허용되어야 한다.

예술의 자유에 대해서는 국가마다 상이한 원칙을 갖는다. 우리나라는 학문의 자유를 제한하는 원칙이 그대로 예술의 자유에 적용되어 법률에 의한 유보가 이루어진다. 하지만 독일의 경우는 예술 표현에 대해 법률에 의한 유보가 없다. 따라서 예술의 자유는 일반 법률에 의해 다루어질 수 없다. 예술의 독자성과 자율성은 헌법에 의해 유보 없이 보장된다.

예술의 자유 제한은 오직 헌법 자체에 의해서만 규정된다. 그러므로 특정한 예술적 표현으로 인해 헌법이 규정한 기본권 사이에 충돌이 생기면 헌법재판소의 헌법 해석에 의해 해결된다. 이는 예술의 자유를 최대한 보장하기 위한 목적을 잘 보여준다.

이로 인해 독일에서는 예술 표현을 둘러싼 제한이 매우 드물다. 1987년 '슈트라우스 풍자만화 사건' 판결이 대표적이다. 독일 바이에른 주 수상 슈트라우스와 사법부가 교미하는 돼지로 그려져 정기간행물에 게재된 사건이다. 이에 대해 헌법재판소는 헌법이 보장한 기본권인 예술의 자유와 인격권 사이의 충돌에서 후자의 침해가 더 주요한 측면이라며 헌법 위배 판결을 내렸다.

> "과장은 만화에 있어 구조적으로 전형적인 것이고 피해자와 같이 공적 생활에 등장하는 인물은 강한 정도의 공개적인 풍자의 표적이 된다는 점을 고려한다 하더라도 이 표현은 예상되는 한계를 훨씬 넘는 것이다."

판결에 의하면 풍자를 통한 과장 자체는 문제가 안 된다. 공적인 위치에 있는 인물의 공개적 풍자 역시 원칙적으로 헌법에 위배되지 않는다. 일정한 과장과 오해의 가능성이 있다 해도 "예술로서 그에 상응하는 자유공간이 부여되어야 하기 때문"이다.

문제는 동물 묘사를 통한 통상적 과장과 풍자 표현에서 예상되는 한계를 넘어 집단적 성행위로 묘사된 점이다. "성적 행태의 표현은 피해자 개인의 인간으로서의 존엄을 박탈하는 것이고 그를 폄훼하는 것"이기에 헌법이 보장하는 개인의 존엄으로서의 인격권을 훼손한 행위로 보았다.

하지만 한국에서 헌법상 예술의 자유는 다른 기본권과 마찬가지로 법률로 유보된다. 헌법 제37조 2항의 "국가 안전보장, 질서유지 또는 공공복리를 위하여 필요한 경우에 한하여 법률로써 제한"을 받는다는 내용이 적용된다. 문제는 질서유지나 공공복리를 자의적으로 해석하여 기본권의 과잉 제한 금지 원칙을 위반하는 경우가 적지 않다는 점이다.

정치 지도자를 동물로 표현하는 것 자체가 법적 처벌의 대상이 되는 경우가 종종 있다. 예를 들어 2010년 G20 정상회담 홍보 포스터에 쥐 그림을 그려 넣은 한 대학 강사가 200만 원의 벌금형을 선고받았다. 판결 내용 중에 "국민과 아이들로부터 번영의 꿈을 강탈했다."는 대목은 실소를 자아낸다. 정부의 압력에 의해 미술 작품 전시가 거부되거나 철거되는 경우도 드물지 않다. 대통령의 4대강 사업을 비판하여 삽에 대통령 모습을 표현한 〈삽질 공화국〉이라는 작품이 철거됐고, 대통령을 닭으로 묘사한 〈세월오월〉이라는 작품의 전시가 사실상 거부되었다.

미국에서는 대통령을 영화 〈배트맨〉의 악당 조커나 히틀러로 묘사해도 문제가 되지 않는다. 독일 작가들 역시 수상을 히틀러로 표현하는 경우가 많다. 세계 주요 정상을 풍자한 '알몸 인형'의 거리 전시도 문제가 되지 않는다. 우리나라 광고인이 일본 총리를 피투성이 드라큘라로 풍자한 광고도 있다. 하지만 한국 대통령을 동물 묘사나 일정한 과장으로 풍자하면 압력이나 처벌을 받는다. 예술의 자유를 보장한 헌법의 권리를 과도하게 제한하고 있다는 비판에서 벗어나기 어렵다.

학문이든 예술이든, 표현의 자유 제한은 명확하고 구체적이어야 한다. 이를 흔히 '명확성의 이론'이라고 한다. 기본권 제한의 근거가 막연할 경우 무효라는 이론이다. 한국 헌법재판소는 그동안 학문이나 예술 표현의 자유 제한과 관련한 판결에서 헌법의 조항을 그대로 사용하거나 추상적 표현으로 대신하는 경우가 많았다. 타인의 권리와 명예 또는 공중도덕이나 사회윤리를 침해하여서는 안 된다는 점, 국가 안전보장, 질서유지 또는 공공복리를 위해 제한할 수 있다는 점, 보호하려는 공익과 침해하는 사익을 비교할 때 공익이 더 크다는 점 등을 단골로 사용해왔다.

제한 기준이 막연하면 학문이든 예술이든 연구자와 작가는 포괄적 제한을 염두에 두며 자기 검열을 하게 되고, 이렇게 하면 표현의 자유는 전반적으로 위축될 수밖에 없다. 따라서 위의 풍자만화 사건에 대한 독일 연방 헌법재판소의 판결처럼 어디까지 허용되고 어디부터가 문제인지를 구체적인 기준과 근거로 제시하여 '최소한의 제한'이라는 헌법 원칙을 실현할 필요가 요구된다.

언론 · 출판과 집회 · 결사의 자유를 가진다

언론과 출판의 자유 보장과 제한

"모든 국민은 언론 · 출판의 자유와 집회 · 결사의 자유를 가진다."

"언론 · 출판에 대한 허가나 검열과 집회 · 결사에 대한 허가는 인정되지 아니한다."

우리 헌법 제21조 1항과 2항의 내용이다. 언론 · 출판 · 집회 · 결사의 자유에 대한 기본 입장을 밝히고 있다. 언론과 출판의 자유는 근대의 출발부터 양심의 자유를 실현하는 가장 중요한 요소로 주목받아 왔다. 프랑스대혁명이 일어나기 100년 전인 1689년의 영국 권리장전 제9조는 의회에서의 토의와 함께 언론의 자유는 "어떤 법정이나 장소에서도 탄핵하거나 문제 삼아서는 안 된다."고 강조한다. 프랑스 인권선언 제11조도 "모든 시민은 자유롭게 말하고 쓰고 출판할 수 있다."고 한다.

근대 계몽주의 전통에서 볼 때 양심의 자유는 언론과 출판을 통해 외부로 표현되고 타인과 관계를 맺을 때 의미가 있다. 내심의 영역에서 형성된 사상이 외부로의 전파를 차단당할 때 계몽의 실천은 불가능하기 때문이다. 그런 이유로 양심의 자유과 언론·출판의 자유는 본질적으로 분리할 수 없는 긴밀한 관계에 있다.

밀도 『자유론』에서 언론·출판의 자유는 행동이 아니라 의견의 표출에 해당하기에 최대한 보장되어야 함을 주장한다. "사유재산이 도둑질이라는 의견이 단순히 출판물을 통하여 유포될 경우에 박해되어서는 안 된다."고 말한다. 굳이 사유재산을 언급한 것은 현실의 사회체제를 정면으로 부정하는 내용이라 하더라도 그러한 의견이 언론·출판을 통해 제시되었다면 허용되어야 함을 강조하기 위한 의도다.

하지만 현실에서는 언론·출판의 자유가 절대적이고 무제한적으로 보장되지 않는다. 우리 헌법은 제21조 4항에서 제한의 기준을 다음과 같이 제시한다.

"언론·출판은 타인의 명예나 권리 또는 공중도덕이나 사회윤리를 침해하여서는 아니 된다. 언론·출판이 타인의 명예나 권리를 침해한 때에는 피해자는 이에 대한 피해의 배상을 청구할 수 있다."

이 경우 역시 명예·공중도덕·사회윤리라는 기준이 막연하기에 국가에 의한 자의적 해석과 억압이 문제가 된다. 그렇기 때문에 '명백하고도 현존하는 위험'이 미국을 비롯한 여러 나라에서 기본 원칙으로 자리 잡았다. 즉, '언론과 출판이 국가 기밀을 누설하거나 타인의 명예 또는 사생활의 비밀을 침해할 때'만이 제재 여부 판단의 기준이 된다.

본래 미국의 수정 헌법 제1조는 언론의 자유를 천명하고 제한 법률을 제정할 수 없도록 규정했으나, 현실에서 이를 무력화시키는 법률과 조치가 잇따르자 대법원에 의해 이 원칙이 제시되었다. 이제는 민주국가 헌법 해석의 일반적인 견해로 자리 잡았다.

이 견해는 매우 중요한 두 가지 내용을 포함한다. 위험의 정도가 중대하고 분명해야 한다는 점, 일반적 우려가 아니라 현실에서 긴박함으로 입증되는 위험이어야 한다는 점이다. 둘 중 하나에 결함이 있으면 자유 제한은 정당성을 상실한다.

명예훼손은 '명백하고도 현존하는 위험'에 포함되는가?

한국에서는 공중도덕이나 사회윤리를 침해한다는 이유에서 언론·출판의 자유가 수시로 제한된다. 국가에 의한 자유의 제한이 남발되는 가장 대표적인 경우는 '타인의 명예 침해'라는 측면이다. 한국에서는 명예훼손과 관련된 처벌이 매우 많다. 그런데 그것이 과연 '명백하고도 현존하는 위험'과 얼마나 관련이 있는지 의문이다.

몇 년간 〈이코노미스트〉 한국 특파원으로 활동한 다니엘 튜더의 『익숙한 절망 불편한 희망』을 보면 한국에서 명예를 빌미로 하는 노골적, 일상적 자유 침해가 얼마나 자주 일어나는지 알 수 있다.

"한국에 있는 외신 기자라면 누구나 놀라는 것이 있다. 바로 명예훼손법이다. …
명예훼손으로 유죄판결을 받으면 막대한 손실이 따르기 때문에 개인적으로 커다란
위험을 감수하지 않고서는 쉽사리 나서서 진실을 말할 수 없다. 이는 민주주의를 위
협한다."

한국에서는 명예훼손이 형사재판에 회부된다. 우리에게 빈번하게 일어나
는 일이니 다른 나라에서도 흔히 벌어지는 일이라고 생각하면 큰 착각이다.
미주기구, 유럽안보협력기구는 2002년에 "표현의 자유를 제한할 수 있는 형
법상 명예훼손은 정당하지 않다."는 공동성명을 발표한 바 있다. 유엔인권위
원회 역시 2002년에 명예훼손의 범죄 취급은 언론의 자유에 위배된다는 입
장을 밝혔다. 명예훼손을 담은 형법은 국제적으로 민주주의의 기준에 역행하
고 언론의 자유를 무력화시키는 대표적 악법에 속한다.

몇몇 나라에 아직 형법상 명예훼손죄가 있지만 현실 적용은 한국과 판이
하다. 미국의 17개 주는 명예훼손을 형법으로 다루는데, 1965년부터 2004년
까지 명예훼손으로 유죄판결을 받은 사례는 미국 전역에서 16건에 불과하다.
일본에서도 유죄판결은 찾아보기 어렵다. 유럽의 몇몇 나라에도 명예훼손에
관한 법이 있지만 거의 적용되지 않는, 사실상 죽은 법이다. 하지만 한국에서
는 출판물에 의한 명예훼손 기소 사건이 한 해에 7,000~8,000건을 넘고, 계
속 늘어나는 추세다.

한국에서 양심의 자유가 실현되기 위한 가장 절실한 과제가 언론·출판
의 자유라면, 무엇보다 '명백하고도 현존하는 위험' 원칙이 먼저 자리 잡아
야 한다.

현대의 언론 상황과 자유의 위협

—

현대사회에 들어서면 언론의 자유를 둘러싼 상황이 더욱 복잡해진다. 단순히 대중매체가 확대되기 때문만은 아니다. 개인에 대한 영향력 확대가 더 중요한 이유인데, 이에 대해서는 마셜 매클루언Marshall McLuhan이 『미디어의 이해』에서 지적한 내용을 참고할 만하다.

"미디어가 메시지라는 것은 미디어가 우리 자신의 확장이며, 미디어가 개인 및 사회에 미치는 영향력은 우리 하나하나의 확장, 바꾸어 말하자면 테크놀로지 하나하나가 우리에게 도입하게 되는 새로운 척도로서 측정되어야 한다는 것이다."

현대는 미디어 홍수 시대다. 우리는 영상 매체의 위력을 매일 확인하며 산다. 미디어가 사회 전반을 지배하고 있다 해도 과언이 아니다.

신문처럼 문자에 기초한 매체는 전문화된 성격이 강하다. "그러나 전기와 자동화의 등장으로 단편화된 과정은 갑자기 인간적인 대화와 인간의 통일을 전면적으로 고려해야 한다는 사실을 느끼게 했다." 영상 미디어는 인간의 거의 모든 측면을 드러낸다. 표정과 몸짓, 목소리 등 감각기관을 확장시킨다. 문자 매체가 상대적으로 이성적 측면과 연관성이 깊다면 영상 매체는 감각 혼합을 촉진한다. 감각이 활발히 작용하기에 영상 미디어는 많은 사람의 관여와 참여를 촉발한다. 인간에게 미치는 영향력도 보다 직접적이고 폭넓다. 그러한 의미에서 본격적인 의미의 매스미디어라 할 수 있다.

하지만 영상 매체를 통한 대중적 관여의 폭이 넓어지고 방송 채널이 다양해졌다고 해서 그 내용까지 다양해졌다고 볼 수는 없다. 오히려 주제의 폭과 의견의 다양성은 협소해지는 현상이 두드러진다.

근대사회에서는 신문이 계몽을 전파하는 주요 통로였기에 언론의 자유를 둘러싼 논의가 비교적 간명했다. 하지만 현대사회에서는 언론이 의견의 자유로운 경쟁을 가능케 하는 공간으로서의 역할을 할 수 있는지에 대한 의문이 지속적으로 제기된다. 밀스가 『파워 엘리트』에서 던진 의문도 비슷한 문제의식이다.

"미디어는 서로 충동하는 이슈보다는 몇 가지 표준화된 주제의 변주를 놓고 더 심하게 경쟁을 벌이고 있다. 이슈를 효과적으로 제기할 자유는 미디어에 지속적으로 접근할 수 있는 몇몇 이해관계에게로 더욱더 국한되는 것 같다."

사상과 양심의 자유는 의견의 다양성을 전제로 한다. 다양한 의견이 자유롭게 경쟁할 수 있어야 한다. 하지만 현실에서는 그러한 경쟁을 기대하기 어렵다. 겉으로 보기에는 다양성과 경쟁이 있는 듯하지만, 조금만 깊게 들여다보면 제한된 주제와 선별된 의견 사이의 논의에 머문다.

어느 채널을 막론하고 일정 기간 관찰을 해보면, 거의 천편일률적으로 동일한 주제가 반복된다. 뉴스든 토론 프로그램이든, 등장인물이 다를 뿐 해당 시기에 선별된 몇몇 주제에서 벗어나지 않는다. 특정 주제를 둘러싸고 벌어지는 논쟁도 보수적 색채 내의 미미한 차이에 초점이 맞춰지는 경우가 다반사다.

그 이유는 주요 매체를 누가 장악하고 있는가를 보면 어렵지 않게 알 수 있다. "매스미디어는 부와 권력을 갖춘 엘리트들이 마음대로 휘두를 수 있는 권력 수단 중에서 가장 중요한 수단이다." 헌법은 주권이 모든 국민에게 있다고 하지만, 정작 가장 큰 영향력을 지니는 미디어에서의 권한은 대기업의 이해와 맞물려 있는 소수 엘리트 집단이 독점한다.

심지어 미디어는 손쉽게 대중 의식을 소수 기득권 집단이 원하는 방향으로 이끌고, 필요하다면 왜곡하거나 아예 정치적, 사회적 무관심을 만들어낼 수도 있다. 여기에는 은밀한 방식의 조작이 늘 따라다닌다. 에리히 프롬Erich Fromm은 『자유로부터의 도피』에서 언론을 통한 대중 의식 조작을 고발하였다.

"도시 폭격과 수백 명이 죽었다는 발표에 이어 거리낌 없이 비누와 술 광고가 나온다. 매력적이고 신뢰감 있는 목소리로 중대한 정치 상황에 대해 깊은 인상을 남긴 아나운서가 이번에는 특정 회사의 비누 품질이 좋다고 광고한다. 어뢰정 화면에 이어 패션쇼 화면이 나온다. … 이로 인해 우리는 자신이 들은 것과 제대로 관계를 맺지 못한다."

언론은 여러 방법으로 사회적 관심과 비판적 사고 능력을 마비시킨다. 모든 형태의 체계적 세계상을 파괴하는 방법이 그중 하나다. 영상 효과와 신뢰를 주는 방송 출연자를 십분 활용해 중대한 문제와 하찮은 문제를 뒤섞어버린다. 사건과 사건 사이의 비중 감각을 상실하게 만든다. 삶과 생활에 직접 영향을 미치는 심각한 문제도 광고나 연예인의 가십거리와 비슷한 비중으로 느껴지게 한다. 그 결과 사람들은 체계적, 비판적 사고 능력을 상실한 채 자기 앞에 놓인 작고 무의미한 단편들을 바라볼 뿐이다.

언론은 개인 생활과 사회생활의 모든 문제에 대해, 심리·경제·정치·도덕 문제에 대해 연막을 쳐서 쟁점을 흐리는 기능도 수행한다. 문제가 너무 복잡해서 평범한 개인은 파악할 수 없다는 생각을 유포한다. "오직 전문가만이, 그마저도 자신의 제한된 영역에서만 이해할 수 있는 것처럼 제시"한다. 대중은 단지 그들의 목소리에 귀를 기울이고 그들의 판단과 답에 따르기만 하면 된다는 생각을 심는다. 대중의 생각하는 능력을 앗아가는 것이다.

문제는 아렌트가 『전체주의의 기원』에서 지적하듯이 언론이 수행하는 대중 의식 왜곡과 조작이 사회에 전체주의를 퍼뜨리는 가장 중요한 수단으로 작용한다는 점이다.

> "여론 자유와 합헌 정부하에서 권력 획득을 위해 전체주의 운동이 행사할 수 있는 폭력이란 매우 제한되어 있다. … 전체주의국가에서 선전과 폭력은 동전의 양면처럼 상보적이다. 선전 없는 폭력은 아무런 심리적 영향력도 행사하지 못한다."

전체주의 세력이라 하더라도 민주주의의 일반 절차와 언론의 자유를 무시할 수는 없기 때문에 직접적인 폭력만으로 권력을 행사할 수는 없다. 정당을 통해 지지를 받아야 한다. 그런데 다양한 매체에서 정보를 입수하는 대중을 몇 번의 유치한 정보 왜곡만으로 끌어들이기는 쉽지 않다. 이 과정에서 일상적이고 지속적인 선전 과정이 중요해진다.

그리하여 전체주의나 권위주의 통치 세력은 자신의 명운을 걸고 가장 효과적인 선전 수단인 언론을 틀어쥐려 한다. 막대한 자본이 있으면 어렵지 않은 일이다. 또한 언론은 광고에 의존하여 이윤을 창출하기 때문에 소수 대기업과 권위주의 통치 세력이 결합한다면 언론을 통한 대중 의식 조작은 누워서 식은 죽 먹기다. 그리고 우리는 그러한 결과로 인한 현상을 매일 목격하며 살아간다.

결국, 복잡해진 현대의 언론 상황에서 언론의 자유는 자본으로부터의 독립을 요구한다. 자본 등 제3자에 의한 언론의 자유 침해가 심각한 문제로 제기됨에 따라 국가권력 이외 언론의 자유를 침해·위협하는 존재에 대한 언론의 자유가 중요하게 부각되었다. 현대 헌법학은 이 문제를 '제3자 효력'이나 '언론의 내적 자유'라는 개념을 통해 표현해왔다. 신문·통신·방송에 대한 편집·경영의 자율성을 자본으로부터 확보하기 위한 법적, 제도적 장치 마련의 문제다.

언론의 내적 자유는 언론 내부에서 발행인과 기자 간의 관계에 관한 논의를 주된 대상으로 한다. 보통은 언론사 사주가 발행인을 맡기 때문에 이에 대한 기자의 권한 내지 지위의 독립성 강화를 다룬다. 국가권력은 물론이고 언론 기업의 이해, 광고주의 영향을 쉽게 받는 발행인에 대해 기자의 공적 과업 수행 의지로 언론의 자유를 실현하려는 취지다.

유럽연합의 유럽평의회는 편집권 독립이 유럽인권조약 제10조에 의해서도 보장되는 것으로 파악하여 1994년에 다음과 같은 결의를 내놓았다.

"언론 사항을 다루는 경우에는 미디어가 발행인 및 사주와 기자들 간에 구별이 행해져야 하는 법인 구조의 한 부분이라는 점을 염두에 두어야 한다. 그 목적을 위해 미디어의 자유 보호에 덧붙여 내적인 압력에 대한 언론의 내적 자유도 역시 보호되어야 한다."

언론은 일반 기업과 다르다. 언론은 "기본권에 대한 접근을 마련하기 위한 조건에 의해 기업 목표가 제한되어야 하는 특별한 사회 경제적 기관"이다. 언론 활동에 의해 미디어에서 전달되는 정보와 커뮤니케이션은 개인이나 사회 발전에 결정적 중요성을 갖는다는 점에서 민주주의의 핵심 통로라 할 수 있다. 민주주의는 공적인 사항에 대한 시민의 참여 보장을 통해서만 실현되기 때문에 언론의 역할은 절대로 사적인 기업의 논리에 맡겨지면 안 된다.

그러므로 사주에 대한 기자의 종속은 언론의 공적 기능 상실로 이어진다. 기자의 정신적 노동은 발행인에 대한 정신적 독립성 아래 제대로 이행된다. 때문에 자본으로부터의 내적 독립성이 법적·제도적으로 마련되어야 한다.

유럽평의회는 언론 편집 종사원을 위한 규범이 일반 기업 노동관계의 요건과 다를 수밖에 없다고 밝히며 이를 실현하기 위한 방안으로 '편집위원회' 설치를 제안한다. 사주와 발행인의 결정이 아니라 기자들에 의해 선출된 위원으로 구성된 편집 위원회에서 중요 편집 방향을 결정하는 것이다.

한국 사회에서 논의되는 편집국장 직선제도 비슷한 문제의식 위에 서 있다. 하지만 개인 의존을 넘어 편집 위원회 차원에서 언론의 자유를 조직적으로 뒷받침하는 유럽평의회의 방향이 더 타당해 보인다.

집회와 시위의 자유 제한

집회와 시위의 자유와 관련하여 가장 큰 문제가 되는 것은 허가제다. 우리 헌법은 "집회·결사에 대한 허가는 인정되지 않는다."고 분명히 못 박고 있다. 허가제는 허가 여부에 대한 권한을 정부가 쥐는 이상 행정공무원이나 경찰공무원에게 위임될 수밖에 없다. 당연히 행정상의 편의를 위해 허용보다는 거부로 향하는 경향을 갖는다. 무엇보다 정치적 목적으로 제도가 악용되기도 한다.

많은 국가에서 허가제를 금지하고 집회 및 시위에 대한 신고제를 실시하고 있다. 한국도 '집회 및 시위에 관한 법률'을 통해 옥외 집회의 경우 사전 신고를 의무화하고 있다. 하지만 우리나라에서 벌어지는 무분별한 제한은 다른 나라의 것과 동일하지 않다.

한국은 신고 내용으로 보아 법적으로 금지되는 요건에 해당하는 경우, 사전에 금지하거나 해산을 명령하는 체제를 취한다. 우리 대법원은 1991년에 공공 안녕과 질서유지를 위하여 "미리 일정한 사항을 신고하게 하고 신고를 받은 관할 경찰서장이 제한 사항을 검토하여 일정한 경우 집회 및 시위의 금지를 통고"하는 것은 위헌이 아니라고 판결했다. 하지만 김철수는 『한국헌법』에서 한국의 신고 법 조항이 위헌이 아닌가 하는 의문을 던진다.

"그러나 신고제가 금지 통고제를 통하여 허가제처럼 운영되는 경우에는 문제가 있다. 또한 집회를 하는 데 필요한 도로, 공원 등 공물의 사용 허가는 사실상 집회를 허가제

로 하는 결과를 가져올 수도 있다."

실제로 과거 군사정권 시절의 허가제가 민주화를 거치며 헌법 개정과 함께 신고제로 변화된 후에도 국가에 의한 부당한 금지는 계속 이어졌다. 사실상의 허가제 기능을 수행해온 것이다. 정부는 껄끄러운 내용을 요구하거나 통치에 방해가 되는 형식의 집회 및 시위에 대해서는 금지 조치를 남발해왔다. 집회 및 결사를 사상과 양심의 자유를 실현할 주요 통로로 인정하고 적극적으로 보장하는 헌법 정신을 사실상 부인해온 것이다.

한국의 신고제가 헌법 위반 가능성이 크다는 김철수의 문제의식은 다른 나라의 사례와 비교해보아도 상당한 설득력이 있다. 먼저 한국의 법은 집회나 시위의 규모나 종류를 구별하지 않고 옥외 집회라면 모두 동일한 것으로 취급한다. 이 때문에 소수에 의한 집회나 간단한 성명 발표 정도의 작은 시위도 정부나 경찰의 구미에 따라 언제든지 금지될 수 있다. 미국의 다수 주를 비롯하여 상당수 민주국가에서 사전 신고가 요구되는 경우는 대규모의 집회나 시위다. 사소한 집회나 시위의 경우에는 사전 신고 의무가 적용되지 않는다.

또한 한국의 '집회 및 시위에 관한 법률'에 따르면 법에 의한 신고를 하지 않거나 금지된 집회로서 금지 통고된 경우에 대해 자진 해산을 요구하고 이에 응하지 않을 때는 해산을 명한 후 강제집행에 들어갈 수 있다. 하지만 독일의 경우 신고 의무는 구체적 위험의 회피를 위한 것이고 그 자체가 목적이 아니기 때문에 신고 의무 위반이 곧바로 해산 사유가 되지 않는다. 신고 없는 집회라 해도 공중의 안전 혹은 질서에 대하여 직접적인 위험이 발생하는 경우에만 해산이 정당화된다.

우리 법에 의하면 신고서를 옥외 집회 또는 시위의 48시간 전에 관할 경찰서장에게 제출해야 한다. 사전 신고가 불가능한 자연 발생적 집회 및 시위는 원천적으로 금지되는 것이다. 독일 연방 헌법재판소 판례에서는 집회 개최의 공표와 동시에 이루어지는 신고도 적법하다.

결국 한국의 '집회 및 시위에 관한 법률'은 헌법이 국민의 기본권으로 보장하는 집회 및 시위에 대한 자유를 지나치게 제한하고 있다. 대법원이나 헌법재판소는 물론이고 그 어느 국가기관도 헌법의 현실 적용을 최소화할 권리는 없다. 특히 주권을 가진 국민이 자신의 양심에 따라 의견을 제시할 언론·출판과 집회·결사의 자유에 있어서는 최대한의 원칙이 견지되어야 한다.

개인과 기업의 경제적 자유와
창의를 존중한다

재산권이 절대적인 가치가 되기까지

"모든 국민의 재산권은 보장된다. 그 내용과 한계는 법률로 정한다."

"대한민국 경제 질서는 개인과 기업의 경제상의 자유와 창의를 존중함을 기본으로 한다."

우리 헌법 제23조 1항의 재산권 보장, 제119조 1항의 개인과 기업의 경제적 자유 보장 내용이다. 재산권은 근대 초기 가장 중요한 기본권 가운데 하나로 제기됐다. 모든 인간이 태어나면서부터 갖는 신성불가침의 권리로 간주되었다. 고대에서 중세까지의 신분제 사회에서는 재산권이 노예주나 봉건영주 혹은 교회의 배타적 권리였다. 시대에 따라 일정한 차이는 있지만 일반 평민은 지배 계급에 의해 상당한 제한을 받았다.

중세 사회의 신분적 억압에 근거한 재산권 제한을 흔히 '경제외적강제'라고 한다. 자본주의사회에서는 자본가와 노동자 사이의 경제적 계약에 의해 노동이 강제되지만 봉건사회에서는 영주와 농민 간 지배와 예속 관계, 즉 경제적 관계 외부의 사회적 신분에 의해 강제적 수탈이 자행됐다. 농노의 직접적인 노동 제공 혹은 생산물이나 화폐 형태의 지대로 착취와 수탈이 이루어졌다.

상업자본이나 산업자본을 기반으로 한 이윤 확대가 목적이었던 시민계급은 시민혁명으로 신분제가 폐지되자 재산권 보장 문제를 해결해야 했다. 사유 재산의 보장은 신분적 예속의 탈피와 자유로운 계약 사회를 표방하는 근대 자본주의의 상징이었다. 프랑스 인권선언은 제17조에서 "소유권은 불가침의 신성한 권리"라고 하였다.

로크가 근대 사회계약론 출발의 핵심으로 사적 소유권 정립을 시도한 것도 같은 이유다. 로크의 소유권 이론은 오늘날까지 자본주의 소유권 이론에 가장 기본적인 원리를 제공한다. 그동안 몇 가지 점에서 보완·수정됐지만 그의 이론을 근거에 두지 않고는 자본주의 소유권 이론 자체가 성립될 수 없을 정도로 지대한 영향을 미치고 있다.

주권에 대한 설명에서 간략하게 언급했듯이 로크는 『통치론』을 통해 본래 공유물이었던 만물에서 어떻게 사적 소유권이 생기는지를 이론적으로 정당화시켰다.

"대지와 그것에 속하는 모든 것은 인간의 부양과 안락을 위해 모든 인간에게 주어졌다. … 자연이 제공하고 놓아둔 것을 꺼내어 노동을 섞고 무언가 자신의 것을 보태면,

그의 소유가 된다."

공유물에서 사적 소유로의 전환 과정에서 정당성이 성립하는 근거는 인간의 노동에 있다. 왜 노동으로부터 사적 소유가 시작될까? 만물이 공유물인데 그 안에서 사적 소유권이 생겨나기 위해서는 무언가 사적인 요소가 섞여야만 한다. 모든 게 다 공유물이지만 적어도 인간은 자기 자신에 대해서는 누구도 부정할 수 없는 사적인 소유권을 갖고 있다. 자기 일신만은 누가 뭐라 해도 자신의 것이다. 그러므로 일신에 속하는 육체적 노동과 정신적 작업도 당연히 그의 것이다.

노동을 섞음으로써 자연이라는 공유물과 온전히 사유물인 노동이 만난다. 공유물과 사유물이 섞이면서 사적 소유권의 근거가 만들어지는 순간이다. "자신의 것을 보태면"이라는 말은 노동을 통해 자연을 '변형' 또는 '이동'시키는 것을 의미한다. 노동으로 자연에 변형을 가함으로써 드디어 소유권이 발생한다.

이때 노동을 통하지 않은 소유는 인정되지 않는다. 그러므로 과거 노예제 사회나 중세 봉건제 사회에서 나타나는 전쟁이나 약탈을 통한 사적 소유는 근본적으로 정당성을 상실한다. 또한 생산수단에 대한 모든 사적 소유가 마치 약탈에 근거한 것처럼 규정하는 논리는 성립할 수 없다. 로크는 약탈적 방식의 부당한 소유가 역사적으로 존재하는 것은 사실이지만, 적어도 노동과 자유로운 계약에 근거한 근대 자본주의의 사적 소유는 전혀 다른 원리라고 설명한다.

사적 소유권을 절대적으로 보장할 때 제일 자주 맞닥뜨리는 반론이 바로 독점의 문제다. 노동을 통해 사적 소유권이 보장된다면, 누군가 욕심 많은 사람이나 집단이 집중적으로 노동을 해서 자연의 산물을 독차지할 우려가 생기기 때문이다. 하지만 로크는 그런 것은 걱정할 필요가 없다고 주장한다. 소유권을 보장하는 자연법이 동일하게 소유권을 제한하기 때문이다.

"신은 즐길 수 있는 만큼, 썩기 전에 삶에 이득이 되도록 사용할 수 있는 만큼 주었다. 노동에 의해 소유로 확정할 수 있는 만큼 주었다. 이보다 많은 것은 그의 몫을 넘어서며, 다른 사람의 몫에 속한다."

로크가 보기에 사적으로 소유할 수 있는 한도는 "즐길 수 있을 만큼", 특히 "썩기 전에 삶에 이득이 되도록 사용할 수 있는 만큼"이다. 자연의 산물은 채취든 농경이든 대부분 일정 기간이 넘으면 부패하는데, 그럴 정도의 축적은 정당한 소유로 인정할 수 없다. 썩히지 않고 먹을 수 있는 만큼을 넘어서는 소유는 인정되지 않는다.

로크는 노동을 통한 소유의 한계도 제시한다. 그의 주장에 따르면 노동을 통해 자연을 의미 있게 변형시킨 부분에 대해서만 소유권이 인정된다. 개간·파종·개량·재배하고 그 산물을 사용할 수 있는 만큼의 토지가 그의 소유다. 노동에 의거하지 않은 일체의 소유는 정당화될 수 없다. 이 원리가 지켜지면 노동과 근면의 정도에 따라 토지 소유의 정도에 차이가 생기겠지만, 일부 사람이 토지를 독점해서 다른 사람이 경작할 토지가 사라지는 일은 없다.

하지만 인구가 늘어나서 땅이 부족한 상황이 발생하면 어떻게 할 것인가? 로크에 따르면 이러한 경우 "법률로" 그리고 "협정과 합의로" 사적인 소유권을 규제한다. 또한 소유권 문제도 사회계약을 통해 조정한다. 그런데 "썩지 않을 만큼"이라는 기준과 계약의 논리에 따르면, 화폐는 부패할 위험이 없기 때문에 무제한 소유가 가능하다. 이런 점을 인정함으로써 로크는 자본주의적 소유를 정당화한다.

프랑스 자유사상가 프레데릭 바스티아Frédéric Bastiat는 『법』을 통해 사적 소유를 법에 우선하는 근본 권리로 주장했다. 그는 기본적으로 로크가 주장한 노동을 통한 소유권의 정당화를 수용한다. 인간은 끊임없는 노동, 즉 끊임없는 생산과 이용을 통해서만 생존할 수 있고, 욕구를 충족시킬 수 있다. 여기서 재산의 기원이 생긴다.

"재산권은 인격과 마찬가지로 신이 내린 축복이다. 법 때문에 인격이 생겨난 것이 아니듯이 재산도 법 때문에 생겨난 것이 아니다. 재산권은 인간의 본성으로부터 자연스럽게 파생된 결과다. 글자 그대로 인간은 소유하는 존재다."

이 경우, 근본적 생존 문제라는 점에서 재산권은 법보다 앞선다. 근대 자유주의 사상가의 공통된 관점이다.

법의 사회적 실용성을 중시한 법학자 예링Jhering•도 『권리를 위한 투쟁』

•
루돌프 폰 예링 Rudolf von Jhering , 1818~1892 독일의 법학자. 법의 사회적 실용성을 중시한 목적법학(目的法學)을 주장하였다. 시민의 의무로서의 법과 정의를 위한 투쟁을 말한 『권리를 위한 투쟁』은 법을 공부하는 이들이 꼭 읽어야 할 문헌으로 손꼽힌다.

에서 소유권에 관한 한 비슷한 문제의식을 보인다. 그는 "소유권의 역사적 원천과 도덕적 시인의 근거는 노동"이라는 말로 로크의 주장에 접근한다. 그러나 노동과의 지속적 결합을 통해서만 소유권이 신선하고 건전하게 유지된다는 주장을 통해 부패할 위험이 없는 화폐의 무제한 소유를 주장한 로크의 이론과는 다른 길을 걷는다. 예링에 따르면 노동과의 연관성이 약해질 때 소유권은 투기와 주식 사기의 진흙 속에서 그 본래 모습을 잃어 도덕적 이념의 잔재를 상실한다.

예링이 보기에 노동과의 연관성이 유지되는 한 소유권은 한 인간의 인격과 같다. "소유권은 다만 물질적으로 확대된 내 인격의 외연에 불과한 것이다."라고 말하기도 하였다. 따라서 소유권의 침해는 곧 인격에 대한 침해다. 소유권을 위한 투쟁은 자신에 대한 권리이자 의무다. 또한 "노동 생산물에 대한 권리를 노동자 자신뿐만 아니라 상속인에게도 인정"함으로써 소유권은 사적 소유의 상속 권한으로 확장된다.

로크의 소유론에 근거하여 개인과 기업의 경제적 자유와 창의가 가장 효과적으로 실현될 수 있는 원리를 자유시장에서 찾은 경제 사상가는 애덤 스미스Adam Smith다. 자유주의 경제학의 아버지라 할 수 있는 그의 문제의식은 『국부론』에 잘 나타난다.

"개인은 자신의 이익을 추구함으로써 사회 이익을 의도하는 경우보다 더 효과적으로 증진시킨다. … 자본을 어떤 분야에 투자하면 좋은가, 어느 산업 분야가 생산물의 가치를 가장 높이는가에 대해 지역적 상황에서 정치가나 입법자보다 훨씬 더 잘 판단한다."

한 사회의 부는 개인의 사적인 이익 추구에서 발생한다. 부는 생산을 통해 만들어지고, 궁극적으로 사회적 교환을 통해 실현된다. 정부의 역할은 사적 이익 추구를 최대한 보장하는 것이다. 정부가 시장에 개입하면 사적 이익은 물론이고 사회적 이익도 줄어든다. 정부가 조정하고 감독하기 시작하면 자원 배분은 균형을 상실하고 교란 상태에 빠진다. 사적인 소유에 근거하여 개인 간의 자유로운 시장 경쟁에 맡기면 가장 효율적으로 개인과 사회의 이익이 증대된다는 것이 애덤 스미스의 주장이다.

애덤 스미스의 주장에 따르면 사적 소유의 절대화 입장에서는 정보화 사회의 정보도 모두 사적 소유권과 시장 거래의 대상이 된다. 프로그램이든, 영상이나 음악이든, 노동이 투여된 일체의 정보에는 예외 없이 배타적 소유권을 적용해야 한다. 동의 없는 창작물 복제나 사용은 도둑질과 동일한 범죄행위로 처벌되어야 한다. 만약 정보에 대해 소유권을 인정하지 않는다면 누가 창작 의욕을 갖고 고된 노동을 하겠나? 사유재산권은 동기부여가 되고 그에 따라 정보의 수준을 높임으로써 모든 사람에게 이익이 된다.

사적 소유는 절대적 권리인가?

사적 소유권을 신성화하는 로크의 관점이나 자유 시장을 절대 원리로 삼은 애덤 스미스의 관점은 18~19세기에 심각한 문제점을 드러내기 시작한다. 극단적인 빈부 격차와 절대 빈곤의 심화, 자본의 집중, 경기에 따른 경제의 부침과 불황 등 수많은 문제가 걷잡을 수 없을 정도로 터져 나온 것이다. 이러한 사정을 반영하여 20세기 초반 독일의 바이마르헌법 제153조는 "소유권은 의무를 동반한다. 그 행사는 동시에 공공의 권리에 봉사하지 않으면 안 된다."고 명시하였다. 공공의 권리에 의한 제한이 불가피하다는 점에서 사적 소유권이 신성불가침의 권리가 아님을 규정한 것이다.

대한민국 헌법 제23조 2항도 재산권의 제한을 확인한다.

"재산권의 행사는 공공복리에 적합하도록 하여야 한다."

이론적으로 로크와 애덤 스미스의 관점이 큰 영향을 발휘하고, 현실적으로 야경국가 노선이 맹위를 떨치던 19세기 당시에도 사적 소유권에 대한 정면 비판이 뜨겁게 제기됐다. 피에르 조제프 프루동Pierre Joseph Proudhon은 『소유란 무엇인가』에서 재산권을 신의 축복으로 규정한 바스티아의 주장을 비판하였다.

"소유권이 왕권과 마찬가지로 신의 권리에서 나온 것으로 믿는 듯하다. … '신은 인간에게 땅을 하사하셨다.'라고 한다. 그런데 어찌해서 나는 아무것도 얻지 못했는가? '신은 자연을 내 발 아래 두셨다.'라고 한다. 그런데 나에게는 내 머리를 둘 장소도 없구나!"

바스티아의 논리대로 재산권이 모든 인간에게 준 신의 선물이고, 인간이 소유하는 존재라면, 모든 사람이 정도의 차이만 있을 뿐 일정한 소유를 누리고 있어야 하는데 현실은 그렇지 않았다. 이에 프루동은 대부분의 노동자가 노동력 이외에 아무것도 없는 현실은 어떻게 설명할 것이냐며 조

롱하였다. 더불어 "소유권은 불가침의 신성한 권리"라는 프랑스 인권선언도 비판하였다.

시민계급이 법률에 소유권을 신성한 권리로 규정한 것은 "자신들의 의견을 좇아 원리를 세웠을 뿐"이지 무슨 보편적 원리를 반영한 결과가 아니었다. 즉, 이윤 극대화를 최고 가치로 삼는 시민계급 자신의 이해관계를 문구로 만든 것일 뿐이었다.

또한 소유가 자연적이고 절대적이며 소멸되거나 양도할 수 없는 권리라면 왜 사람들은 어느 시대에나 소유의 기원에 대해 그토록 큰 관심을 가졌겠는가? 만약 사적 소유가 자연권이라면 기원을 탐구하는 시도 자체가 말이 안 된다. 자연권은 본래 그러한 것이니 기원도 있을 리 없기 때문이다.

카를 마르크스Karl Marx도 『자본론』에서 사적 소유가 자연권이라는 주장을 역사적 근거를 통해 비판하였다. 마르크스는 소수가 많은 부를 소유하고, 나머지 다수 사회 구성원이 빈곤에 빠진 것은 자연적 현상이 아니라 강제와 폭력의 결과라고 주장하며 자본주의사회에서 자본의 초기 축적 과정을 근면성 여부로 설명하는 자유주의자의 논리를 비판하였다.

"한편에는 근면하고 영리하며 절약하는 사람, 다른 한편에는 게으르고 재산을 탕진하는 불량배가 있었다는 것이다. … 이 낡아빠진 어린애 같은 이야기가 소유 옹호를 위해 설교된다. … 현실 역사에서는 정복, 노예화, 강탈, 살인 등 한마디로 폭력이 큰 역할을 했다."

마르크스에게 근면함이나 합의라는 근거는 일종의 사기다. 폭력과 약탈

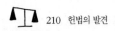

이 사적 소유를 만들어냈다. 마르크스는 근대 초기의 자본 축적을 유럽에서 벌어졌던 인클로저를 통해 설명한다. 인클로저란 농지에 대한 사용권과 공유지에 대한 점유권을 가지고 있던 농민들을 농지로부터 폭력적으로 내쫓고 농민의 공유지를 강탈한 사건이다. 이로 인해 아무런 생산수단도 갖지 못한 무산자들이 폭발적으로 늘어났고, 유민이 된 이들은 어쩔 수 없이 살길을 찾아 공장이 있는 도시로 몰려 들어갔다.

인클로저를 통한 축적은 농민을 생산수단의 소유로부터 폭력적으로 분리하는 과정, 생산자와 생산수단을 역사적으로 분리하는 과정이었다. 분명 노골적 강제였고 대규모적 강탈이었다.

라드브루흐는 『법철학』에서 자연권과 달리 사적 소유권은 필연적으로 오용과 남용을 초래한다고 덧붙인다.

"소유권은 물건의 향유라는 적극적 측면만이 아니라 타인을 배척하는 소극적 측면도 가진다. 소유권은 자본으로서의 사회학적 형태를 취함으로써 타인을 일정한 소유권 대상에서 제외할 뿐만 아니라 소유권 전체에서 제외시킨다."

소유권을 사회의 일반 원리로 삼는 순간, 타인은 소유에서 배제된다. 그도 그럴 것이 사실 사적 소유를 전제로 하면서 누구나가 다 풍요로워진다는 가정은 유치할 정도로 허술한 이야기다. 근대사상가들이 주목했던 토지만 해도 그렇다. 주요 자본주의국가에서는 갈수록 소수에게 토지가 집중된다. 화폐는 더 말할 나위 없다. 화폐를 무한정 찍어대는 나라는 곧 망할 게 뻔하다. 화폐 총량이 한정된 상태에서 누군가 더 많이 소유하면 필연적으로 다른 사람들이 소유할 수 있는 양은 줄어든다. 라드브루흐의 말마따나 나중에는 소유권 전체에서 제외된다.

라드브루흐는 주권과의 비교를 통해 소유권은 모든 사람의 이익과는 다른 차원의 권리라고 설명한다. 프랑스 인권선언에서 볼 수 있듯이 주권은 군주가 아니라 모든 사람의 이익을 위한 권한이다. 사적 소유권은 이와는 전혀 다르다. "절대적 자본이 왕좌에 오르기 위해서는 절대적 지배자가 왕좌에서 물러나지 않으면 안 된다." 과거에 군주가 절대적 지배자였다면 이제는 자본이 그 자리를 차지하고 있다. 군주가 그렇듯이 자본 역시 소수에게로 집중된 권력이라 할 수 있다.

재산권과 인격을 동일시했던 근대사상가들의 문제의식도 비판 대상이된다. 앞서 보았듯이 바스티아는 "재산권은 인격과 마찬가지로 신이 내린축복"이라 했고, 예링은 "소유권은 다만 물질적으로 확대된 내 인격의 외연"이라고 하였다. 하지만 프롬의 『소유냐 존재냐』에서는 소유와 동일시하는 순간, 인격이 하나의 사물로 전락한다.

> "'나의 소유는 곧 나의 존재'이기 때문에 소유가 주체 의식의 근거가 되는 경우, 소유하고자 하는 욕망은 필연적으로 많이, 더 많이, 최대한 소유하려는 욕구를 초래할 수밖에 없다. 탐욕은 소유 지향의 당연한 결과다."

사적 소유 의식을 인격과 일치시킬 때 탐욕은 갈수록 극대화된다. 사물에 대한 소유로 끝나지 않고 인간의 마음이 탐욕으로 물든다. 인간 자체를 소유의 대상으로 생각하게 된다. 그 결과 소유물은 물론 자신도 사물이 된다. 인간이 사물을 소유하는 데서 출발했지만 최종적으로는 사물이 인간을 소유하는 전도가 발생한다. 소유 의식은 주체와 객체 모두, 즉 모든 살아 있는 것이 사물로 전락하게 만들며 그로 인해 인간성 자체가 황폐해진다.

더 나아가 카를 폴라니Karl Polanyi는 『거대한 전환』에서 본래 토지나 화폐는 소유권에 기초하여 시장에서 거래되는 상품일 수 없다고 설명한다.

> **"토지는 인간에 의해 생산되지 않는 자연의 별칭일 뿐이다. 실질적인 화폐는 결코 생산되지 않는 것이 원칙이며 은행이나 국가 재정의 메커니즘을 통해 존재하게 되는 구매력의 상징일 뿐이다. 이들 중 어느 것도 판매를 위해 생산되지 않는다."**

폴라니가 보기에 토지나 화폐라는 상품은 완전히 허구다. 허구임에도 불구하고 시장에서 소유물로서 판매된다. 예를 들어 토지는 물과 공기처럼 자연의 일부다. 인간에 의해 새로 만들어진 것은 없다. 물론 논이나 밭 혹은 집터처럼 노동을 통해 변형이 이루어지는 경우는 있다. 하지만 산에 길을 냈다고 해서 그 산 전체가 누군가의 소유물이 될 수는 없다.

화폐는 인간에 의해 만들어지기는 했으나 어떤 사용가치를 지니는 것은 아니었다. 물물교환을 위해 이동해야 하는 거리와 교환의 양이 증가하면서 교환을 도와주는 수단으로 돈이 나타났다. 또한 화폐는 서로 다른 물건 사이의 가치를 재는 수단이었다. 자본주의와 함께 화폐경제가 비약적으로 발달하면서 돈은 수단을 넘어 스스로 가치의 지위를 차지하게 되었다. 실물경제 추이와 무관하게 전체 주식시장이나 특정 주식의 가치가 요동치는 현상을 자주 접한다. 주식시장이 도박판으로 자리 잡은 지 이미 오래다.

지적재산권은 사적 소유의
대상이 될 수 있는가?

사적 소유권을 비판하는 사람들은 정보화 사회의 지적재산권에 대해서도 비판적이다. 그리하여 지적재산권을 의미하는 '카피라이트copyright'에 대하여 정보에 대한 권리를 모든 사람이 공유할 수 있도록 하자는 '카피레프트copyleft'를 제안한다.

카피레프트는 1984년 미국의 리처드 스톨먼이 소프트웨어의 상업화에 반대하며 프로그램을 자유롭게 사용하자는 운동을 펼치면서 시작되었다. 이후 소프트웨어뿐만 아니라 모든 저작권의 공유 운동으로 확대되었으며, 기업들도 저작권의 일부를 공유함으로써 오히려 이익을 극대화하는 방향으로 이를 이용하기도 하였다.

카피레프트의 핵심은 일반 재화와 달리 정보는 사용하거나 판매해도 없어지거나 줄어들지 않으며, 무한하다는 것이다. 한 번 생산된 정보는 모든 수요를 무한하게 충족시킬 수 있다. 또한 정보는 특정 개인이 아닌 인류가 집단적으로 기여한 지적 자산 위에 만들어졌기에 배타적 소유의 대상일 수 없다는 것이 이들의 주장이다.

소유 형태의 새로운 대안,
협동조합 소유의 헌법 보장에 대하여

한국 사회에는 개인 재산권을 어떤 경우에도 제한될 수 없는 신성불가침의 권리로 생각하는 사람이 많다. 대한민국 헌법이 이 절대적 권리를 확고히 지탱해준다고 여긴다. 그리하여 여기서 조금이라도 벗어나면 곧바로 공산주의 소리를 듣는다.

하지만 앞에서 다룬 역사적인 경험과 논의, 심지어 우리 헌법에 비추어 볼 때도 사적 소유권을 절대적 원리로 단정하는 생각이야말로 무지에 다름 아니다. 현재 지구 어디에도 사적 소유만으로 이루어진 경제 · 사회체제는 존재하지 않는다. 한국에도 사적 소유와 함께 국가 소유, 협동조합 소유 등 다양한 소유 형태가 공존한다.

미국이나 한국과 달리 특히 유럽에서는 상대적으로 협동조합 소유가 상당히 확대되어 있으며 대안적 소유 형태로 주목받고 있다. 유럽에서는 오래전부터 생산과 유통, 소비와 문화 등 다양한 영역에서 협동조합 조직과 활동이 꽤 넓고 깊게 뿌리를 내렸다. 보수와 진보를 가리지 않고 정치 세력도 협동조합에 적극적인 태도를 보인다. 이를 헌법에서 권리로 보장하는 경우도 드물지 않다. 이미 1948년의 세계 인권 선언 제17조는 "모든 사람은 혼자서 재산을 소유할 수 있는 권리, 그리고 다른 사람들과 함께 공동으로 재산을 소유할 수 있는 권리가 있다."고 하여 사적 소유와 함께 공동소유를 대표적인 소유의 권리로 정하였다.

이에 비해 한국의 헌법은 협동조합의 권리를 보장하는 데 상당히 인색하다. 헌법 제123조 5항과 제124조에서 각각 막연하게 언급하고 있는 정도다.

"국가는 농어민과 중소기업의 자조 조직을 육성하여야 하며, 그 자율적 활동과 발전을 보장한다."

"국가는 건전한 소비 행위를 계도하고 생산품의 품질 향상을 촉구하기 위한 소비자보호운동을 법률이 전하는 바에 의하여 보장한다."

"자조 조직"이라는 표현은 이것이 소유와 어떤 관련이 있는지 알려주지 않는다. 다만 농민과 어민의 협동조합을 연상시킬 뿐이다. 소비자와 관련해서도 소비자 협동조합에 대해 명시적으로 밝히지 않고 막연히 소비자보호운동 차원에서의 보장에 머문다. 그런 면에서 협동조합 소유와 활동이 활발한 나라로 잘 알려져 있는 이탈리아 헌법은 우리에게 좋은 참고가 된다. 제41조와 제45조의 내용을 보자.

"사적인 경제활동은 사회적 이익에 반해서, 또는 안전 · 자유 · 인간 존중을 침해하는 방법으로 영위해서는 안 된다."
"비투기적인 본성을 지니며 호혜적인 협동조합의 사회적 기능을 인정한다."

"안전 · 자유 · 인간 존중"이라는 표현으로 폭넓게 사회적 이익을 규정하며 사적 경제활동을 제한하고 있다. 이러한 문제의식은 국가 정체성을 규정한 제1조에서도 엿보인다. "이탈리아는 노동에 기초를 둔 민주공화국이다." 일하는 사람들을 소중하게 생각한다는 점을 국가 전체의 정신으로 밝히고 있다.

제45조에서는 직접 협동조합을 강조한다. "헌법은 적절한 수단을 통해서 협동조합을 장려하며 적정한 감독을 통해서 협동조합의 성격과 목적이 유지되도록 보장한다." 또한 제2조에서는 "정치적, 경제적 및 사회적인 연대에 기초"할 것을 요구한다. 사적인 이익에 머물지 않고 연대를 통해 공

동 이익을 추구하는 것의 중요성을 강조한다.

이들 법 조항에서는 협동조합의 성격을 비투기성과 호혜성에 두고 있다. 협동조합의 진정한 성격은 단순히 조직 형식에 있지 않다. 협동조합의 형식을 취하고 있지만 호혜적인 공동 이익보다 개인이나 일부 집단의 탐욕을 위한 수단이 되는 경우도 많다. 한국의 경우도 박정희 군사정권 시절 농수산 분야에서 협동조합이 만들어졌으나 그건 사실상 관제 조합이었다. 농협의 단위조합장을 정부가 임명했다는 점만 보더라도 협동조합의 본질적 성격과 거리가 멀었다. 민주화와 함께 1989년부터 단위조합장 직선제가 실시되었지만 조합장 비리 사건이 끊이지 않았다. 대출 금고의 사금고화, 이권 사업에서의 공공연한 뇌물 교환, 쌀 생산지 허위 표기 등이 이어지면서 비투기성이나 호혜성과는 점점 멀어졌다.

반면 이탈리아 헌법은 상호부조와 호혜성에 기초하지 않는 조합을 협동조합으로 인정하지 않는다. 헌법과 국가가 장려해야 할 협동조합은 호혜성이라는 본질적 성격과 목적이 유지되는 조직이어야 한다. 사회적 참여와 연대를 통한 공동 이익의 증대는 최근 자본주의 상황을 고려할 때 더욱 중요하다.

현대 자본주의는 금융자본주의다. 주식 등을 통한 투기적 성격이 전면화되고 사회 전체가 도박판이 되었다. 도박판을 지배하는 세력은 당연히 소수의 거대 금융자본이다.

한국 주식시장의 투기적 성격은 세계 최고 수준이다. 대기업 중심의 부의 집중 현상도 두드러진다. 빈부 격차도 상대적으로 큰 편이다. OECD의 2012년 보고서에 따르면 34개 회원국의 상위 10% 평균 소득은 하위 10%

의 평균 소득보다 9.6배가 많았다. 그 차이가 7배였던 1980년대, 9배였던 2000년대에 비해 격차가 더 벌어졌다. 한국의 경우, 이 수치가 2013년에 10.1배로 나타났다. OECD 평균보다 높은 것이다.

사적 소유권이 초래하는 폐해가 가장 극심하게 나타난 나라 중 하나가 한국이다. 동시에 자발적이고 호혜적인 협동조합이 OECD 전체로 볼 때 가장 취약한 나라이기도 하다. 게다가 오랜 관제 협동조합의 후과를 혹독하게 치르고 있기도 하다. 사회적 참여와 연대의 필요성이 그 어느 나라보다 크다. 자발적·호혜적인 협동조합의 역사가 매우 짧고, 이제 시작 단계에 있는 점을 고려할 때 향후 헌법 개정 시점에 협동조합의 진정한 성격을 규정하고 이를 국가가 장려하도록 헌법에서 보장할 필요가 있겠다.

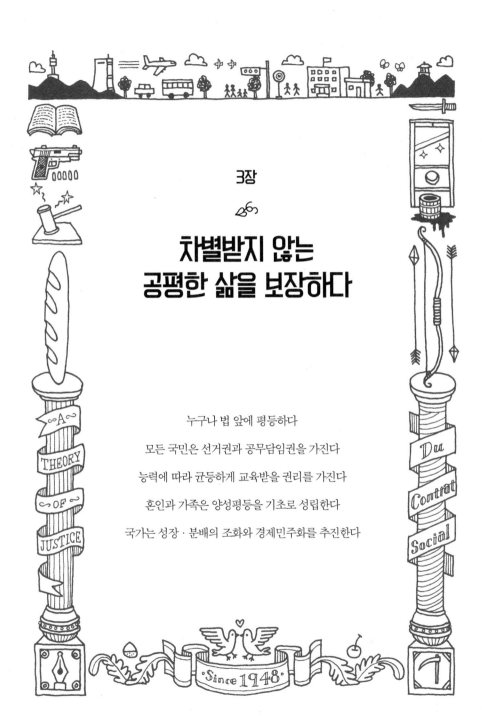

3장

차별받지 않는
공평한 삶을 보장하다

누구나 법 앞에 평등하다

모든 국민은 선거권과 공무담임권을 가진다

능력에 따라 균등하게 교육받을 권리를 가진다

혼인과 가족은 양성평등을 기초로 성립한다

국가는 성장·분배의 조화와 경제민주화를 추진한다

누구나 법 앞에 평등하다

'법 앞의 평등'이 갖는 진정한 의미

"모든 국민은 법 앞에 평등하다. 누구든지 성별, 종교 또는 사회적 신분에 의하여 정치적, 경제적, 사회적, 문화적 생활의 모든 영역에 있어서 차별을 받지 아니한다."

"사회적 특수 계급의 제도는 인정되지 아니하며, 어떠한 형태로도 이를 창설할 수 없다."

우리 헌법 제11조 1항과 2항이다. 국민의 평등을 규정하고 특수 계급 제도를 부인하고 있다. 이 중 "모든 국민은 법 앞에 평등하다."는 누구나 다 알고 있을 정도로 많은 사람들에게 익숙한 문장이다.

한국에서는 법을 어겨도 풀려나는 경우가 많고, 죄가 없어도 억울하게 유죄판결을 받는 경우가 빈번하다. 그래서인지 많은 사람들이 이 조항을 공정한 재판의 권리 정도로 이해한다. 법정에서 통용되는 원칙의 확인으로 법관이 법을 공평하게 운용한다는 의미로 받아들인다. 가장 좁은 의미에서의 '법 앞의 평등'이다. 물론 법 앞의 평등에는 법치국가의 한 요소로서 재판이 포함된다. '유전무죄, 무전유죄'가 만발하는 한국 사회에서는 빠질 수 없는 영역이다.

하지만 헌법이 정하는 법 앞의 평등은 보다 포괄적인 의미를 갖는다. 재판은 '법'의 지극히 일부분이다. 법은 사실상 인간 생활의 거의 모든 영역을 망라한다. 가정이나 학교, 직장은 물론이고 하다못해 공연, 영화, 외식 등 여가에 이르기까지 어디 하나 법 적용에서 벗어난 공간이 없다. 혼자서 자연 속에 살지 않는 이상 우리 모두는 법의 그물망 안에서 살아간다.

"정치적, 경제적, 사회적, 문화적 생활의 모든 영역"이라고 언급한 것도 이 때문이다. 법은 모든 생활 영역에서 보편적으로 동일하게 적용·집행되어야 한다. 헌법이 보장하는 권리도 대부분 현실에서는 법의 형식으로 실현되기에 보다 넓은 의미로 이해할 경우 권리의 평등도 여기에 포함된다.

법 앞의 평등을 위해서는 "성별, 종교 또는 사회적 신분"이나 "사회적 특수 계급의 제도"에 의해 나타나는 일체의 차별을 금지해야 한다. 성별과 종교, 신분은 인류 역사에서 차별을 낳은 가장 대표적인 요인이다. 종교와 신분은 신분제 사회를 지탱하는 차별 장벽이었다. 동서양을 막론하고 상위 신분은 돈으로 병역의무나 법적 처벌을 대신할 수 있었다. 반면 평민에게는 교육도 허용되지 않았다. 또한 인간의 절반을 차지하는 여성은 가부장제 사회가 강제된 이후 시민혁명을 통해 신분과 종교에 의한 차별이 상당 부분 사라졌음에도 여전히 차별을 받고 있다.

성 · 종교 · 신분에 의한 차별은 금지되어야 한다. 하지만 이 조항이 현대사회에서 나타나는 새로운 차별까지 포괄하지 못하는 것이 아쉽기 그지없다. 권리의 보장에 관해서는 1948년 세계 인권 선언 제6조에서 규정한 것처럼 더 넓은 범위 규정이 바람직해 보인다.

"모든 사람은 그 어디에서건 법 앞에서는 다른 사람들과 똑같은 '한 사람의 인간'으로 인정받을 권리가 있다."

얼핏 밋밋해 보이지만 그렇기 때문에 오히려 상당히 적극적인 의미를 지니는 조항이다. 누구도 한 사람의 인간 이상의 지위를 가지지 못하기 때문에 곧바로 누구나 다 주체일 수 있다는 논리가 성립한다. 칸트가 『법 이론의 형이상학적 원리』에서 규정한 평등의 의미도 같은 맥락이다.

"평등이란 '인간은 자기 자신의 주인이다.'라는 인간의 자격을 의미한다."

어느 한 사람 예외 없이 모두가 주인이라는 점에서 우리는 서로 동등하다. 어떤 영역이나 관계, 근거에 의해서든 주체와 대상으로 분리된다면 그건 평등한 관계가 아니다. 특히 본인의 의사와 무관하게 사회적으로 주체와 대상으로 분리될 수밖에 없는 관계가 강제된다면 그것이 곧 사회적 차별이다. 프랑스 인권선언 제1조는 "모든 사람은 출생과 더불어 그리고 그이후 계속해서 평등한 권리를 누린다."이다. 한 인간은 태어나서 죽을 때까지 전 생애에 걸쳐 평등해야 한다.

전통 사회에서는 성·종교·신분에 의해 주체와 대상이 분리되었다. 남성의 육체적 욕망 대상으로서의 여성, 선교와 회계 대상으로서의 백성, 통치와 수탈 대상으로서의 평민으로 오랜 기간 분리되어왔다. 현대사회에서는 여기에 새로운 차별 요인들이 더해진다. 부의 격차에 의한 차별이 대표적이다. 혹은 수도 중심의 거대한 근대국가 체제가 확립되면서 나타난 지역 차별, 인종차별 등도 중대한 문제다.

'법 앞의 평등'은 이미 만들어진 법을 적용하는 과정의 평등에 머물지 않는다. 법 내용 자체가 불평등을 포함하고 있을 때는 적용과 집행 과정이 아무리 공정하더라도 불평등 상태에서 벗어날 수 없다. 그러므로 헌법 제11조에서 규정하는 '법 앞의 평등'에는 법 적용만이 아니라 법 제정도 들어가야 한다.

이는 법 이론에서도 논란이 되는 문제인데, 켈젠은 『순수법학』에서 '법 앞의 평등'이 갖는 의미는 적용·집행으로 제한되어야 한다는 입장을 밝힌다.

"차별을 행하는 법률은 위헌으로 폐지될 수 있다는 것을 확정하는 방식으로만 실현될 수 있다. … 헌법적으로 보장된 평등이나 자유를 침해하는 법률을 제정해서는 안 될 입법기관의 법적 의무란 존재하지 않는다."

'법 앞의 평등'은 기존의 어떤 법이 인종, 종교, 신분, 재산 등의 차이에 의한 차별 요소를 포함하고 있을 때 이를 위헌판결에 의해서만 확인할 수 있는 원칙이다. 이미 만들어져 있는 법이 과연 평등한가를 판단할 때만 의미가 있다.

그런데 정당정치 조건에서 한 번 법이 만들어지고 난 후 이를 다시 바꾸는 과정은 매우 지난하고 시간도 오래 걸린다. 또한 헌법재판소 재판관이나 대법원 재판관 구성에서 기존 정당의 정치적 영향이 완전히 배제될 수 없기 때문에 실질적인 법 앞의 평등은 오랜 기간 무시될 가능성이 크다.

그러므로 헌법이 규정하는 '법 앞의 평등'은 법의 적용에 국한되지 않고, 법의 제정에 있어서도 불합리한 차별 대우 가능성을 갖는 내용이 포함되지 않도록 하는 입법 과정에서의 의무까지 포함할 때 비로소 실현 가능성이 확대된다.

절대적 평등과 상대적 평등

'법 앞의 평등'에서 말하는 평등의 의미도 문제다. 이에 대해서는 아리스토텔레스가 『니코마코스 윤리학』에서 제시한 정의로서의 평등 원칙이 현대사회에 이르기까지 폭넓게 설득력을 얻고 있다.

"균등한 사람들이 균등치 않은 것을 받게 되거나, 균등치 않은 사람들이 균등한 몫을 차지하게 되는 경우 분쟁과 불평이 생긴다."

아리스토텔레스는 평등을 두 가지 성격으로 구분한다. 하나는 균등한 사람들에게 균등하게 대해야 한다는 것이다. 다른 하나는 균등하지 않은 사람에게는 균등하지 않게 대한다는 것이다. 두 가지 모두 별도로 실현될 때 평등은 정의로울 수 있다.

먼저 같은 것은 같게 대하는 원칙을 아리스토텔레스는 '산술적 비례'로 서의 평등이라고 불렀다. 거칠게 표현하면 절대적 평등이라고 할 수 있다. 이를 시정적是正的 정의라고 한다.

> "선한 사람이 악한 사람에게 절취하나 악한 사람이 선한 사람에게 절취하나 결국 마찬 가지 절취다. … 누가 해악을 끼치고 누가 해악을 당했건, 법은 해악의 뚜렷한 성격만 을 문제 삼을 뿐, 당사자들을 균등하게 취급한다."

어떤 사람이 다른 사람에게 해를 입혔을 경우 이를 시정하기 위한 법적 조치와 관련된 평등이다. 재판을 떠올리면 쉽게 이해가 간다. 부나 지위와 무관하게 공정한 재판을 받을 권리는 무조건적으로 평등하게 보장되어야 한다. 재판 과정에서 원고나 피고의 사회적 조건이나 개인적 성격은 전혀 중요하지 않다. 오직 행위와 그 행위가 미친 결과를 대상으로 판단이 이루 어진다.

헌법이 보장하는 기본권도 절대적 평등에 속한다. 특히 신체의 자유, 양 심의 자유 등 자유권은 한 사회의 구성원이라면 어떠한 차별도 허용하지 않는다. 범죄나 특수한 상태에서 권리가 제한되는 경우가 아니라면 권리 의 평등은 절대적 성격을 지닌다.

다른 것을 다르게 대하는 원칙은 '기하학적 비례'로서의 평등이다. 현대적인 표현법을 빌리자면 상대적 평등, 능력에 따른 평등이라고 할 수 있다.

> "명예나 부는 한 사람이 다른 사람보다 더 많이 가질 수도 있고, 동등한 몫을 가질 수
> 도 있다. … 공공의 소유물을 분배하는 데 있어 성립하는 정의는 당사자들이 기여한 비
> 율과 같은 정도로 분배하는 것이 올바르다."

능력에 따른 평등이 적용되는 대표적 영역이 부와 지위의 분배다. 이 경
우 개인이 부의 형성에 기여한 노력과 능력의 정도에 비례해서 분배가 이
루어져야 한다. 불평등을 인정한다는 점에서 상대적 평등이라고 볼 수 있
다. 개인의 노력과 능력은 균등치 않다. 그러므로 서로 기여한 바가 균등하
지 않은 사람들이 똑같은 몫을 나누어 갖는다면 정의라고 볼 수 없다는 것
이다.

프랑스 인권선언 제6조에도 "그들의 역량과 재능 이외에는 어떠한 구
분도 없이 계급, 공직 그리고 고용의 모든 자리에 기용될 수 있다."고 되어
있다. 실제로 기계적 평등은 능력의 계발과 발휘, 노력의 정도에 부정적 영
향을 미칠 수밖에 없다. 개인의 동기나 발전은 물론이고 사회 발전에도 도
움이 되지 않는다. 그러므로 일체의 불평등 자체를 악이라고 보는 관점은
단견에 해당한다.

"기여한 비율과 같은 정도로 분배"해야 한다는 아리스토텔레스의 주장
이 곧바로 무제한적 차별을 의미하는 것은 아니다. 아리스토텔레스가 『정
치학』에서 중용을 강조하며 중간계급에 기초를 두는 국가가 최선의 질서
라고 주장한 점을 봐도 그렇다.

"최선의 정치사회는 권력이 중간계급의 손에 있는 사회이며, 중간계급의 규모가 큰 국가가 좋은 정부를 구현할 수 있다. … 구성원들이 적절하고 알맞은 재산을 갖는다면, 국가에 아주 좋은 일이다."

재산의 정도가 중간 규모인 사람들은 다른 사람의 물건을 탐내지 않고, 다른 사람들도 그들의 물건을 탐내지 않는다. 음모를 꾸미기보다 안정된 생활을 추구한다. 반대로 "어떤 사람들은 재산이 많고 또 어떤 사람들은 재산이 전혀 없는 경우" 폭군 정치가 초래된다. 그러므로 중간계급 중심의 정치 질서를 만들고, 이들의 규모가 상대적으로 커지면 사회 전체가 극단적 상황으로 치닫지 않고 안정을 누릴 수 있다.

아리스토텔레스가 주장하는 부 형성에 대한 기여의 차이는 극단적인 빈부격차를 만들어낼 정도가 아니다. 그러므로 아리스토텔레스의 능력에 따른 분배 원칙을 승자 독식 · 적자생존이라는 무제한적 불평등의 뒷받침 근거로 사용하는 것은 역사적 논의를 왜곡하는 논리다. 상위 1%가 전 세계 부의 40%를 차지하고, 하위 50%가 보유하는 부의 비율이 고작 전체의 1%에 불과한 정도의 격차를 개인 사이의 능력과 노력의 차이로 볼 수 있는가? 부와 지위의 불평등을 인정하더라도 기여의 차이는 한정적이다. 그러므로 불평등을 인정하되 허용의 정도를 일정한 범위 안에서 관리하는 사회적 조치가 전제되어야 할 것이다.

공평하게 재판 받을 권리

우리 헌법 제27조 1항이 보장하는 공정한 재판의 권리를 구체적으로 살펴보자. 이는 가장 좁은 의미의 '법 앞의 평등'이자 절대적 평등이다.

> "모든 국민은 헌법과 법률이 정한 법관에 의하여 법률에 의한 재판을 받을 권리를 가진다."

한국 사회에서는 법관에 의해 재판이 이루어지고 있으니 이미 헌법 내용이 충실하게 실현된 것으로 보아야 할까? 중요한 것은 헌법이 이 조항을 통해 말하고자 하는 정신, 도달하고자 하는 목적이다.

먼저 '법관'이 사람 개인이라는 점에서 문제가 생긴다. 한 개인은 유동적이고 특정한 이해관계로부터 오는 유혹에서 자유로울 수 없다. 특히 극소수나 한 사람에게 권한이 집중되고, 더군다나 일상적이고 고정적인 직업으로 연결되는 순간 유혹은 더욱 커진다. 국민주권에 대해 지극히 인색했던 파스칼조차 『팡세』에서 법관의 허약함을 인정한다.

> "세계에서 제일 훌륭한 재판관의 정신도 주위에서 소음이 일어났을 때 곧 혼란되지 않을 정도로 초연하게 자기를 지키지는 못한다. 그의 사고를 방해하려면 대포 소리가 필요하지 않다. 풍향기나 도르래 소리만 있어도 된다."

법관 주위에서 일어나는 소음은 당연히 재판에 대한 간섭이다. 재판에 영향을 미칠 정도면 권력이나 부를 쥐고 있는 소수의 강자다. 주변에서 공정하다는 평판이 자자한 훌륭한 법관이라 하더라도 인간인 이상, 완전한 초연함에 이르지는 못한다. 생명을 위협할 정도의 엄청난 위협이나 막대한 재물만이 영향을 미치는 것은 아니다. 파스칼에 의하면 약간의 당근과 채찍으로도 얼마든지 자신들이 원하는 방향으로 법관의 판결을 이끌어낼 수 있다.

이는 마키아벨리가 『로마사 논고』에서 "인간이란 아무리 훌륭한 양육을 받았다 할지라도 매우 쉽게 매수되어 전적으로 다른 성격을 보여주게 된다."고 지적한 내용과 같다. 그리하여 약간의 이득을 얻게 되면 정의감에 불타던 젊은 사람들조차 참주정을 지지하고 사소한 야망에 분별력을 잃어 기존의 훌륭한 도덕적 태도를 던져버린다.

흔히 민주공화국의 주요 원칙 중 하나로 삼권분립이 거론된다. 사법부가 행정부의 간섭에서 벗어나 독자적인 판단을 할 수 있도록 하자는 문제의식이 삼권분립 원칙의 중요한 한 부분이다. 하지만 한 인간의 마음을 부당한 방향으로 유혹하는 요인은 다양한 통로로 널려 있다.

따라서 민주제와 함께 법에 기초한 재판제도가 본격적으로 시작된 고대 그리스에서는 공정한 재판의 권리를 보장하는 장치로 배심원 제도를 실시했다. 특히 추첨에 의한 법정 배심원 제도는 민주주의의 획기적 발전이었다. 선출 방식을 사용하면 각 부족에서 영향력을 가진 귀족, 사람들의 지지를 이끌어내는 유용한 수단인 부를 지닌 부자에게 일방적으로 유리할 수밖에 없지만, 추첨 제도를 이용하면 최하위 계층도 배심원이 될 수 있었다. 아테네에서는 매해 추첨으로 배심원 후보 6,000명을 뽑고 재판 당일에 2

차 추첨을 했다. 아테네 시민에게 배심원이란 무척 의미 있는 일이었으며, 민주 시민의 표시이자 특권으로 간주되었다.

소크라테스는 정말 부당한 죽음을 당하였는가?

흔히들 소크라테스는 "악법도 법이다." 라는 말을 남기고 자신에게 내려진 사형선고를 담담하게 받아들였다고 알고 있다. 그리고 이는 배심원 제도가 빚어낸 부당한 판결의 사례로 알려져 있다. 하지만 역설적이게도 이는 아테네의 민주주의를 수호하기 위한 당시 사람들의 노력과 긴밀하게 연관되어 있다.

당시 그리스 시민이 소크라테스에게 사형 판결을 내린 것은 진리에 대한 두려움이나 막연한 질투 때문이 아니었다. 플라톤의 『크리톤』에 나타나듯이 소크라테스가 민주주의의 가장 중요한 기반인 다수 대중에게 지독한 불신을 가졌기 때문이었다.

"많은 사람의 의견에 구애될 이유가 무엇인가? … 그들은 사람들을 현인으로도 바보로도 만들지 못하네. 그들이 무슨 일을 하든 그것은 우연히 일어난 일에 지나지 않아."

대중은 무지하기 때문에 좋은 쪽으로든 나쁜 쪽으로든 별다른 영향을 미칠 수 없다. 그러니 그들의 의견을 고려하는 것은 부질없는 짓이다. 이 논리대로라면 다수 대중의 의견에 기초한 정치는 최악의 상황이 된다. 소크라테스의 논리는 자연스럽게 다수 대중을 대체할 뛰어난 소수의 필요성으로 이어진다.

하지만 당시 아테네 분위기는 소크라테스의 주장을 인정하기 어려웠다. 스파르타의 조종을 받는 30인 참주정에 의해 많은 사람이 희생당한 후였기 때문이다. 게다가 재판 직전에 다시 민주정을 무너뜨리려는 귀족의 쿠데타도 발생했다. 반역의 주역이 대부분 소크라테스와 가까운 사람이었고, 대부분 민주정을 중우정치로 비판하는 소크라테스의 논리를 받아들였다. 당시 아테네 시민들 입장에서 소크라테스는 민주주의에 가장 중대한 위협이 되는 인물이었다.

재판에는 501명의 시민 재판관이 참여했는데, 이 정도 숫자면 당시 얼마 되지 않았던 아테네 시민의 숫자와 비교해볼 때 전체 시민의 다수 의사가 반영된 것으로 보는 데 전혀 무리가 없다. 501명의 시민 재판관은 280 대 221로 소크라테스에게 유죄판결을 내렸고, 형량에 관한 두 번째 표결에서는 더욱 압도적 표차인 361 대 140으로 사형을 선고했다.

공정한 재판의 권리를 보장하기 위한 시민의 사법 참여는 현대사회의 배심제와 참심제 형식으로 이어진다. 배심제는 추첨에 의해 배심원으로 참여한 일반인들이 유죄, 무죄 결정만 하는 것이다. 즉, 사실인정과 양형 결정 가운데 전자만을 담당한다. 전문 법관과 일반 시민의 분업 방식이다. 참심제는 일반인으로 구성된 참심원과 전문 법관이 사실인정과 양형을 함께 담당하는 것이다. 전문 법관과 일반 시민의 협업 방식이다.

한국에서는 직업 법관이 재판에 대한 모든 결정을 독점한다. 2008년부터 '국민참여재판' 제도를 시행하고 있지만, 이는 배심제 흉내만 낸 것일 뿐 실제로는 거의 관련이 없다. 만 20세 이상의 국민 가운데 무작위로 선정된 배심원들이 형사재판에 참여하여 유죄, 무죄 평결을 내리는데, 여기에서의 평결은 '권고적 효력'을 지닐 뿐이다. 그래서 판사는 배심원의 평결과 다른 결정을 내릴 수 있다. 결국 법적인 구속력이 없어 전혀 배심제라고 볼 수 없다. 그런 면에서 여전히 국민의 사법 참여가 봉쇄되어 있다고 할 수 있다.

직업적 법관에게 재판 권한이 독점되어 있을 때 공정한 재판을 기대할 수 없다는 사실은 이미 고대국가에서 현대사회에 이르기까지 인류의 경험을 통해 확인되어왔다. 한국 사회에서 진정 재판이 권력과 부로부터 독립하여 공정하게 이루어짐으로써 헌법이 약속하는 '법 앞의 평등'을 최소한이라도 실현하기 위해서는 일차적으로 배심제나 참심제와 같은 국민의 사법 참여가 보장되어야 한다.

또한 사법부의 관료 기구화도 '법 앞의 평등'을 훼손하는 중요한 문제다. 사법권 독립, 법과 양심에 따른 공정한 판결은 판사 개인이 외부는 물론 사법부 내의 위계질서에 의한 압력으로부터도 자유로울 때 가능해진다. 법관의 독립적 신분을 보장하기 위해 미국의 경우 통상적으로 판사는 처음 취임한 곳에서 퇴임할 때까지 일한다. 승진·승급이 판사의 독립에 영향을 주는 것으로 여기기 때문이다. 그래서 다른 나라의 경우도 판사들은 지방법원의 판사로 정년까지 근무하는 경우가 많다.

하지만 한국의 사법부는 철저히 수직적 서열에 기초하는 관료 체제다. 대통령이 임명한 대법원장으로부터 대법원, 고등법원, 지방법원으로 이어지는 피라미드 체제 안에서 각 지위에 따른 권한과 급료의 격차를 통해 수직적 관리·통제가 이루어진다. 연공서열에 의한 위계가 그 어느 조직보다도 굳건하다.

여기에 세계적으로 희귀할 뿐 아니라 사실상 범죄행위나 다를 바 없는 전관예우 관행까지 작용하니 승진을 위한 충성 경쟁은 과열되고, 그만큼 판결은 왜곡된다. 그리고 권력과 부에 의한 외적인 영향은 수직적 체제를 타고 내려와 내적인 영향으로 이어진다.

한국 사회에서 '유전무죄, 무전유죄'가 사법부에 대한 인상으로 자리 잡은 것은 우연이 아니다. 대통령이 바뀌고, 법무부장관이나 대법원장이 바뀐다고 해서 사라질 문제도 아니다. 국민의 적극적인 사법 참여 보장과 법관의 독립적 신분 보장이 제도적으로 이루어질 때 비로소 해결의 가능성이 열릴 수 있을 것이다.

모든 국민은 선거권과 공무담임권을 가진다

선거권은 언제 주어져야 하는가?

—

"모든 국민은 법률이 정하는 바에 의하여 선거권을 가진다."

우리 헌법 제24조의 내용이다. 모든 국민의 선거권 보장을 규정하고 있다. 국가의 성립은 사회계약의 결과이고 헌법은 사회계약의 기본 원리를 규정한 내용이라고 이해한다면, 선거권은 계약을 가능케 하는 가장 중요한 권리다. 권리는 필연적으로 의무를 동반하며 사회 유지를 위해서는 의무가 구성원에게 강제된다. 최고의 권리는 사회 유지를 위해 자신에게 강제되는 의무 내용을 정하는 과정에 모든 개인이 직접 참여하는 권리다.

의무는 법적인 형식을 띠고 개인에게 강제된다. 헌법이 권리와 의무의 기준을 제시한다면 현실의 직접적인 의무는 법률·명령·조례·규칙의 형식으로 나타난다. 헌법의 경우 국민투표를 통해 모든 국민이 직접 결정에 참여하지만, 나머지에 있어서는 대의제를 걸쳐 간접적인 방식으로 참여한다. 어느 쪽이든 선거를 거쳐 개인에게 부과될 의무를 정하기 때문에 선거권은 모든 국민이 누리는 권리의 핵심이고 그만큼 매우 예민한 사안이다.

그런데 사실 '모든 국민'은 아니다. 어느 나라나 선거 연령에 제한을 두기 때문이다. 또한 개인의 특정한 행위나 상황 때문에 선거권이 제한되는 경우도 있다. 두 가지 모두 한국 사회에서 뜨거운 논쟁 대상이 된다. 특히 선거 연령 문제는 대한민국 정부 수립 이후 현재까지 논란이 끊이지 않는 문제다.

세계 대부분의 국가에서 선거 연령을 18세로 정하고 있는 데 비해 한국은 2006년 전까지 20세였다. 군사정권을 비롯해 한국 현대사에서 장기간 집권 세력이었던 권위주의 성향 정당은 20세를 고집해왔고, 민주주의를 지향하는 정당과 사회·시민단체는 세계 기준에 맞게 18세를 주장했다. 2006년 지방선거에서부터 만 19세로 낮아졌는데, 이는 주요 정당들이 서로 1년씩 양보하는 정치적 '거래'와도 같았다. 그리하여 현행법상 19세 이상의 국민은 대통령, 국회의원, 지방자치단체 의원 및 장의 선거권을 가진다.

하지만 논란은 계속됐다. 2012년 총선을 앞두고 고등학교를 갓 졸업한 최모 씨는 "선거권 연령을 19세 이상으로 제한한 공직 선거법 제15조는 평등권과 선거권을 침해한다."며 헌법 소원과 함께 선거인명부 작성을 금지하는 효력 정지 등 가처분 신청을 냈다. 그는 "우리나라 각종 법률 조항에서 18세를 기준으로 각종 권리, 의무를 부여하는 내용에 비춰 이 사건 조항은 평등권을 침해"한다고 주장하였다. 제반 법령에서 병역의무, 납세의무 등의 근간인 주민등록증 발급, 운전면허, 공무원 임용, 혼인적령 등이 18세에 부여되는데 비해 "뚜렷한 합리적인 이유 없이 선거권이 부여되지 않는 것은 형평성에 어긋난다."는 것이다.

이에 대해 헌법재판소는 2013년에 선거권을 19세 이상에게만 부여하는 공직 선거법 조항이 헌법을 위반하지 않는다고 결정했다. 재판관 6 대 3의 의견으로 합헌 결정이 내려졌다. 핵심 근거는 다음과 같다.

> "입법자는 19세 미만 미성년자의 경우 독자적으로 정치적 판단을 할 수 있을 정도의 정신적, 신체적 자율성을 갖추지 못했다고 판단, 선거권 연령을 19세로 정했다."

한국 법원은 기본권 제한에 있어서 집요하게 '인식능력' 문제에 집착한다. 앞서 2012년에 대법원이 교원의 정치적 중립성에 대해 학생들이 "독자적인 세계관이나 정치관 형성"이 미숙한 점을 근거로 판결한 것을 검토한 바 있다. 헌재도 19세 이하에 선거권을 주지 못하는 이유를 "독자적으로 정치적 판단을 할 수 있을 정도"의 정신적 자율성을 갖추지 못했다는 점에서 찾는다. 19세 미만은 정신적으로 준비가 덜 됐기에 선거권을 줄 수 없다는 논리다.

이는 많은 사람의 통념이기도 하다. 상당수 사람은 적정 선거 연령을 정치적 판단을 할 수 있는 능력에 도달한 나이에서 찾는다. 법학자 정종섭이

『헌법과 기본권』에서 제시한 선거 연령 기준도 마찬가지다.

> "국가의사 결정 의미와 국가의사를 결정할 국민 대표자를 선택하고 적합 여부에 대해
> 판단할 수 있는 능력이 있어야 한다. … 국가의사 결정 메커니즘에 정상적으로 작동하
> 고 민주주의가 실현될 수 있어야 하므로 이에 적합한 연령에 도달한 자에게 선거권이
> 부여된다."

선거권은 민주주의 실현을 위해 선거 행위를 할 수 있는 판단 능력을 갖춘 국민에게 부여되어야 한다는 논리다. 이를 위해 선거를 통한 의사결정의 의미와 대표자의 적합성을 판단할 수 있는 인식능력이 있어야 한다. 연령을 몇 세로 하는지는 "대의 민주주의와 선거의 기능, 나라의 문명 수준, 정치 수준, 정치 상황" 등에 따라 합리적 수준에서 정해진다.

하지만 인식능력을 기준으로 접근하면 논의가 상당히 우스워진다. 18세까지는 독자적인 정치적 판단 능력이 없다가 왜 19세부터는 마련되는지에 대해 어떤 근거를 제시할 것인가? 도대체 19세부터 이러한 능력이 갖추어진다는 것을 입증할 근거가 있기는 한가? 세계 대부분의 국가에서 18세부터 선거권을 부여하는데, 그러면 한국을 비롯한 소수 국가의 사람들은 다른 나라보다 인식능력 발달이 1년 정도 뒤처진다고 말할 수 있는가? 북한의 경우 17세부터 선거권을 주는데, 같은 민족인 우리의 경우 정신적, 육체적 발육이 북한보다 2년 늦다고 말해야 하는가? 혹은 한국의 "문명 수준, 정치 수준, 정치 상황"이 대부분의 다른 나라에 비해 1년 정도 뒤처진다고 여겨야 하는? 18세에 나라를 지키는 국방의무를 이행할 정도의 정신적,

신체적 능력은 인정되지만, 아직 민주 시민으로서 투표권을 행사할 능력이 없음을 어떻게 논리적으로 설명할 것인가? 결혼도 마찬가지여서, 18세면 가정을 일구는 데 필요한 판단 능력을 갖추었다고 인정하면서, 정치적 판단 능력은 없다는 것은 또 어떻게 설득할 셈인가? 도무지 아무런 설득력도 없는 기준이다.

또한 교원의 정치적 중립성에 대한 논의에서 지적했듯이, 인식능력을 근거로 한 판결은 민주주의 원리에 대한 무지를 보여준다. 낮은 정치의식이나 인식 수준이 민주주의에서 제한의 근거가 될 수 있는가 하는 점이 문제다. 인식능력이 문제라면 사회 구성원 다수가 문맹인 사회에서는 정치활동이 전체적으로 제한되어야 하는가? 미국만 하더라도 성인 문맹률이 14%에 이른다. 인도는 문맹률이 50%에 이르고 아프리카의 상당수 국가와 방글라데시, 예멘, 캄보디아, 파키스탄, 아프가니스탄, 오만, 네팔 등은 60%가 넘는다. 전 세계적으로 문맹 상태에 있는 사람이 7억 7,000만 명에 이른다고 한다.

민주주의는 정치 활동의 주체든 대상이든 그들에게 "독자적으로 정치적 판단을 할 수 있을 정도"의 인식능력과 무관하게 정치 활동의 자유를 보장하는 데서 출발한다. 문맹은 물론이고 평생 민주주의는커녕 사회에 아무런 관심이 없는 사람이라 하더라도 선거권을 보장받는 데는 아무런 제한이 없어야 한다. 평생 흙하고만 살아온 농부든, 밀림 속에서 세상을 등지고 살아온 사람이든, 민주주의 기본 원리에 무지한 사람이든 사회 구성원이라면 누구나 일정 연령에 선거권을 보장받을 권한을 갖는다. 그것이 민주주의가 말하는 보통 선거권의 의미다.

왜 대부분의 나라에서 18세에 선거권을 주는가? 선거권은 권리이기 때문에 의무와 연관이 된다. 권리와 의무에 대해 모두가 동의할 수 있는 정의의 원칙은 단 하나, 권리와 의무의 일치다. 평등한 입장에서 구성원들이 사회 운영 기준을 정할 때, 권리와 의무가 불일치하는 상황이라면 합의가 불가능하다. 어느 바보가 권리보다 더 많은 의무를 원하겠는가? 의무만큼의 권리, 권리만큼의 의무가 주어지는 일치에만 동의한다.

선거권의 18세 부여도 인식능력이나 진학 등 황당한 이유가 아니라 권리와 의무의 일치라는 기본적인 정의의 원칙 때문이다. 권리는 의무와 함께 주어져야 하는데 대부분 18세부터 국민으로서 가장 중요한 의무인 '납세의 의무'를 진다. 우리나라도 18세부터 납세의 의무를 진다. 또한 징병제를 실시하는 나라의 경우 보통은 이 나이부터 '국방의 의무'를 진다. 우리도 그러하다. 핵심 의무가 주어지는 순간, 그 의무의 내용을 정하는 과정에 영향을 미칠 수 있는 권리인 선거권이 보장되어야 한다.

하지만 우리나라에서는 현재 납세의무나 국방의무 같은 핵심 의무는 18세에 강제되면서 이에 직결된 선거권은 1년 후에나 보장돼서 권리와 의무가 일치하지 않는 부정의한 상황이 발생한다. 헌법이 보장한 평등권 침해 상황이다. 한국의 특수성을 주장하며 19세를 고집하고자 한다면, 논리적으로 정당화할 수 있는 방법은 단 하나밖에 없다. 납세의무와 국방의무도 법적으로 19세부터 시작하는 것으로 개정해야 한다. 이렇게 일치시키면 정의의 원칙이나 논리상으로는 문제가 없어진다. 하지만 국제적 상식에 맞게 가급적 18세로 조정하는 것이 바람직해 보인다.

수형자의 선거권은 박탈해야 하는가?

선거권을 보장할 때 또 하나의 논란은 범죄로 처벌을 받고 있는 수형자와 관련된 선거권의 제한이다. "법률이 정하는 바에 의하여"라는 규정이 법률에 의한 기본권 유보의 의미이기 때문에 과잉 금지만 아니라면 제한이 무방하다는 견해가 있다. 하지만 법률에 "선거권을 갖는다."라고 규정되어 있으므로 이는 법률 유보의 성격이 아니라, 선거권을 법률을 통해 구체적으로 실현하라는 적극적 의미로 보아야 한다. 국회에서 선거권을 최대한 보장하는 방향으로 법률을 만들어야 한다는 주문이다.

수형자의 선거권과 관련해서도 선거권의 최대한 보장이라는 기본 맥락 위에서 접근할 필요가 있다. 유럽인권재판소(ECRH)는 복역중인 재소자의 투표권 제한은 인권법 위반이라는 입장이다. 유럽은 스웨덴이 1968년 가장 먼저 수형자에게 선거권을 준 이후 독일 등 18개 국가에서 선거권을 보장하고 있다. 캐나다도 수형자의 선거권을 인정한다. 미국은 주마다 차이가 있다. 러시아, 아르메니아, 불가리아, 체코, 에스토니아, 헝가리, 룩셈부르크, 루마니아 등은 기결수의 투표권을 인정하지 않는다.

서유럽에서는 영국이 특이하게 수형자의 선거권을 박탈하는데, 지난 2005년에 ECRH가 자유 선거권을 규정한 유럽 인권 협정에 어긋난다며 법 개정을 요구한 바 있다. 유럽인권감시기구인 유럽평의회도 선거권 제한에 따른 수형자의 인권침해를 우려하며 영국의 법 개정을 촉구했다.

우리나라 헌법재판소도 최근 이러한 방향을 기본적으로는 인정한 바 있다. 2014년에 집행유예자와 수형자의 선거권 제한과 관련된 헌재 판결에서 "선거는 오늘날 대의 민주주의에서 국민이 주권을 행사할 수 있는 가장 중요한 방법"이라며 "입법자는 선거권을 최대한 보장하는 방향으로 입법해야 한다."고 밝혔다. 하지만 헌법 조항 해석에서 여전히 법률 유보로서의 성격에 대한 미련을 버리지 못하고 있다. 집행유예자의 선거권 제한에 대해서는 "외국의 입법례를 찾아보기 어렵다."면서 즉각 폐지를 결정했지만 수형자의 선거권에 대해서는 정도의 차이만 있을 뿐 여전히 제한을 기본으로 해서 범위의 구체적 확정만 국회에 요구하는 판결로 마무리했다.

> "선거권이 제한되는 수형자의 범위를 정하는 새로운 입법이 만들어질 때까지만 현행 법을 적용하고 개선 입법이 만들어지지 않으면 2016년 1월 1일부터 수형자 선거권 제한 조항은 효력을 상실한다."

"지나치게 전면적·획일적으로 수형자의 선거권을 제한하는 것은 위헌적"이기 때문에 죄의 정도에 따라 선거권 제한을 구분하라는 주문이다. 헌재 판결에 따라 대체 법안을 마련하면서 국회는 1년 미만의 선고형을 받은 수형자에게만 선거권을 부여하는 방향으로 공직 선거법 개정안을 만들었다. 하지만 이 정도의 개정으로는 수형자 중 아주 소수만 선거권을 누린다. 법무부 통계에 따르면, 선고형 1년 이상을 받은 수형자는 전체의 약 83%다. 열 명 중 여덟 명 이상의 선거권이 제한되는 것이다.

참고로 캐나다도 비슷한 과정을 겪었다. 1992년에 모든 수형자의 선거권을 박탈하는 법이 위헌이라고 판결된 이후 국회는 징역 2년 이상의 수감자에 대해서만 선거권을 제한하도록 법을 개정했다. 하지만 최고법원은

2002년 개정된 법률에 대해서도 위헌 결정을 했고, 현재는 모든 수형자에게 선거권을 보장하고 있다.

일정 기간 이상의 선고형을 받은 수형자에게 계속 선거권을 박탈하려는 한국 정부와 국회의 입장에 대해 민주사회를위한변호사모임(민변), 민주주의법학연구회 등을 비롯한 한국의 대표적인 인권 단체들이 2015년 6월에 국회에 전달한 「공직 선거법 개정안에 대한 의견서」는 법 해석에 있어 전향적이며 합리적인 내용을 담고 있다. 또한 이는 유럽을 비롯한 다수 민주주의국가의 입장과 세계적인 추세를 반영하는 것이기도 하다. 이 의견서는 헌법재판소가 선고형의 정도를 수형자의 선거권 제한 기준으로 제시한 내용을 비판한다.

"어느 정도의 선고형을 선거권 제한 기준으로 삼을지에 대한 합리적 근거를 설정할 수 없다는 점에서 선거권 제한의 타당한 기준이 될 수 없다. 어떻게든 일부 수형자의 선거권은 제한되어야 한다는 비합리적 편견에 근거한 것으로 순전히 입법 편의적 사고다."

선고형의 정도에 근거할 때 1년이나 2년 혹은 3년으로 할 것인가를 정해야 하는데 어떤 기준으로 나눌지에 대한 합리적 근거가 없다. 왜 2년이 아니고 1년이어야 하는지에 대해 어느 누가 명확한 근거를 제시할 수 있겠는가? 그 정도는 돼야 하지 않느냐는, 막연히 기분에 근거한 논의나 정치적 거래로 향할 수밖에 없다.

범죄자에 대한 처벌로서의 구금에는 이미 기본권 박탈이 전제된 것 아니냐는 의문이 있을 수 있다. 형법에서 구금은 범죄자의 신체적 자유 박탈을 내용으로 한다. "자유형의 형벌로서의 본질적인 내용은 '시설에의 수용'이며, 이것은 '신병의 구금' 이상을 의미하지 않는다." 즉, 사회 내에서 자유롭게 활동할 수 있는 자유가 박탈되는 것만 규정되어 있을 뿐 기본권 박탈의 의미는 없다. 그 외의 자유와 권리에 대해서 수형자는 원칙적으로 일반 시민과 똑같이 그것을 향유할 수 있는 것으로 보아야 한다.

나아가 형벌의 한 형태로서 민주주의의 가장 근본적인 권리인 선거권의 부정이 포함될 수 없다. "국가권력과 법의 정당성, 준법 의무는 모든 시민이 선거권을 행사하는 것으로부터 직접 도출"되기 때문에 보통선거 원칙을 확립하기 위해 모든 수형자에게 선거권을 보장할 것을 요구한다.

모든 수형자에게 선거권을 부여하고 있는 이스라엘의 한 사례는 우리의 경우와 대조가 된다. 1995년에 이스라엘 라빈 총리가 유대 극우파 이스라엘인 아미르에게 사살당하는 사건이 발생했다. 라빈 총리의 후임을 선출하는 선거에서 아미르가 선거권을 행사할 수 없도록 그의 시민권을 취소해야 한다는 논란이 일어났다. 이스라엘 대법원은 선거권 박탈은 아미르가 아니라 이스라엘 민주주의에 해가 되며, 그의 형벌은 징역형이고, 선거권 박탈은 모든 기본권의 근간을 흔들 것이라고 판결했다. 결국 아미르는 선거에 참여했다.

공무담임권의 실질적 보장을 위하여

―

"모든 국민은 법률이 정하는 바에 의하여 공무담임권을 가진다."

우리 헌법 제25조의 내용이다. 이는 모든 국민이 국가와 공공단체 직무의 담당 기회를 평등하게 보장받을 수 있는 권리다. 제24조의 선거권 규정과 동일한 문장구조를 갖추고 있다. 마찬가지로 법률에 의해 "공무담임권을 갖는다."라고 규정되어 있으므로 법률 유보의 성격이 아니라, 공무 담당의 평등 기회를 법률을 통해 구체적으로 실현하라는 적극적 의미로 보아야 한다. 국회에서 이를 최대한 보장하는 방향으로 법률을 만들어야 한다는 주문이다.

하지만 선거권에서 문제가 된 것과 비슷하게 한국의 법률과 헌법재판소의 실질적 경향은 최대한의 보장보다는 법률에 의한 유보로 향하는 면이 다분하다. 가장 대표적으로 논란이 되는 쟁점이 각종 선거에서의 기탁금 부과 문제다. 2008년에 헌법재판소는 기존의 기탁금 관련 법 조항에 대해 헌법 불합치 판정을 내렸다. 기존의 국회의원 선거 기탁금 2,000만 원, 무소속 후보자에게 두 배의 기탁금, 대통령 선거 기탁금 5억 원, 유효 투표 총수의 20% 미만 득표의 경우 기탁금의 국고 귀속을 위헌이라고 판시했다. 기초자치단체 의원 기탁금 200만 원은 합헌으로 판시했다. 헌재는 다음과 같은 근거를 제시했다.

"5억 원의 기탁금은 매우 큰 액수이고, 국고보조금이 지급되지 않는 군소 정당이나 무소속 출마 희망자는 재력가가 아니면, 사실상 마련하기 어렵다. … 재산의 많고 적음에 따라 선거 출마 기회를 제한한 것은 비합리적인 차별로서 입법자의 재량을 넘어선 것이다."

하지만 헌재는 기탁금 제도 자체를 위헌으로 결정하지는 않았다. 앞서 2001년에 "기탁금 제도는 입후보자의 난립을 방지하고 후보자의 성실성을 담보하기 위한 목적과 한국의 정치 문화와 선거 풍토에 있어 현실적인 필요성 등을 감안할 때 필요 불가결한 제도"라고 판결했다. 당시 기탁금 반환의 기준도 "입후보 예정자가 기탁금을 반환받지 못하게 되는 부담에도 불구하고 선거에 입후보할 것인지의 여부를 진지하게 고려할 정도"에서는 필요하다고 했다. 2008년의 판결도 기본적으로는 이 내용의 연장선상에 있다. 다만 기탁금 액수와 반환 비율이 높은 것이 문제였다.

헌재는 시한을 지정해 개정할 때까지 조항을 계속 적용시키는 '헌법 불합치' 결정을 내렸다. 이에 따라 2010년 공직 선거법 개정으로 대통령 선거 3억 원, 국회의원 선거 1,500만 원, 시·도의회의원 선거 300만 원, 시·도지사 선거 5,000만 원, 자치구·시·군의 장 선거 1,000만 원, 자치구·시·군의원 선거에 200만 원을 내도록 했다. 선거 후 기탁금 반환 기준은 15% 이상 득표 시 전액 반환, 10%~15% 득표 시 반액 반환으로 변경됐다. 변화된 기준에 대해 헌재는 공무담임권 침해가 아니라고 했다.

법률을 개정한 국회나 이를 정당하다고 보는 헌재나 한편으로는 자기 스스로의 논리를 무너뜨리고, 다른 한편으로는 유보가 아닌 최대한의 보장이라는 헌법 정신을 거스르고 있다. 대통령 선거 5억 원, 국회의원 선거 2,000만 원은 재산의 정도로 기회를 제한하는 "비합리적인 차별로서 입법자의 재량을 넘어선 것"이고, 개정된 3억 원과 1,500만 원은 재산의 정도로 기회를 제한하지 않는 합리적 평등이자 입법자의 재량에 속하는 것이라 할 수 있는가? 이 정도의 차이로 재력을 갖추지 못한 군소 정당이나 무소속 출마 희망자가 부담을 느끼지 않을 것이라고 말할 근거는 어디에도 없다.

또한 "입후보자의 난립을 방지하고 후보자의 성실성을 담보하기 위한 목적"이라는 헌재의 근거는 공무담임권을 최대한 보장하는 방향으로 법률을 만들어야 한다는 헌법 주문에서 벗어나 있다. 입후보자가 다섯 명이든 10~20명이든 이는 국가나 헌법재판소가 관여할 일이 아니다. '성실성'이라는 모호하기 짝이 없는 기준이나 이를 돈으로 담보한다는 발상도 문제지만, 무엇보다도 많은 후보가 출마하는 상황에 대해 '난립'이라는 부정적 딱지를 붙이는 것 자체가 왜곡된 시각을 보여준다. 헌법에 의하면 오히려 적극적으로 공무를 맡으려는 의사표시로서 반겨야 할 일이다.

다른 국가와 비교해보더라도 한국의 기탁금 제도는 헌법 정신을 거스른다. 한국과 일본 정도만 고액의 기탁금을 강제한다. 국회의원 선거를 기준으로 볼 때 미국, 프랑스, 독일, 이탈리아, 스페인, 스위스, 멕시코, 브라질 등에는 기탁금 제도 자체가 없다. 영국, 호주, 캐나다, 뉴질랜드, 오스트리아에는 기탁금 제도가 있지만, 영국과 캐나다는 100만 원이 좀 안 되는 금액이고, 나머지 나라는 대략 20만 원이나 50만 원 내외다. 이 정도면 가난한 사람도 큰 부담을 느끼지 않고 입후보할 수 있는 수준이다. 누가 봐도 법률 유보와는 한참 거리가 멀다.

한국 정치의 역사적 과정을 통해 보더라도 기탁금 제도는 독재정치, 권위주의 통치가 자행해온 국민 기본권 제한 조치다. 기탁금 제도는 1958년에 이승만 대통령이 장기 집권을 획책하던 과정에서 만들어졌고 4·19혁명 직후에는 폐지되었다. 하지만 박정희 군사정권에서 유신헌법을 통해 다시 기탁금 제도가 부활되었다. 한국 역사에서 이 제도가 어떤 목적으로 도입됐는지를 분명하게 보여주는 사례다.

한국 사회에서 평등권과 공무담임권이 최소한이라도 보장되기 위해서는 일차적으로 기탁금 제도가 폐지되어야 한다. 만약 불가피하게 기탁금 제도가 필요하다면 기탁금의 액수는 빈곤층에서 출마하는 데 부담을 느끼지 않을 정도여야 한다. 몇몇 유사한 나라의 경우처럼 50만 원 내외에서 지극히 형식적인 액수로 한정되어야 한다.

또한 실질적인 선거 공영제가 실시되어야 한다. 한국의 경우 선거비용의 상당 부분을 후보자가 부담하는 실정이다. 게다가 선거 결과, 기탁금 반환 요건을 충족할 때만 국가에서 일부 보전해주기 때문에 그 부담은 더 크다. 선거 관리는 물론이고 선거운동에 소요되는 선거비용을 국가가 전적으로 부담함으로써 국민이라면 누구든지, 아무리 가난해도 입후보할 수 있는 기회를 제공하는 방향으로 변경되어야 한다.

기탁금 제도 폐지와 선거 공영제가 공무담임권을 '최소한이라도' 보장하기 위한 조치라고 언급한 데는 그만한 이유가 있다. 누구나 출마할 수 있다고 해서 실질적인 공무 담당 기회가 확대되는 것은 아님을 현실이 보여주기 때문이다. 비록 한국보다는 덜하더라도 기탁금 제도가 없고 선거 공영제가 실시되고 있는 나라에서도 국회의원을 비롯한 선출직 의원의 대부분이 상당한 부와 지위를 갖고 있는 개인과 집단에서 나오는 경향이 있다. 선거라는 장치 자체가 기존 기득권 세력과 정당에게 일방적으로 유리한 측면을 부정할 수 없기 때문이다.

이러한 사정을 반영하면서 당장의 직접적, 제도적 차원은 아니지만, 문제의식과 논의 차원에서 추첨 제도의 부분적 도입을 주장하는 견해가 있다. 선거가 부를 비롯해 유리한 사회적 환경을 지닌 소수에게 유리한 선발 방식을 고수하고 있는 면을 부인하기 어렵기 때문에 헌법이 보장하는 공무담임권이 실천적 의미를 갖기 위해서는 추첨제 도입이 필요하다는 것이다. 추첨을 통해 시민이라면 부나 지위와 무관하게 누구나 참여를 보장받을 수 있다.

물론 전문성이 요구되는 공공 업무조차 모두 추첨으로 해결하자는 의미는 아니다. 하지만 적어도 배심원과 같이 협의체 방식으로 운영되는, 예를 들어 지방의회나 국회 등 각급 의원직의 경우에는 부분적으로 추첨 제도 도입이 필요하지 않을까? 5~10% 정도의 일정 비율 내에서 추첨을 도입함으로써 대의제의 한계를 보완해야 하지 않을까? 무엇보다도 평범한 사람이 직접 정치적 결정 권한을 가질 수 있는 가장 유력한 방식인 추첨을 전혀 사용하지 않으면서 우리는 현대사회를 민주주의 체제라고 자임할 수 있을까?

규모가 크고 인구밀도가 높은 국가라고 해서 물리적으로 추첨을 사용할 수 없는 것은 아니다. 모든 구성원을 대상으로 하는 것은 아니기 때문이다. 의원이나 해당 관직에 나아가기 위해 후보로 지원한 사람에 한해서만 추첨이 이루어진다는 점을 고려해야 한다. 게다가 대통령이라면 모를까 국회의원이나 지방의원은 지역별로 나뉘기 때문에 추첨의 범위가 더욱 줄어든다. 나아가 컴퓨터를 통해 전산화된 처리가 가능한 조건에서 추첨을 현대 국가의 규모 때문에 물리적으로 사용할 수 없다는 논리는 사실상 아무런 근거가 없다. 정치체제의 크기와 상관없이 선발의 한 방법으로서 추첨은 얼마든지 실행 가능하다.

또한 의원의 일부를 추첨을 통해 선발하게 될 때 무능으로 인한 문제가 생긴다는 지적도 별 설득력은 없다. 이 논리대로라면 현대사회에서도 많은 국가의 법정에서 유일하게 유무죄 판결 권한을 지니는 배심원 제도를 설명할 수 없는 자기모순에 빠진다. 범죄와 관련하여 유죄와 무죄 여부를 판결하는 일이 중요하지 않다거나 사소한 업무라고 말할 사람은 아무도 없을 것이다. 그런데 만약 미숙하고 무능한 결정 때문에 추첨이 적절하지 않다면 당장 배심원 제도를 폐지해야 마땅하다는 황당한 논리로 이어질 수밖에 없다.

사회적 인식이나 논의 정도로 볼 때 당장 법적, 제도적 차원에서 추첨을 도입하기에는 현실적인 어려움이 있을 수 있다. 그렇더라도 민주주의와 실질적인 공무담임권의 장기적인 전망 차원에서 문제의식을 잡고 논의하려는 시도는 분명 유익한 일이 될 것이다.

능력에 따라 균등하게
교육받을 권리를 가진다

능력에 따른 균등 교육

—

"모든 국민은 능력에 따라 균등하게 교육을 받을 권리를 가진다."

우리 헌법 제31조 1항에서 평등하게 교육받을 권리를 밝힌 내용이다. 하지만 "능력에 따라"라는 단서에서 보이듯이 절대적 평등을 의미하는 것은 아니다. 문제는 헌법이 말하는 '능력'의 의미, 평등과의 관계에 대한 이해에서 생긴다. 통념으로는 능력에 따른 측정과 진학 등을 뜻하는 것으로 생각하며 평등은 그저 누구에게나 진학 기회를 주는 것 정도로 여긴다. 능력이 있으면 더 올라가고, 없으면 자신의 부족함을 인정하고 그쳐야 한다는 것이다.

이러한 통념 아래서는 헌법 정신이 교육의 평등보다 능력 중시로 이해되고 평등은 능력을 뒷받침하는 수식의 의미로 격하된다. 심한 경우 헌법이 규정한 바를 교육에 있어 능력 위주의 무한 경쟁을 옹호한 내용으로 해석하기도 한다.

하지만 헌법에서 먼저 발견해야 하는 것은 강조점의 위치다. 문장구조를 보더라도 "균등하게 교육을 받을 권리"가 중심이고 능력은 이를 꾸미는 일종의 단서 역할을 한다. 1948년 세계 인권 선언 제26조 1항의 내용은 평등과 능력의 관계, 능력의 의미를 이해하는 데 도움을 준다.

"고등교육, 즉 대학 교육은 다른 차별 없이 오직 학업 능력 여부만 따져서 모든 사람에게 똑같이 개방되어야 한다."

이에 따르면 교육에는 차별이 없어야 하고, 모든 이에게 똑같이 개방되어야 한다. 다만 학업 능력 여부만이 영향을 미칠 뿐이다. 다시 말해 학업 능력 이외의 어떤 요인도 작용해서는 안 된다는 데 초점이 있다. 평등의 저해 요소를 최소화하라는 내용이다. 현실에서 학업 능력 이외의 요소는 대표적으로 남녀 성, 사회적 지위, 경제적 능력, 부모의 지위, 종교의 종류나 유무, 거주 지역 등이다. 예를 들어 기부금 방식 등 교육 외적 요소를 기준으로 하는 입학 제도는 위헌이다.

능력 이외의 다른 요소로 구별이 생겨서는 안 된다는 헌법 원리는 단지 기부금 입학을 금지한다고 해서 해결되지 않는다. 그보다 능력의 의미를 정확히 이해하는 일이 중요하다. 성·종교·지역 차이, 부모의 경제·사회적 지위 차이를 배제한다는 것은 개인의 타고난 능력 차이와 개인의 노력 차이만을 인정한다는 의미다.

현상적으로는 능력처럼 보이지만, 만약 부모의 재력이나 지위로 인해 형성된 능력 차이라면 정당하지 않다. 또한 도시나 시골처럼 지역 차이에 의해 능력을 계발할 기회 자체가 차별적인 조건에서 만들어진 능력 차이 역시 정당하지 않다. 혹은 오랜 기간 축적된 신분 차별로부터 오는 현실의 능력 차이도 정당하다고 볼 수 없다. 예를 들어 역사적인 인종차별이나 여성 차별로 인해 집단적으로 능력을 계발할 기회가 박탈되어왔고, 그로 인해 현실에서도 피해를 보고 있다면 이로 인한 차이도 타고난 능력의 차이라고 인정하기 어렵다.

헌법의 원리 내에서만 자격을 갖는 정부와 국회로서는 사회적 차이로 인해 발생하는 능력 차이가 교육에 영향을 미치지 않도록 할 의무가 있다. 교육 전반에서 타고난 능력 이외의 요소가 작용하지 못하도록 법을 제정하고, 정책 수립과 집행을 해야 한다. 교육 과정에서 빈부 차이, 지역 차이 등으로 인해 능력 차이가 발생하지 않도록 하고, 입시를 비롯한 각종 진학 관련 정책에도 이를 적용해야 한다.

또한 세계 인권 선언이 대학 교육에 이 원칙을 적용하는 점에 주목해야 한다. 초등·중등·고등학교의 경우는 그나마 학업 능력 정도조차 중요한 단서가 되어서는 안 된다는 문제의식이다. 이에 따르면 흔히 '성적'이라고 말하는 구별 기준을 가지고 초등·중등·고등학교 과정에서 학생들을 분리하거나 진학 여부를 결정해서는 안 된다.

교육 선진국으로 불리는 핀란드에서 그 실천적 의미를 살펴볼 수 있다.

핀란드에서는 성적표에 등수를 표기하지 않는 방식으로 성적 경쟁을 억제한다. 개인 사이의 우월과 열등을 구분하여 줄 세우기보다 설정한 목표의 달성 여부를 중요시한다. 또한 학교와 부모 소득에 따른 학업 수준 격차가 거의 없고, 전 세계적으로 교육 만족도 최상위를 차지한다. 그렇다고 해서 핀란드의 학업 능력이 떨어지는 것은 아니다. OECD 주관 국제학업성취도평가(PISA)에서 연속 1위를 차지할 정도로 뛰어나다.

1959년의 유엔 어린이·청소년 권리선언도 제7원칙에서 "일반적인 교양을 증진하는 교육을 받을 권리"를 강조하였다. 성적의 정도를 통한 줄 세우기가 아니라 "개인적인 판단력을 발전시켜 사회의 유익한 구성원"이 될 수 있게 하는 데 초점을 두었다. 사회 구성원으로서 가져야 하는 기본 교양과 함께 "놀이와 레크리에이션을 위한 충분한 기회"가 주어져야 한다. 놀이와 레크리에이션은 단순히 즐기는 일에 그치지 않고 교육과 똑같은 목적으로 지도되어야 한다. 권장 사항 정도가 아니다. 사회와 공공기관은 "어린이·청소년이 이 권리를 향유"하도록 최선을 다해야 한다. 이는 학생이 누리고 사회가 보장하는 권리의 영역이다.

플라톤이 『법률』에서 제시한 교육의 목적도 비슷한 맥락이다.

"훌륭한 사람이 되려는 이는 어릴 적부터 수련해야 하는데, 놀이를 할 때나 진지하게 임할 때나 그리해야 합니다. … 지성과 정의에 상관없는, 재주를 목표로 하는 양육은 저속하고 자유민에 어울리는 것이 아니며 전혀 교육이라 불릴 가치가 없습니다."

한국의 교육정책 현실은 대학만이 아니라 모든 교육과정에서 능력이 중심이 된다. 능력도 주로 두 가지로 집약된다.

하나는 성적을 중심으로 한 학업 능력이다. 대학은 말할 것도 없고 이미 고등학교 진학 단계에서 성적을 통해 외고, 과학고 등 특목고와 자사고, 일반고 등으로 수직적 서열화가 이루어진다. 초등학교에서조차 놀이나 레크리에이션은 쓸모없는 시간낭비 취급을 받는다. 사회 구성원으로서의 지성과 정의, 교양에 관련된 과목이 사실상 무시된다. 역사와 철학, 정치 · 경제 · 문화 등 다양한 사회 과목, 미술 · 음악 등 예술 분야는 지극히 형식적 수준으로 명맥을 유지할 뿐이다. 아이들은 초등학생 때부터 수학, 영어 성적 경쟁에 뛰어들어 관련 학원에 다니느라 정신을 못 차린다. 중등 · 고등학생에게 입시 지옥이라는 말이 상식이 되었으니 두말하면 잔소리다.

다른 하나는 플라톤의 표현을 빌리자면 교육이라 불릴 가치가 없는 "재주를 목표로 하는" 능력이다. 학생들은 고등학교에서 문과와 이과로 분리된다. 이과로 편재되는 순간, 사회 구성원으로서 필수적인 각종 사회 분야에 대한 교양을 쌓을 기회가 사실상 사라진다. 대학에서도 곧바로 전공 분야로 나뉘어 취업과 직장 생활에 필요한, 재주로서의 능력을 기르는 데 몰두하게 된다.

우리 헌법도 세계 인권 선언이 규정한 내용처럼 "능력에 따라 균등하게 교육을 받을 권리"를 대학 교육으로 한정할 필요가 있다. 초등 · 중등 · 고등학교에서 사회 구성원으로서 요구되는 일반적 지성과 교양을 쌓는 데 역점을 두는 방향으로 개선할 필요가 있다.

교육의 공공성과 무상 의무교육의 실시

"모든 국민은 그 보호하는 자녀에게 적어도 초등교육과 법률이 정하는 교육을 받게 할 의무를 진다."

"의무교육은 무상으로 한다."

우리 헌법 제31조 2항과 3항의 내용이다. 국가에서 무상으로 의무교육을 시행하도록 규정하고 있다. 무상이란 공적 비용으로 운영되는 학교 교육을 의미한다. '초등교육'은 중학교 교육까지를 말한다. 고등학교부터는 '중등교육'에 해당한다. 교육 기본법과 초·중등 교육법에 따르면 초등교육 6년과 중등교육 3년은 의무교육이다.

의무교육은 프랑스대혁명을 비롯한 근대 시민혁명 이후 공화주의 정신을 현실에 적용하는 과정에서 생겨났다. 몇 가지 중요한 공화주의 원칙이 의무교육에 담겨 있다. 먼저 신분이나 부의 정도 등 사적인 요소에 국가가 지배되지 않기 위해 교육이 공적인 기반을 만들어야 했다. 19세기 초반 영국의 사상가 오언Owen●이 『교육에 관하여』에서 주장한 내용은 이러한 문제의식을 반영한다.

"국가 시책에는 개인 사정과 상관없이 현대의 발전된 교육이 반드시 포함되어야 하며,

●
로버트 오언 Robert Owen, 1771~1858 영국의 사회주의자. 노동자의 처우 개선을 위해 여러 가지 실험에 노력을 기울였다. 전 세계의 협동조합 설립 운동의 아버지로 불린다. 『사회에 관한 새 견해』 등의 저서가 있다.

단 한 명의 어린이도 배제되어서는 안 된다. 이것이 시행되지 않으면 소외 계층에 대해 불관용과 불의를 행하는 셈이고, 사회에 해악을 끼친다."

공화국 시민으로서의 덕성을 기르기 위해 예외 없이 모든 어린이에 대한 교육이 실시되어야 한다는 논리다. 프랑스대혁명 직후 보통교육의 필요성이 공표되었고 1833년에 나온 학교에 관한 법령은 각 마을에 초등학교를 세우고 빈민에게 무상교육을 실시하도록 했다.

또한 종교와 같은 사적인 영역을 국가라는 공적 영역에서 분리시킨다는 공화주의 정신을 위해서도 의무교육의 필요가 제기되었다. 그리하여 새로운 민주적, 공화적 사회질서를 위해 필요한 시민을 국가가 교육을 통해 육성하고자 했다. 특히 프랑스 공교육은 가톨릭 및 왕당파 세력에 대항하여 공화제 이념을 관철하고 자유를 촉진하는 정교분리 원칙 위에서 출발했다.

근대국가가 만들어질 당시부터 자유주의 경향에서는 의무교육 중심의 교육 공공성에 대한 반발이 적지 않았다. 바스티아도 『법』을 통해 국가의 교육 개입을 반대하였다.

"최선의 제도를 발견할 가능성은 정부가 법으로 획일적 교육제도를 강요할 때 가장 적다. 오류가 고쳐지지 않고 영원히 고착되기 때문이다. … 국가가 언론에 간섭하지 않듯이 교육에도 간섭하지 말아야 한다."

바스티아는 박애주의라는 미명하에 국가가 일괄적으로 모든 어린이를 대상으로 교육을 실시하는 정책을 비판하였다. 그는 주요 근거를 교육 내용의 획일화에서 찾았다. 즉, 다양성을 상실한 상태에서 어떤 오류가 생기면 수정하기가 어렵다. 다양한 내용이 공존할 때 대안 모색이 자연스럽게 이루어진다. 언론과의 비교도 같은 맥락에서 나온 내용이다. 당연히 언론 내용을 정부가 획일적으로 통제할 때 다양성과 자유는 자취를 감춘다. 언뜻 보기에 의무교육을 부정하기에 더없이 타당한 논리로 보인다.

신자유주의의 대명사라 할 수 있는 프리드리히 하이에크Friedrich Hayek도 바스티아와 비슷한 문제의식을 보였다. 그 역시 『자유 헌정론』을 통해 의무교육에 대한 비판적 시각을 드러냈다.

"교육을 통한 공공의 필요 기여가 교육 비용을 보상할 정도로 증가될 수 있는 사람의 수는 항상 전체 인구의 작은 부분이다. … 제한된 교육 지출로 최대의 경제적 성과를 얻으려는 사회는 상대적으로 소수 엘리트에 대한 높은 수준의 교육에 집중해야 한다."

하이에크는 의무교육의 확대를 반대하며 최소한의 수준에서 실시할 것을 요구하였다. 그가 보기에 학생 전체를 대상으로 한 의무교육에 들어가는 비용으로 낼 수 있는 효과는 지극히 제한적이었다. 들어간 사회적 비용에 비해 얻을 수 있는 능력 향상은 매우 적은 반면 소수 엘리트에게 집중하면 적은 비용으로도 큰 지적 향상을 이룰 수 있다는 논리다.

하이에크는 신자유주의의 화신답게 효율성 논리를 곧바로 교육에 적용하였다. 하지만 경제적 효율성 논리만으로 비판하기에는 민망함이 있었는지 바스티아와 동일한 논리를 동원한다. 즉, 의무교육은 정부가 교육 내용 일부를 규정하기 때문에 문제라는 것이다. "특정 집단의 이론에 의해 모든 기초 교육이 지배될 가능성은 전체 교육체계를 중앙 명령에 종속시켰을 때의 위험을 우리에게 경고하기에 충분하다."는 말로 의무교육이란 결국 고도의 중앙 집중화되고 정부 주도적인 교육체계이기 때문에 교육 내용을 부당하게 획일화하게 된다고 주장하였다.

하지만 이는 서로 다른 성격을 갖는 두 가지 문제를 하나로 부당하게 뒤섞어놓고 자기에게 유리하도록 결론을 이끌어낸다는 점에서 설득력이 떨어진다. 의무교육이라고 해서 반드시 정부가 교육 내용을 획일화하는 것은 아니기 때문이다. 의무교육 확대에 적극적인 서유럽과 북유럽의 경우, 대체로 정부가 교과서를 통제하지 않는다. 다양한 주체에 의한 교과서 발행을 인정하고 학생·학부모·교사의 논의를 통한 자율적인 선택을 보장한다.

대부분의 서유럽, 북유럽 국가와 미국, 호주 등은 교과서 자유 발행제를 실시하고 있다. 출판사나 저자가 정부기관의 검인정 절차 없이 자유롭게 출판한 교과서 가운데 하나를 선택하거나 교사가 직접 교재를 만들어 사용한다. 국가가 교육 내용을 획일화할 수 있는 여지 자체가 최소화된다. 국가의 교육 내용 개입은 주로 국정교과서와 검인정교과서로 나타난다. 한국, 대만, 싱가포르 등 몇몇 나라가 국정교과서와 검인정교과서를 혼용하고 있다.

미국은 다른 서구 국가에 비해 상대적으로 하이에크의 문제의식이 폭넓게 받아들여지고 있는 나라다. 하지만 의무교육의 최소화, 형식화 결과에 대해 밀스는 『파워 엘리트』에서 매우 비판적으로 분석하였다.

"교육의 각 단계는 상류층 남녀의 형성에 중요하다. 미국의 주요 도시 상류층은 공통적인 교육 과정을 거친다. … 오늘날 미국 상류층의 통합적 요소를 밝히는 열쇠를 찾기를 원한다면, 그 열쇠는 소녀들의 기숙학교와 소년들의 사립 고등학교가 될 것이다."

미국에서 상류층은 교육을 통해 자신의 지위를 재생산한다. 그리하여 아이들을 뉴잉글랜드의 유명한 기숙학교·사립학교에 보내려는 경향이 뚜렷하다. 과거 혈통에 근거한 신분이 계층을 가르는 중요한 수단이었다면 현대사회에서는 그 역할을 명문 학교가 대신한다.

뼈대 있는 가문과 신흥 가문이 학교를 통해 상류층 일원이라는 유대를 형성한다. 사립학교는 통합의 영향력을 발휘하며 상류층 전국화를 이루는 힘이다. 단지 명문 대학을 나왔다고 해서 되는 것이 아니다. 명문 사립 고등학교 출신이어야만 한다. 이들이 법조계·경제계의 인사이더로 자리 잡고 미국의 정치·경제·법을 움직인다.

하이에크의 입장은 한국에서 수월성 교육을 강조하는 사람들이 자주 동원하는 논리다. 이들은 개인적인 효과를 극대화하는 교육을 추구한다. 의무교육을 중심으로 한 교육의 평등성이 허약해지면 필연적으로 풍선의 반대편이 부풀어 오르게 마련이다. 그 결과 교육에서 부와 지위가 가장 중요한 기준이 되고, 많은 비용을 지출해야만 다닐 수 있는 사립학교가 부각된다.

이 경우 교육이 사회적 격차와 차별을 좁히는 데 기여하는 것이 아니라 오히려 그 폭을 확대하는 역할을 한다. 현대적 실용주의를 강조하는 미국 철학자이자 교육학자인 존 듀이John Dewey조차 『민주주의와 교육』을 통해 이러한 현상을 비판하였다.

"교육을 통해서만 사회 평등은 경구 이상일 수 있다. 출생·부귀와 학습의 우연적 불평등은 타인의 기회를 항상 제한하는 경향이 있다. … 교육은 민주주의의 산파다. 복잡한 사회에서 이해하고 타인들의 움직임과 상태에 공감하는 능력은 교육만이 마련할 수 있는 공동 목적의 조건이다."

교육은 기존 사회체제가 만들어낸 불평등을 완화하는 가장 중요한 통로다. 기회의 평등이 자본주의 평등의 핵심 원리라면, 이를 실행하는 장치가 교육이다. 모든 사회 구성원이 지적인 기회를 균등하게 또 쉽게 가질 수 있도록 최대한 배려할 때 불평등은 줄어든다. 만약 교육마저 격차 확대 요인으로 작용하면 자본주의 불평등을 보완할 방법은 요원해지고, 기회의 평등은 말뿐인 앙상한 변명으로 남게 된다. 이런 상태에서는 외적으로 통제된 다수의 활동 결과에서 오는 이익을 소수만이 누리게 된다.

듀이가 보기에 미국의 교육 현실이 그랬다. 교육받은 소수는 배타적인 문화적 생활을 누리는 반면, 다수는 생활에 필요한 최소한의 일용품을 얻는 데 온 생애를 보내야 하는 상황이었다. 그래서 듀이는 학교가 빈부 격차를 고정화하고 이를 반영하며 일부 부유층 문화를 뒷받침하는 현실을 극복하기 위해 실험학교를 설립하기도 했다.

나아가 교육의 공공성은 민주주의를 지탱하는 힘이기도 했다. 민주주의는 "하나의 정치형태 이상의 것을 의미한다. 민주주의는 근본적으로 공동생활, 경험을 공유하고 전달하는 한 양식이다." 다수결이라는 의사 결정 형식만으로는 민주주의가 작동하기 어렵다. 공동 관심 범위의 확장, 그리고 개인이 가지고 있는 다양한 능력의 충분한 발휘가 민주주의를 가능하게 한다. 따라서 교육을 통해 모든 사회 구성원이 개인적, 집단적 사고를 풍부하고 자유롭게 할 수 있는 기회를 제공받을 때 민주주의가 실현될 수 있다. 민주주의에 있어서는 의사소통을 통한 자유로운 참여와 교섭을 통한 경험의 풍부하고 다양한 공유가 필요한데, 이것을 교육이 가장 효율적으로 이루어주기 때문이다. 교육을 통해 민주시민을 양성해냄으로써 우리는 사회의 민주적 개혁에 기여한다.

교육을 통한 적극적 평등 실현 조치

한국 교육에서는 실질적으로 사회적 지위와 부가 강력하게 작용하고 있음에도 불구하고 형식적으로는 단지 개인의 능력 차로 포장되어 있는 점이 가장 큰 문제다. 본래 부모의 경제·사회적 지위 차이를 배제한다는 것은 개인의 타고난 능력 차이와 개인의 노력 차이만을 인정한다는 의미다. 하지만 대부분의 국민이 부모의 경제적 수준 정도가 중등·고등학교의 성적과 나아가 대학 진학에 결정적 영향을 미친다고 생각한다.

현상적으로는 성적이 개인 능력을 보여주는 듯하지만, 실질적으로는 재산 격차가 성적 격차를 만들어내는 상황이다. 단지 기부금 입학을 불허한다고 해서 해결될 불평등이 아니다. 보다 적극적인 의미의 평등 실현 조치가 요구된다. 여기에는 롤스가 『정의론』에서 주장한 내용이 좋은 참고가 된다.

"재능이 있으면 출세할 수 있다는 요구 조건에 공정한 기회균등이라는 조건을 부가시 킴으로써 부정의를 시정하기 위해 노력해야 한다. 직위란 단지 형식적 의미에서만 개 방되어서는 안 되고, 모든 사람이 그것을 획득할 수 있는 공정한 기회를 가져야만 한 다."

누구나 재능만 있으면 '좋은' 대학과 학과에 입학할 기회가 있다는 보장 만으로 현실의 불평등이 해소될 가능성은 거의 없다. 학업 능력은 상당 부 분 부모의 부나 지위에 관련되기 때문이다. 물론 부모의 부와 상관없이 매 우 어려운 경제적 조건에서도 열심히 노력해서 명문 대학에 가고 연봉이 높은 직장을 구하는 극소수 사람이 있다. 하지만 이러한 성공 신화는 말 그 대로 극소수이고 특수한 사례다. 대부분은 저학력 상태로 가난의 대물림 을 되풀이해야 하는 처지에 있다.

미국에서는 특히 인종 차이가 현실의 불평등을 유지하는 중요 요소다. 흑인 등 소수 인종은 경제적·교육적·문화적으로 취약한 상황을 강제받 고 있다. 오랜 기간 노예 상태에 있었던 흑인의 신분 해방이 이루어졌다고 해서 경제적인 면을 포함해서 다른 문제들이 모두 해결된 것은 전혀 아니 다. 인종 차이란, 즉 부유한 백인 가정에서 태어나느냐 아니면 가난한 흑인 가정에서 태어나느냐 하는 것은 전형적으로 우연의 문제다. 한마디로 운 이 결정한다. 우연성이 지배하는 사회를 정의롭다고 인정할 수는 없다.

개인의 노력과 능력에 의해 불평등을 완화해야 할 교육도 현실에서는 백인의 압도적 전유물처럼 되어 있다. 사회는 단순히 교육을 받고 대학에 진학할 기회만 주는 것이 아니라, 그 기회 안에서 공정하게 경쟁할 수 있는 조건을 만들어주어야 한다. 이를 위해 사회적 약자들이 비슷한 출발선에서 공정한 경쟁의 기회를 갖도록 배려할 필요가 있다. 이에 대해 롤스는 이렇게 말한다.

> "문화적인 지식이나 기능을 획득하는 기회가 계급적 지위에 따라 결정되어서는 안 된다. … 차등의 원칙은 교육에 재원을 할당함으로써 장기적으로 볼 때 최소 수혜자의 기대치를 향상시켜 주게 된다."

이 경우 논란이 되는 대표적인 사례가 '할당제'다. 미국에서는 소수 인종 특례 입학과 관련한 인종 할당제가 논란이 되었다. 정부 차원에서 '적극적 평등 실현 조치'의 일환으로 인종 할당제를 실시하여 대학 입시에서 소수 인종에게 일정 비율의 기회를 제공했다. 하지만 할당제로 인해 성적이 우수하면서도 탈락하는 백인이 늘어나자 반대 움직임이 생겨났다.

'바키Bakke 사건'이 대표적 사례다. 캘리포니아주립대학 데이비스 의과대학은 100명 정원 중 16명의 입학 정원을 어려운 처지에 있는 학생이나 소수 인종 학생에게 부여하는 할당제를 실시하고 있었다. 앨런 바키라는 백인 남성은 자신보다 낮은 점수를 얻은 소수 인종 학생이 합격하고 자신은 두 차례 모두 불합격하자 구제를 요구하는 소송을 제기했다.

당시 연방 대법원 재판관 의견이 4 대 4로 팽팽하게 맞선 가운데, 캐스팅 보트를 행사했던 대법관은 "인종이라는 단일 기준에 의해 일정한 할당을 지정해놓은 할당제는 위헌"이지만, "대학 내 다양성을 위해 인종을 전형 요소 중의 하나로는 사용할 수 있다."고 함으로써 할당제는 위헌이지만

'적극적 평등 실현 조치'에 대해서는 합헌 판결을 내렸다. 롤스의 관점에서 보면 '적극적 평등 실현 조치'의 정당성을 인정함으로써 적어도 원리적 측면에서는 보상의 원칙이 유지될 수 있는 근거를 남겨놓았기에 이는 긍정적 판결이다.

구조적 불평등을 보상하기 위한 더욱 적극적인 조치가 할당제다. 흑인에게 동등한 출발선을 보장하고 공정한 경쟁의 조건을 형성하는 데 있어서 실질적 장치 역할을 하기 때문이다. 대신 사회적 약자에 대한 우대 조치가 항구적인 것은 아니다. 출발 자체가 불평등한 경쟁 조건에서 비롯되었기 때문에, '적극적 평등 실현 조치'가 실효성을 거두어서 일정 기간이 지난 후에 전반적으로 공정한 경쟁 조건이 만들어졌다고 사회적으로 인정될 때 우대 조치는 사라져도 된다. 다시 말해 불평등을 완화하기 위한 한시적인 조치인 것이다.

한국에서는 몇몇 대학에서 '지역 균형' 방식으로 지역 간 교육 격차를 완화하려는 시도가 있었다. 서울과 수도권에 비해 상대적으로 열악한 교육 환경에 있는 지역에 입학 인원 가운데 일정 쿼터를 적용하는 방식이다. 분명 지역 차이가 교육의 평등을 제한하는 조건으로 작용해서는 안 된다. 그러므로 지역 할당제 방식은 일정하게나마 '적극적 평등 실현 조치'의 의미를 갖는다.

하지만 한국 사회에서 정말 문제가 되는 것은 지역 차이보다 빈부 차이에 의한 교육 격차다. 저소득층이라 하더라도 재능이 있고 노력만 한다면 어느 대학이나 학과에 들어갈 수 있다는 방식만으로 해결될 문제가 아니다. 앞으로 저소득층의 삶의 전망이 호전될 수 있는 기회로서 교육이 제 역할을 하기 위해서는 수능이나 내신처럼 점수를 통해 전국의 학생을 줄 세우는 방식의 입시제도 자체가 바뀌어야 한다.

어떤 방식이든 모든 학생을 동일한 기준으로 수치화하여 비교 순위를 정하는 순간, 학교 이외의 다양한 교육 자원을 더 많이 활용할 수 있는 더 많은 부를 가진 집안의 자녀가 월등하게 유리한 위치에 서게 된다. 특히 대학의 경우 "능력에 따라 균등하게 교육"받을 기회를 제공해야 하는 것은 분명하지만, 인간의 능력이 한국의 입시처럼 수능이나 내신 성적으로 모두 환원될 수 있는 것은 아니다. 따라서 인간 능력을 평가하는 다양하고 폭넓은 기준이 적용되어야 한다. 또한 빈곤층이 비교적 비슷한 출발선에 설수 있도록 일정한 범위 내에서 대학 입학 과정에 우대 조치를 취하는 시도가 필요하다.

혼인과 가족은 양성평등을
기초로 성립한다

개인 존엄과 양성평등에 의한 가족

"혼인과 가족생활은 개인의 존엄과 양성의 평등을 기초로 성립되고 유지되어야 하며, 국가는 이를 보장한다."

우리 헌법 제36조 1항으로, 결혼과 가족이 평등한 관계에 의해 이루어져야 한다는 내용이다. 이미 제11조에서 성별에 의하여 "정치적, 경제적, 사회적, 문화적 생활의 모든 영역에 있어서 차별을 받지 아니한다."라며 양성평등의 기본 원칙을 밝힌 바 있다. 사람이 살아가는 데 있어 어떤 분야에서든 언제든 성 차이를 근거로 한 일체의 불평등은 허용될 수 없다.

1979년 유엔에서 별도의 '여성차별철폐협약'을 채택하여 특별히 양성평등 실현을 촉구한 이후 131개국이 이 협약을 비준했다. 전문에 이 협약의 기본 정신이 드러난다.

> **"여성에 대한 차별은 권리 평등 및 인간 존엄성의 존중 원칙에 위배된다. … 국가의 완전한 발전과 인류의 복지 및 평화를 위해서는 여성이 모든 분야에 남성과 평등한 조건으로 최대한 참여하는 것이 필요함을 확신한다."**

협약에 의하면 여성 차별 철폐는 여성 문제로 국한되지 않는다. 세상의 절반인 여성이 차별 상태에 있는 이상 인류와 국가의 복지 · 발전은 허구에 지나지 않는다. 남성과 여성이 활동하는 분야도 차별적으로 나뉠 수 없다. 어느 분야에서든 동등한 참여가 보장되어야 한다.

우리 헌법 제36조는 범위를 가정으로 좁혀서 다시 한 번 양성평등을 강조한다. 굳이 혼인과 가족생활에서 양성평등을 다시 언급한 것은 그만큼 성 차별이 집약적으로 나타나는 영역이기 때문이다. 이른바 문명사회 초기는 가부장제가 강제된 시기와 겹친다. 집안에서 남성과 여성의 수직적 위계가 두 성 사이의 사회적 위계를 정당화하는 논리와 토대 역할을 했다.

결혼은 남성이 여성을 자기 집으로 데려오는 절차였다. 여성 입장에서는 본래의 가족을 떠나 생면부지 남성의 가족 일부로 편입되는 것이었다. 결혼 후에도 남성은 주인이고, 여성은 거두고 거느리는 식솔의 하나일 뿐이었다. 여성의 운명은 오직 남성의 손에 달려 있었다.

한국에서는 비교적 최근까지 가족 내 수직적 위계가 호주제를 통해 법적, 제도적으로 보장되었다. 남성인 호주를 중심으로 호적에 가족 집단을 구성하고 아버지에서 아들로 이어지는 남계 혈통을 통해 이를 영속시키는 제도였다. 현대사회에서 유례를 찾을 수 없는, 노골적으로 여성의 차별적 지위를 강제한 가족제도다. 이는 2005년에 헌법재판소가 "혼인과 가족생활은 개인의 존엄과 양성의 평등을 기초로 성립되고 유지"된다며 위헌판결을 내린 후 폐지되었다.

> "호주제는 당사자 의사나 복리와 무관하게 남계 혈통 중심의 가(家)의 유지·계승이라는 관념에 뿌리박은 특정 가족 관계 형태를 일방적으로 규정·강요함으로써 개인을 가족 내에서 존엄한 인격체로 존중하는 것이 아니라 가의 유지와 계승을 위한 도구적 존재로 취급한다."

판결 내용 자체는 구구절절이 타당하다. 호주제는 여성을 자율적이고 존엄한 주체가 아닌 남성 중심의 가족 구조를 위한 도구로 취급할 뿐이며 가부장제를 법적·제도적으로 보장하는 차별 장치다. 하지만 이 판결은 역설적으로 한국 국회와 헌법재판소의 부끄러운 민낯을 그대로 보여준다. 국회는 물론이고 헌법재판소를 포함하여 법조계가 한국에서의 호주제가 양성평등에 의해 가족을 성립하고 유지한다는 헌법 규정과 충돌함을 50년 동안 몰랐을 리 만무하다.

호주제 실시의 뿌리였던 일본은 이미 1948년에 "가부장적 제도"이며 "양성평등에 기초한 새로운 헌법에 맞지 않는다."며 호주제를 폐지했다. 하지만 대한민국 정부는 1954년에 호주제 법안을 국회에 제출했다. 헌법이 규정하는 결혼의 양성평등권에 위배된다는 반론이 있었으나 결국 통과

됐다. 이후 몇 차례 호주제 폐지 법안이 국회에 제출되었으나 매번 부정당했다. 2005년에 헌법재판소에 의해 위헌판결이 날 때까지 무려 50년간 유지되었다. 2002년 대통령 선거에서 호주제 폐지를 공약으로 내걸고 당선된 노무현 정부가 2004년에 호주제 폐지 법안을 제출한 후에야 나온 위헌판결이었다. 국회와 헌법재판소가 정의와 헌법 정신이 아니라, 정치적 이해관계에 따라 법을 제정하고 판결한 경우가 적지 않음을 스스로 보여준 것이다. 특히 여성의 지위에 대해서는 민주주의 상식에서 벗어나고 국제적 인권 기준에서 벗어나도 얼마든지 남성 위주의 보수적 관점에 맞게 법을 주물러왔음을 보여준다.

여성 차별은 많은 차별 가운데 가장 끈질긴 생명력을 갖고 있다. 한국 사회에서 더 완강하게 나타날 뿐 동서양을 막론하고 비슷한 경향을 보여왔으며 가장 깊이 뿌리를 내리고 있다. 신분 차별은 노예제와 봉건제, 그리고 봉건제 내에서도 일정한 변화 과정을 겪었다. 신분제 본질은 유지되면서도 점차 차별 정도가 완화되는 방향으로 변화해왔다. 하지만 여성 차별 양상은 가부장제가 뿌리 내린 이후 근대 시민혁명에 이르기까지 거의 그대로 이어졌다.

시민혁명에 의해 신분과 종교를 비롯한 기존의 여러 차별이 사라진 후에도 상당 기간 여성 차별은 본질적인 면에서 큰 변화가 없었다. 심지어 사회의 온갖 차별에 반기를 들었던 세력조차도 여성 권리에 대해서는 상당히 인색한 편이었다.

여성 차별, 가장 오래되고 널리 퍼진 차별

차별을 반대하고 모든 인간을 자유로운 존재로 생각했던 근대 계몽 사상가들도 여성에 대해서는 상당히 한계적인 시각을 가졌다. 물론 이들의 사상은 과거에 비한다면 상당히 진전된 문제의식을 보여주기는 한다. 몽테스키외는 『페르시아인의 편지』에서 대자연의 법칙에 의해 여자가 남자에게 구속된다고 여겼던 기존의 도덕률을 비판한다.

"그건 절대로 자연의 법칙이 아니다. 우리 남자들이 여자들을 상대로 휘두르는 권력은 정말이지 압제나 마찬가지다."

교육의 차별이 여성을 남성보다 뒤처지게 만들었을 뿐이다. 여자도 남자와 동등한 교육을 받았다면 결코 남성에게 뒤지지 않을 것이다. 이미 교육을 받지 못해도 크게 차이가 나지 않는 분야에서 여자와 남자의 능력은 별 차이가 없다고 밝혀져 있다.

몽테스키외는 이혼에 대해서도 상당히 적극적인 시각을 가졌다. "이혼에 대한 권리만큼 서로 애착을 느끼게 만드는 건 없다. 남편과 아내는 결혼 생활을 끝낼 수 있는 건 자신들이라는 걸 알기 때문에 인내심을 갖고 지탱하려 결심한다." 기독교 전통이 강력한 현실에서는 이혼이 불가능하기 때문에 결혼 생활로 인한 고통으로 사람들은 미래에 대한 희망을 잃는다. 고통의 반복이 결혼을 불유쾌한 것으로 만들고, 혐오감·불화·무시 등을 갖게 한다. 그러므로 남성과 여성 모두의 자유로운 선택에 의한 이혼 허용이 행복한 가족 형성에 기여한다는 것이 골자였다.

하지만 그럼에도 여전히 가정 내에서 여성은 남성의 보호를 받는 존재였다. 몽테스키외는 사회계약과 시민사회 영역에서의 여성 권리에 대해 상당히 소극적이었다. 그는 여성이 자신의 고유 영역을 넘어섰을 때 사회가 무질서해진다고 보았다. 가정 내에서는 남성의 보호하에 평등 관계를 맺어야 하지만, 여성의 고유 영역은 어디까지나 가정에 국한되었고 정치, 사회 영역은 남성이 담당해야 한다는 것이 몽테스키외의 생각이었다.

루소도 『에밀』에서 오랜 기간 여성에게 강제되어왔던 온갖 기독교적 금기에 대해 비판적 주장을 펼쳤다.

"기독교는 모든 의무를 과장함으로써 의무를 실천할 수 없는 공허한 것으로 만들며, 여자에게 노래와 춤 등 세상의 모든 즐거움을 금지함으로써 가정에서 침울하고 토라지기 잘하며 견딜 수 없는 여자로 만든다."

루소에 따르자면 기독교적 금기가 여성을 우울한 의무에 종속시켜 여성에게서 결혼의 기쁨을 추방시켜 버렸다. 정숙과 엄숙의 의무가 가족에 대한 불쾌한 마음을 만들어 여성을 집에서 멀어지게 만들었다. 하지만 루소도 몽테스키외와 마찬가지로 여성 본연의 영역은 가사 노동과 가정교육이라고 여겼다. 다만 여성의 역할을 적극적으로 수행하기 위해서라도 가정에서 여성 권한을 신장시켜야 한다고 생각하였다. 동시에 여성이 공적 생활에 참여하면 남성의 우수함이 훼손되고 이기심이 더욱 악화된다고 주장했다.

계몽 시대 여성관은 지식 측면에서도 가능성과 함께 한계를 지녔다. 계몽 지식인들은 대체로 여성의 지적 활동을 옹호했다. 계몽사상의 영향으로 살롱을 통한 여성과 남성의 지적 교류도 자연스러워졌다. 하지만 여성을 지적 생산자로 인정하고 작업을 독려하기보다는 토론 중재나 조정 역할에 한정했다. 루소는 그마저도 상당히 부정적으로 생각하였다.

계몽사상의 한계는 프랑스대혁명 이후의 현실 상황에서도 비슷하게 나타났다. 1789년 프랑스 인권선언은 여성의 정치 참여를 인정하지 않았다. '인간과 시민'에 남성만 포함되고 여성은 배제됐다. 여성의 요구가 없었던 것도 아니다. 여성들은 다양한 통로로 여성 권리를 주장했다. 당시 제헌 국민의회에 제출된 여성들의 청원서에는 여성 배제에 대한 비판과 여성의 정치·사회적 권리가 강력하게 표명되어 있다.

"당신들은 과거의 모든 편견을 파괴했지만 가장 오래되고 널리 퍼진 편견은 용인하고 있습니다. 인구의 절반을 차지하는 여성에게 관직·지위·명예를 허용하지 않으며 무엇보다도 우리가 당신들과 자리를 같이할 수 있는 권리를 부정하고 있다는 사실입니다."

남성과 "자리를 같이할 수 있는 권리" 가운데 특히 선거권이 중요하다. 세금 납부나 사업상 계약 의무 등에서 남성과 동일한 조건에 있는 여성에게 동일한 선거권을 주어야 한다. 또한 "대표자는 반드시 그들이 대표하는 사람들과 똑같은 이해관계를 가져야 하기 때문에, 여성만이 여성을 대표할 수 있다." 즉, 여성의 정치적, 사회적 대표성은 결국 여성에 의해 실현된다.

하지만 제헌 국민의회의 인식은 계몽 사상가들의 사고방식에서 벗어나지 않았다. 가족 영역에서는 친권 행사 보장을 비롯하여 여성의 권리가 신장된 바 있었다. 가정 내에서 남편과 아내를 동등한 존재로 인정했다. 민사소송에서 공평한 법 집행이 적용되었다.

그러나 정치를 비롯한 공적 영역은 전혀 다른 시각이 지배했다. 근본적, 구조적 변혁을 추구한 자코뱅파의 핵심 인물이자 대중적 접촉면이 가장 넓은 장 폴 마라Jean Paul Marat도 별 차이가 없었다. 모든 시민은 주권자로서 선거권을 가져야 하지만 여성은 가정이라는 사적 영역과 달리 공적 영역에서 아이와 마찬가지로 가장인 남성에 의해 대리되기 때문에 선거권을 가질 수 없다고 보았다. 급진파였고 대중의 요구에 누구보다 민감했던 마라가 이 정도였으니 일반 제헌 국민의회 의원의 사고방식은 더 말할 것도 없다.

프랑스대혁명 후 백 수십 년이 지난 20세기 초반에야 여성 참정권은 비로소 순차적으로 허용되었다. 1905년 핀란드에서 처음으로 여성 선거권과 피선거권 모두가 인정되었다. 1907년 총선에서 19명의 여성이 핀란드 의회의 의원으로 선출되었고, 1920년대에 유럽과 미국에서 남성과 동등한 조건으로 여성에게 선거권이 부여되면서 보통선거가 자리를 잡았다. 그 정도로 공적 영역에서의 여성 권리는 오랜 기간 뒷전이었다.

남성 중심의 개인 권리가 혁명적으로 분출된 게 18세기 후반 시민혁명이었다면, 여성 권리가 '여성해방운동' 차원에서 본격적으로 분출된 시기는 거의 200년이 지난 1968년 '68혁명'을 전후해서다. 가부장제적 의식과 관행이 얼마나 강력한 관성을 지니는지 잘 보여주는 사실이다.

보부아르,
여성해방의 논리를 열다

1960년대 들어 진행된 여성해방의 논리에 있어서는 1949년 시몬 드 보부아르Simone de Beauvoir의 『제2의 성』이 분기점 역할을 했다.

> "여성은 여성으로 태어나는 것이 아니라 만들어지는 것이다. 생리적, 심리적, 경제적 숙명이 남성의 지위를 결정하지 않는다. … '여성다운' 여성의 본질적 특성이라 불리는 수동성도 유년시절부터 줄곧 키워졌다. 여성은 교육이나 사회에서 강요받는 숙명이다."

성이 생물학적 개념이라면 젠더는 사회적 개념이다. 따라서 여자(female) 혹은 여성(woman)이 되는 것은 별개의 문제다. 사회적으로 여성은 주위 시선, 특히 남성의 시선에 의해 결정된다. 흔히 여성다움은 타고나는 것으로 여겨지지만 이는 부모에 의해 훈련된 선택이다. 갓난아이는 아빠와 엄마의 말투나 행동을 보면서 남성다움과 여성다움이라고 규정된 사회적 편견과 습성을 배운다. 여성은 스스로의 눈이 아니라 남성의 눈에 의해 사고와 행위를 정한다. 이러한 사회적, 문화적 풍토가 아이에게 적용되면서 여성은 수동적, 수세적 성향을 갖게 된다. 보부아르에 의하면 여성이 먼저 '여성'으로서의 정체성을 직시해야 한다. 자신이 누구인가를 규명하기 위해 반드시 '여성은 누구인가' 하는 물음에 답해야 한다.

가족 영역에서도 시민혁명을 통해 개선된 여성의 지위 정도로는 양성평등에 도달했다고 볼 수 없다. 단순히 기존 가족제도 내에서의 친권 행사나 상속 권한, 가사 분담 등과 같은 부분적 개선만으로는 동등한 자율적 주체로 나아갈 수 없다. 기존 가족제도 자체에 대한 극복과 대안 모색이 요구된다.

보부아르는 실천적으로도 남성과 동등한 관계를 실험했다. 그녀는 철학자 사르트르와 2년간의 계약 결혼에 들어갔는데, 주요 계약 내용은 세 가지였다. 첫째, 서로 다른 사람과 사랑에 빠지는 것에 동의한다. 둘째, 서로 거짓말을 하지 않고 숨기지 않는다. 셋째, 경제적으로 서로 독립한다. 특히 다른 사람과 사랑할 권리를 인정한 내용을 놓고 두 사람에 대한 신랄한 비난이 끊이지 않았다. 이들은 근처의 아파트나 호텔에 각기 기거하면서 매일 만나 사랑하고 토론하고 작품을 구상했다. 같은 집에 살지 않으며, 결혼도 하지 않고, 아이를 낳지 않으며, 동시에 상대에게 모든 자유를 보장하는 동지적 관계를 표방한 계약 결혼은 50년이 넘도록 이어졌다. 오늘날 계약 결혼은 프랑스 전체 가정의 10%를 차지한다.

1968년과 1970년대로 이어진 혁명적 사회운동은 경제적 처지 개선을 넘어 현실 체제에서 가장 억압당하던 사람들의 욕구에 초점을 맞춘 주장과 결합되어 있었다. 사회 전 영역에서 남성과 여성의 새로운 관계를 정립하려는 움직임이 나타났다. 또한 여성운동이 다양한 민권운동과 결합되는 방향으로 나아갔다. 미국 흑인 민권운동의 핵심 단체였던 블랙팬더당의 '혁명적 인민제헌대회의 테제'를 보면 인종차별과 여성 차별은 별개가 아니었다.

"여성의 자기 결정에 연대감을 표시하기 위해, 남성 우월주의의 잔재를 단호히 일소하기 위해 '인간/남성'이라는 단어가 쓰이는 모든 곳에서 '인민'이라는 단어를 써야 한다."

인종차별 반대는 여성 차별을 비롯하여 일체의 차별을 극복하는 운동이어야 한다는 문제의식이다. 또한 "자본주의 문화에서는 가족제도가 인민의 필요에 봉사하는 것이 아니라 경제적 도구나 수단으로 이용되어왔다."는 내용처럼 가족제도 개선도 목표에 포함되었다.

그런데 여성 차별은 한국에서 더 심각하다. 헌법의 양성평등 규정과 관련 법률 제정으로 부분적 개선은 있었지만 여전히 뿌리 깊은 차별이 퍼져 있다. 보부아르의 주장처럼 가족 관계를 포함하여 정치, 경제, 문화, 사회 전 영역에 걸친 총체적 변화가 필요하다.

경제적 자립이 인격적 자립의 출발이라는 점은 분명하다. 하지만 경제적 조건이 변해도 가정에서 여성에게 강제되는 모든 부당함이 사라지지는 않는다. 여성이 어느 정도 경제적 능력을 발휘하는 맞벌이 부부라고 해서 부당한 대우가 사라지는 것은 아니다. 가부장제 틀 속에서 형성된 온갖 사회적 규범과 문화가 함께 바뀌지 않는 한 근본적인 변화는 어렵다.

아직도 한국은 유교적 사고방식이 지배하고, 남존여비에 기초한 남아 선호 사상이 뿌리 깊은 나라다. 남녀 성비의 격차가 큰 나라로도 유명하다. 과학이라는 이름 아래 자행되는 태아 성 감별과 중절수술 때문에 상당수 여자아이가 태어나지도 못하고 죽음을 맞이한다.

상당수 한국 여성은 오랜 기간 교육을 받았음에도 불구하고 결혼과 함께 공적인 사회 활동을 포기하고 육아와 가사에 매달린다. 결혼이 자아실현을 가로막는 장애물로 작용한다. 학창 시절의 소중한 꿈을 접어야 했던 여성은 남편이나 자식의 성공을 통해 대리 만족을 하는 처지로 전락한다. 여성은 남편에 의해 사회에 간접적으로 연결되고, 자식을 통해 미래와 간접적으로 연결되는 수동적, 보조적 존재가 된다.

헌법이 보장하는 양성평등에 기초한 결혼과 가정이 실현되기 위해서는 직장에서의 여성 차별 철폐, 공적 활동 참여 확대만이 아니라 가정 내 평등 관계, 문화적 편견의 일소 등 다방면의 변화가 필요하다. 특히 가부장제 질서와 사고방식 내에서 만들어진 기존 가족제도를 넘어서려는 모색과 시도에 대해 법과 정책이 개방적인 태도를 보여야 하겠다.

다양한 가족 형태에 대한 인정

기존 가족제도를 넘어서려는 모색과 시도는 보통 다양한 가족형태의 사회적 인정으로 나타난다. 남성과 여성의 법적 혼인으로 구성된 가족만이 아니라 다른 형태의 자율적 선택을 보장하는 것이다. 보통 보장은 법에 의해 공식적으로 인정하는 방식, 다른 가족 형태를 선택했다고 해서 법적, 사회적 불이익을 주지 않는 방식으로 나타난다.

이와 관련하여 가장 뜨거운 논쟁점은 동성 가족이다. 유럽과 미국은 동성 가족을 폭넓게 허용하는 추세다. 덴마크, 네덜란드, 벨기에, 스웨덴, 프랑스, 독일, 영국 등에서는 이를 법적으로 보호하고 있다. 프랑스는 1999년에 동성 결합을 공인하는 시민연대협약을 통과시켰는데, 이성 또는 동성 커플이 동거 계약서를 법원에 제출하고 3년 이상 결합을 유지한 사실을 인정받으면 사회보장, 납세, 유산상속, 재산 증여 등에서 보통 부부와 똑같은 권리를 누린다. 독일은 동성 공동체에 대한 차별을 금지하는 법률을 제정했다. 유럽연합에서는 유럽연합 인권 헌장에 따라 성적 지향과 성별 정체성에 근거한 어떠한 차별도 불법으로 규정한다.

미국은 최근 동성 결혼을 합법화했다. 2015년에 대법원은 "수정 헌법 제14조(평등권)는 각 주가 동성 결혼을 허용할 것과 동성 결혼이 다른 주에서라도 적법하게 이뤄졌다면 허용할 것을 요구하고 있다."는 판결을 내렸다. 동성 가족을 형성한 사람들 역시 "법 앞에서의 평등한 존엄을 요구한 것이며 헌법은 그 권리를 보장해야 한다."고 밝혔다.

한국은 법으로 동성 결합을 금지하지는 않지만, 동성 가족은 이성 간 법적으로 결혼한 부부가 누리는 권리를 보장받지 못하고, 또한 특정 영역에서는 심각한 차별을 받는다. 예를 들어 군대 내 동성애자는 신체적, 정신적 괴롭힘을 당한다. 국가인권위원회의 성적 소수자 인권 기초현황조사 자료에 따르면 이들은 강제 커밍아웃, 계속적인 괴롭힘, 반강제 입원 조치 및 구타, 목욕과 취침 시 다른 병사와 격리 등의 불이익과 폭력에 시달리는 경우가 많았다.

군형법 제92조는 "계간 및 기타 추행을 한 자는 2년 이하의 징역에 처한다."는 처벌조항이다. 인권위 보고서는 '계간鷄姦'이라는 단어 자체가 군형법에서 동성 간 성행위를 변태로 규정하고 있다는 의미이며, 강제와 합의를 똑같은 관점으로 본다는 점에서 문제라고 지적하였다. 병영 내 이성 간 합의에 의한 성관계는 처벌하지 않는 데 비해 동성 간 성관계는 합의에 의한 것까지 성폭력으로 간주하여 처벌하는 것은 명백한 차별이다. 군대만이 아니라 전반적으로 성적 소수자가 근거 없는 비난을 당하거나 혐오 대상이 되는 경우가 많다는 점을 누구도 부정하기 힘들다.

헌법과 관련해서는 우리 헌법의 동성 가족 부정 여부가 논란이 된다. 헌법 제36조 1항의 "혼인과 가족생활은 개인의 존엄과 양성의 평등을 기초로 성립되고 유지되어야" 한다는 내용이 동성 가족을 부정하는 의미인가 하는 이견이다. 동성 가족 인정에 부정적 입장을 가진 사람들은 '양성'이 남성과 여성을 의미하므로 이 조항이 이성 가족만을 인정하는 것이라고 해석한다.

하지만 이는 헌법 내용의 자의적 해석이라는 비판에서 벗어나기 어렵다. 이 조항은 '평등'한 가족관계에 대한 규정이지 동성 결혼의 인정 여부와는 관계가 없다. 가부장적 사회 문화, 이혼 혹은 재혼 여성의 친권 제한, 아들과 딸의 상속권 차별 등을 금지하기 위해 만들어진 조항이지 동성 간 결합으로 이루어진 가족을 인정하지 않는다는 규정이 아니다. 만약 남성과 여성으로 이루어진 가족만을 인정하는 조항이라면, 아버지·아들이나 어머니·딸로 이루어진 홀부모 가족은 가족 범위에서 제외되어야 하는가? 지극히 옹색한 해석이고 억지 논리다.

대한민국 국가인권위원회법 제2조 3항의 구체적 차별 금지 대상에는 인종, 나이, 학력 등과 함께 성적 지향이 포함되어 있다. 또한 형의 수용 및 군 수용자 처우에 관한 법률에도 성적 지향이 명시되어 있다. 법령으로 동성애자 차별을 금지하는 것이다. 당연히 차별 금지의 영역에는 사회생활의 기본단위라 할 수 있는 가족이 포함된다.

또한 한국 헌법재판소의 기존 판결 근거를 보더라도 가족은 남성과 여성으로만 구성되는 것이 아니라 개인의 자유로운 결정에 근거한다. 호주제 위헌판결 내용 중 일부만 봐도 그러하다. 헌재는 "혼인·가족생활을 어떻게 꾸려나갈 것인지에 관한 개인과 가족의 자율적 결정권을 존중하라는 헌법 제36조 제1항"을 강조했다. 결혼과 가족의 양성평등을 규정한 헌법 내용이 개인과 가족의 자율적 결정권을 의미한다고 스스로 밝힌 것이다.

푸코는 동성애에 대한 거부와 금지가 고작 200~300년밖에 되지 않았다고 주장한다. 『성의 역사』에서 유럽이 부르주아 사회로 전환되면서 성이 은밀하게 유폐되고 동성애에 대한 억압이 노골화되었다고 지적한다.

"부부 중심의 가족이 성을 몰수한다. 그리고 성을 진지한 생식기능으로 완전히 흡수해 버린다. 합법적이고 생식력 있는 부부가 지배자처럼 군림한다. … 금지의 근거가 되곤 한 '자연' 역시 일종의 법이었다. 오랫동안 동성애자나 양성애자는 범죄자나 우범자였다."

부부를 중심으로 한 섹스 이외의 성에 대해서는 침묵이 요구된다. 특히 동성애는 마치 존재하지 않을 뿐만 아니라, 존재해서도 안 되며, 행동에서든 말에서든 조금이라도 그런 기미가 보이면 안 되었다. 생식기능에 부합하지 않거나 생식기능에 의해 변형되지 않는 것은 더 이상 발붙일 곳이 없어졌다. 이러한 강제는 부르주아사회의 원리, 즉 생산성 향상 논리를 근간으로 한다고 푸코는 주장하였다.

동성애에 대한 억압은 인구 증가를 유지하고 노동력을 재생산하며 사회관계의 형태를 갱신하는 것, 요컨대 성을 경제적으로 유용하고 정치적으로 보수적이게끔 정비하는 시도에 의해 좌우된다. 생식의 엄밀한 질서에 종속되지 않는 성의 형태는 현실에서 몰아내야 할 대상으로 규정된다.

사회는 오직 부부에 의한 성행위만을 유아기에서 노년기까지 성적 발달의 표준으로 규정한다. 생식을 목적으로 하지 않는 동성애나 성적 도착은 정신병으로 취급하고 사법적으로 단죄한다.

푸코는 그러한 의미에서 성의 문제는 권력의 문제라고 단언한다. 일부일처제 이외의 가족 형태나 성행위를 금지시킴으로써 획일화된 사회체제를 강제하는 효과를 만들어냈다. 한 사회를 지배하는 체제가 영속적·반복적으로 자기 재생산을 하기 위해서는 유동성과 다양성을 억눌러야 하는데, 가족 형태의 획일화도 이에 복무하는 역할을 한다. 이를 위해 정상과 비정상을 구분하고 비정상으로 지목된 행위에 대해서는 사회적 편견이나 금지가 뒤따른다.

한국 사회의 경우는 더 심하다. 일부일처제를 중심으로 한 가부장제, 즉 부권제를 체제 유지를 위한 획일화된 정상 가족으로 강제하고, 동성애를 비롯한 일체의 다른 가족 형태나 성행위를 비정상으로 규정하면서 억압이 나타났다. 성적 소수자의 자유로운 자기표현과 행복 추구의 권리가 다수의 관념에 의해 제한당한다. 동성애를 비롯하여 다양한 가족 형태를 인정함으로써 단순히 성적 소수자만을 위한 것이 아니라, 푸코의 문제의식대로 사회 전체의 억압을 완화하고 자유로운 표현과 행위를 증대시키는 것이 한국 사회에서 아주 중요한 시도가 될 것이다.

국가는 성장 · 분배의 조화와 경제민주화를 추진한다

시장 역할 이론들의 변화 과정

"대한민국의 경제 질서는 개인과 기업의 경제상의 자유와 창의를 존중함을 기본으로 한다."

"국가는 균형 있는 국민경제의 성장 및 안정과 적정한 소득의 분배를 유지한다."

우리 헌법 제119조 1항과 2항의 내용이다. 보통은 1항의 "개인과 기업의 경제상의 자유와 창의"를 기본으로 한다는 내용을 순수한 시장경제로 이해한다. 하지만 2항에서 성장과 함께 소득분배를 강조한 점만 봐도 이는 단순히 순수한 시장경제를 의미하지 않는다는 것을 알 수 있다. 게다가 이어지는 내용에서 아예 직접적으로 시장의 지배 방지와 경제민주화를 거론함으로써 순수한 시장경제와 구분하고 있다. 굳이 개념적으로 정리하자면 헌법이 규정한 경제체제는 '시장경제'라기보다 '사회적 시장경제'에 가깝다.

시장에 대한 국가의 역할 가운데 가장 익숙한 논쟁점은 시장과 정부, 성장과 분배의 관계다. 20세기 초반까지 자유주의경제학이 자본주의경제를 지배했다. 18세기 영국에서 시작된 산업혁명을 발판으로 거대한 부와 사회 변화를 일으킨 자본주의 체제는 몇 차례 불황과 제1차 세계대전 등 우여곡절을 겪으며 20세기 초반에 이르기까지 외형적 발전을 거듭해왔다. 이는 애덤 스미스가 『국부론』에서 주장한 시장경제 원리를 기본으로 한다.

"각 개인이 최선을 다해 자본을 국내 산업 자원에 사용하고 노동 생산물이 최대의 가치를 갖도록 노동을 이끈다면 사회 연간 수입을 최대화하려 노력한 것이 된다. … 개인이 지역적 상황에서 어떠한 정치가나 입법자보다 훨씬 더 잘 판단할 수 있다."

사회 구성원들이 갖는 부의 근거가 되는 한 사회의 부는 개인의 사적 이익 추구로부터 발생한다. 한 사회의 부는 그 사회에서 만들어진 교환가치와 일치하기 때문이다. 부는 저절로 주어지는 것이 아니라 생산을 통해 만들어지고, 궁극적으로는 사회적 교환을 통해 실현된다. 결국 자신의 이익을 늘리기 위한 이기적 목적에서 자본을 투자하고 경영을 할 때 더 많은 사회적 이익이 발생한다. '보이지 않는 손', 즉 시장의 역할에 의해 생산물이 개인의 사용을 넘어 교환가치를 통해 사회적 부를 실현하는 것이다.

따라서 정부의 가장 중요한 역할은 사적 이익 추구의 최대한 보장이다. 어디에 어떻게 투자할 때 가장 큰 이익이 되는가 하는 것은 개인이 가장 잘 안다. 반대로 정부가 투자와 경영에 간섭을 하게 되면 사적 이익은 물론이고 사회의 이익도 줄어든다. 투자나 경영만이 아니라 교환 과정에의 개입도 마찬가지 결과를 초래한다. 왜냐하면 시장은 생산자와 상인과 소비자들 사이의 경쟁에서 균형을 잡아주는 역할을 하기 때문이다.

사회 전체의 부가 늘어나면 자연스럽게 사회 구성원 각자의 부도 늘어난다. 이는 대표적인 자유주의 경제학자 밀턴 프리드먼Milton Friedman이 『선택할 자유』에서 주장한 논리이기도 하다.

> "서구의 자본주의가 이룩한 위대한 업적은 주로 일반 대중의 이익으로 돌아가는 것이었다. 이러한 업적 덕택에 전에는 부자와 권력층만의 특권적 전용물이었던 생활상의 여러 편리 시설을 일반 대중도 이용할 수 있게 되었다."

프리드먼의 논리는 18세기보다는 19세기 노동자의 삶이, 또한 그보다는 20세기나 21세기 노동자의 삶이 윤택해졌다는 것이다. 또한 후진국이나 개발도상국보다는 선진 자본주의국가 노동자의 경제적 조건이 더 풍요롭다는 점을 보더라도 이기적 목적에 의한 개인의 생산 동기와 시장을 통한 교환이 사회적 부 증진의 가장 중요한 동력이 된다.

이 논리에 따르면 만약 기업가나 경영자가 사회적 이익을 직접 고려하면 오히려 기업의 경영 악화를 초래해 사회 전체에 더 큰 피해를 준다. 선행을 위한 기업의 노력은 시장에서 낭비로 해석될 뿐이다. 이러한 성격의 추가 비용은 기업을 파산으로 이르게 하는 지름길이다. 반대로 기업이 자기 이익에만 충실할 때 전체적 번영이 가능하다. 부의 편차가 아니라 사회 전체의 풍요 증가에 주목해야 한다.

시장이 사회의 부를 공평하게 나눌 수는 없다. 부자와 가난한 자의 구분은 필연적이다. 하지만 이는 정부가 직접 개입해서 어찌할 수 있는 문제가 아니다. 이 때문에 하이에크는 경제활동을 '카탈락시catallaxy 게임'이라고 규정하였다.

시장이라는 코스모스에서는 이기적인 상대가 이익 추구로 인해 서로의 이익을 증진시킨다. 목표들의 질서가 단일하지 않고, 서로 얽히고설킨 그물망으로 이루어져 있다. 경기에 참가하는 선수들의 지식과 목적은 다 다르지만 누구든 시장이라는 게임의 룰을 따라야 한다. 모든 이에게 공정한 기회의 평등을 주되, 게임의 결과는 개인의 운과 기량에 맡겨야 한다는 주장이다.

시장으로 인해 발생하는 빈곤 문제의 해결에 대해서는 애덤 스미스가 『도덕 감정론』에서 강조한 다음의 원칙이 적용된다.

"아무리 이기적이더라도 인간 본성에는 연민과 동정의 원리가 존재한다. 이 원리로 인해 인간의 운명에 관심을 가지게 되며 자기에게는 별 이익이 없어도 타인이 행복하기를 바란다. 타인의 비참함을 목격할 때 연민과 동정을 느낀다."

애덤 스미스의 주장은 절대 빈곤에 대해 아무 일도 하지 말아야 한다는 것이 아니다. 다만 문제 해결 주체가 정부여서는 안 된다. 성장이 개인에 의한 것이듯이 이로 인해 나타나는 문제도 개인이 해결해야 한다. 이는 모든 인간이 본래 가지고 있는 연민과 동정이 해결해준다. 보통 선진 자본주의사회에서 나타나는 자선 활동이 그 근거다. 자선 활동이 선진 자본주의 사회에서 활발하게 나타나는 현상은 부의 급속한 성장에 근거한다. 시장이 절대 빈곤도 자연스럽게 해결한다는 논리다.

하지만 실제 역사는 다른 방향으로 진행됐다. 인류는 20세기 이전에도 여러 차례 심각한 불황을 겪었으며 19세기에서 20세기 초반에 이르기까지 빈부 격차는 확대일로에 있었다. 특히 1929년에 시작된 '대공황'은 거대한 충격이었다. 거의 10년에 걸쳐 전 세계 산업 지역에서 경기 침체가 지속됨으로써 시장이 저절로 경제성장을 이룰 것이라는 기대를 무색하게 만들었다. 대공황을 계기로 빈곤의 골은 더 깊어졌다. 연민과 동정이 빈곤 문제를 해결할 것이라는 예상도 한참을 빗나갔다.

대공황은 시장이 수요와 공급을 조절해 경제를 균형 상태에 이르게 한다는, 애덤 스미스 이래 고전파 경제학 신념에 근본적 의문을 제시하게 했다. 공황 가능성을 부인한 신고전파 경제학은 대공황이라는 전대미문의 사태에 직면하여 아무 일도 할 수 없었다.

이때 자본주의 위기의 해결사로 나선 것이 케인스다. 그는 『고용, 이자 및 화폐의 일반이론』에서 시장에 모든 것을 맡기는 자유방임주의가 최선이라는 고전 경제학 이론을 부정하고 시장에 대한 정부의 적절한 관리를 통해 공황을 예방할 수 있다고 주장했다.

"우리가 사는 경제사회의 두드러진 결함은 완전고용을 성취하지 못한다는 점, 부와 소득의 분배가 자의적이고 불평등하다는 점에 있다. ⋯ 소비성향을 증가시킬 수 있도록 소득의 재분배를 도모하는 제 방안은 자본의 성장에 적극적으로 기여하게 될 것이다."

현실에서는 시장에 의한 균형이 실현되고 있지 못했다. 자본주의 발흥기부터 꾸준히, 반복적으로 나타나는 불황, 특히 공황이 이를 증명한다. 각자가 자기의 이기심을 추구하더라도 저절로 사회적 조화가 이루어지는 것은 아님을 현실이 보여주었다. 이는 단순히 사적인 창의나 이익 추구, 시장 자체에 대한 비판이 아니다. 시장 보호를 위해서도 시장 결함에 대한 이해가 필요했다.

만들어진 상품은 저절로 팔리지 않는다. 생산은 소비와 뗄 수 없는 밀접한 관계에 있다. 상식적으로 소비자가 사야 팔린다. 생산은 유효수요의 한 부분을 차지하는 소비자의 능력에 상당 부분 의존한다. 그런데 시장경제의 두드러진 결함은 완전고용을 성취하지 못한다는 점이다. 상품을 사고 싶어도 살 능력이 없는 사람이 상당한 층을 형성한다. 소득분배의 불평등이 소비를 위축시킨다. 이는 부메랑이 되어 생산 위축으로 나타난다. 시장의 고유한 한계이기 때문에 정부 개입에 의해 결함을 보완해야 한다.

케인스 논리만이 아니라 세계 자본주의 시장경제를 좌지우지하는 기관인 IMF조차 자유주의경제학이 강조하는 부의 '낙수 효과'가 완전히 틀린 논리임을 인정한다. 낙수 효과란 대기업과 부유층의 소득이 늘어나면 투자가 촉진되고 경기가 부양되며, 이로 말미암아 저소득층에도 혜택이 돌아가 소득 양극화가 해소된다는 논리다.

IMF가 150여 개국을 분석하여 발표한 2015년 「전략 정책 평가국 보고서」에 의하면 상위 20% 세층의 소득이 1% 승가하면 이후 5년의 성장이 연평균 0.08% 감소한다. 반면에 하위 20%의 소득이 1% 늘어나면 같은 기간의 성장이 연평균 0.38% 확대된다. 보고서는 "소득 불균형 확대가 성장과 거시경제 안정에 심각한 충격"을 주고, 반대로 "하위 계층의 소득을 늘리고, 중산층을 유지하는 것이 성장에 도움"이 된다고 밝힌다.

케인스는 공급에 비해 수요가 부족한 과잉생산이 공황의 원인이라고 분석하고 정부가 나서서 고용을 창출하고 과감한 복지 정책을 도입해 유효수요를 창출하면 공황을 극복하고 지속적, 안정적 경제성장을 이룰 수 있다고 주장한다. 이를 위해 필요한 정부의 시장 개입으로 이자율 조정과 복지, 정부의 공공사업 등을 제안한다.

"국가는 과세와 이자율 조정 혹은 다른 방법을 통해 소비성향에 지도적인 영향력을 행사하여야 할 것이다. … 상당히 광범위한 투자의 사회화가 완전고용에 가까운 상태를 확보하는 유일한 수단이 되리라고 생각한다."

케인스에 따르면 정부는 금융정책을 통해 이자율을 인하해야 한다. 돈이 돈을 버는 투기 행위를 이자율 인하로 방지하면 돈이 생산적 투자로 전환될 수 있다. 이자율을 낮추기 위한 정책은 여러 가지다. 중앙은행이 국채시장에서 국채를 사들이고 현금을 풀면 이자율은 저하하고, 반대 정책을 취하면 이자율이 올라간다. 중앙은행 재할인율 인하로 이자율을 낮출 수 있다. 또한 정부는 산업 육성에 대한 정책을 세우고 우선순위에 따라 재정자금을 집행할 뿐만 아니라 민간 금융기관에게 자금 분배를 요청할 수도 있다.

투자의 사회화도 중요한 방법이다. 이기심에 의해서만 움직이는 기업가나 투기꾼들이 투자를 기피하여 고용이 악화되는 문제를 해결하기 위해 일부 분야에서 정부가 대신 투자해야 한다. 정부 투자는 곧 국민의 소득이 되어 구매 능력을 증가시키고 민간투자를 유발한다. 이때의 투자는 모든 사업 영역에 대한 것은 아니다. 도로, 항만, 공항, 철도, 학교, 병원, 공원 등 사회 기반 시설에 투자하라는 권고다. 정부의 투자를 통한 유효수요 확장 자체가 중요하다.

직접적인 투자의 사회화 이외에도 여러 방법이 있다. 예를 들어 공무원의 수를 늘리고 봉급을 인상하는 것, 사회보장제도를 확대해 빈민이나 저소득층에게 소득을 보조하는 것 등이 포함된다. 정부의 소비와 투자를 증가시키면 기업가의 투자도 증가하기 때문에 경제가 호황으로 전환한다.

케인스 이론에 따라 당시 미국은 뉴딜 정책에 의존하여 불황 극복에 나섰다. 정부는 거액의 공채 발행을 통해 막대한 투자 재원 조달에 나섰다. 투자의 사회화 일환으로서 테네시 계곡 개발 등 대규모의 공공사업에 투자했다. 농산물의 경작 제한과 공산품의 경쟁 제한, 생산 제한에 대한 보상금 지급 등은 물론이고 광범위한 실업구제사업을 실시했다. 세계 각국 정부도 시장에 적극적으로 개입해 공황을 극복하는 데 크게 기여했다.

20세기 후반부터 정부의 시장 개입에 비판적인 신자유주의 정책이 확대됐지만, 어디까지나 개입 정도의 완화이지 개입의 부정은 아니었다. 순수한 시장경제로의 회귀와는 거리가 멀었다. 특히 21세기 들어 미국발 금융위기가 세계를 덮치자 시장에 대한 정부 개입 확대를 요구하는 목소리가 더 커지는 중이다. 한국 헌법도 시장경세의 역사적 경험 속에서 성장과 분배의 균형을 위한 국가의 시장 개입을 기본 원칙으로 규정하고 있다.

시장의 지배와 경제력 남용 방지

"국가는 시장의 지배와 경제력의 남용을 방지한다."

우리 헌법 제119조 2항의 계속 이어지는 내용이다. 소득분배 차원을 넘어서 국가가 시장의 지배와 경제력 남용을 방지하고 있다. 여러 쟁점이 있지만 자본주의사회에서 가장 큰 문제는 독과점이다. 시장 경쟁에서는 독점화 현상이 일어나는데, 시장이 독과점 기업에 의해 지배될 경우 자원의 효율적 배분조차 보장될 수 없는 상황이 초래된다. 모든 것을 시장의 자유에 일임할 때 필연적으로 독과점 문제가 발생하고 시장 경쟁이 가로막힌다.

그러므로 정부가 시장에 개입하여 독과점을 억제할 필요가 생긴다. 자유주의 혹은 신자유주의를 옹호하는 경제학자들은 독점에 대한 정부의 개입조차 비판한다. 심지어 독점기업을 옹호하는 경우도 적지 않다. 케인스, 하이에크와 더불어 20세기 경제학의 거두로 불리는 조지프 슘페터Joseph Schumpeter가 『자본주의 · 사회주의 · 민주주의』에서 주장한 내용과 같다.

"독점적 지위를 가진 사업자도 늘 경쟁 상태에 있다고 느낀다. … 경쟁이 독점보다 언제나 바람직하다는 명제는 성립하지 않는다. 자본주의사회에서 성공적인 혁신자가 차지하는 독점이윤은 정당하다고 할 수 있다."

그에 의하면 자본주의 현실에서 중요한 경쟁은 신상품, 신기술, 신공급원, 신조직형태 등과 관련된다. 경쟁 결과는 기업 이윤이나 생산량 정도에 그치지 않고 기업의 토대 및 생존 자체까지 좌우한다. 신상품, 신기술 등으로 시장점유율이 높아졌다면 이는 시장이 성공적으로 작동한 결과다. 또한 시장에서 1위를 차지하고 있는 기업은 독과점적 지위를 남용하지 않고 1위 자리를 지키기 위해 부단히 노력한다. 다른 기업에게 혁신을 위한 동기와 분위기를 부여함으로써 시장 기능의 활성화 역할을 한다.

하이에크는 독점이 문제이기는 하지만 정부 개입이 더 큰 문제라고 주장한다. 『자유 헌정론』에서 독점의 문제는 부분적, 한정적 차원에서만 접근할 필요가 있다고 설명한다.

> "기업의 규모를 제한하려는 모든 정책이 지닌 자의적 특성을 보고 크게 놀랐다. … 독점은 분명히 바람직하지 못한 것이다. 그러나 희소성이 바람직하지 못한 것과 동일한 의미에서만 그렇다. 우리는 둘 중 어느 것도 피할 수 없다."

하이에크의 주장에 따르면 독점이 바람직하지 못한 것은 오직 희소성이 바람직하지 못한 것과 동일한 의미에서만이다. 자원과 재화의 희소성 자체가 바람직할 수는 없다. 부족해서 좋을 게 없지만 피할 수 없기에 받아들여야만 한다. 독점도 바람직하지는 않지만 피할 수 없는 현실이다. 특정한 조직이 다른 조직이 갖고 있지 못한 능력이나 이점을 갖고 있다는 점은 어떤 재화가 희소하다는 사실과 마찬가지로 삶에서 불쾌한 사실 중 하나다. 하지만 이 사실을 무시하거나 이를 제한해서 자유로운 시장 경쟁이 아닌 사이비 경쟁 조건을 만들려고 해서는 안 된다.

법이나 정부는 독점 자체를 막아서는 안 되고, 단지 행위 유형에 대해서만 개입할 수 있어야 한다. 만약 독점기업이 인위적인 진입 장벽을 통해 경쟁을 제거한다면 정부가 개입할 수 있다. 다른 기업이 진입하지 못하도록 덤핑을 통해 고사시키고 독점 가격을 유지한다면 문제가 된다. 독점 혹은 기업의 크기 자체가 해로운 게 아니다. 현실에서는 정부의 개입이 독점 자체에 제한을 두려 한다는 점에서 문제가 생긴다.

하지만 슘페터나 하이에크는 현대사회의 독점 문제를 축소하거나 이에 대해서는 논점을 흐리고 있다. 독점은 자원이나 재화의 희소성과는 전혀 다른 문제다. 재화의 희소성은 자본주의 시장경제의 전제에 해당하지만 독점은 다른 문제다. 독점은 시장경제의 정상적인 기능에 지장을 초래한다. 독점기업은 시장가격의 자연스러운 형성을 왜곡한다. 독점기업이 시장에서 지배적 위치를 차지한 상태에서는 시장을 통해 상품 가격이 자동 조절된다는 애덤 스미스의 주장이 현실성을 가질 수 없다. 독점기업은 독점가격을 통해 상품 가격의 경직성을 초래한다.

그렇기 때문에 경쟁 원리와 기초하여 계획경제를 반대하고 자본주의를 옹호하는 입장 중에서도 독점에 대한 강력한 제한을 요구하는 목소리가 많다. 시장의 자유경쟁을 인정하지만 국가가 경제, 사회 정책을 통해 책임을 져야 한다는 '사회적 시장경제'의 흐름이다. 오토 슐레히트Otto Schlecht의 『사회적 시장경제』에서 이에 관한 핵심 문제의식을 만날 수 있다.

> "강력한 경제 권력은 경쟁 관계를 마비시키고, 권력 구조의 고착화로 인하여 경제적 비효율을 초래하며, 경제의 흐름을 왜곡하여 우수한 시장 참여자에게 손해를 끼친다. 그러므로 국가는 경쟁이 그릇된 방향으로 흘러가지 않도록 경쟁을 보호할 임무가 있다."

시장 기능에만 의존하면 독점 경향에 의해 오히려 시장이 붕괴될 수 있다. 경쟁 질서에 반하여 행동할 때 더 이윤을 얻을 수 있는 경우가 많기에 기업은 경쟁보다는 독점을 향한 욕구를 갖는다. 문제는 한번 시장 지배적 지위를 갖는 독점기업으로 자리 잡은 경제 권력은 시장 자체의 힘에 의해 자연스럽게 축소되거나 사라지지 않는다는 점이다.

독점으로 인한 시장 기능 붕괴를 방지하기 위해서는 정부가 개입하여 독점기업을 규제하고 경쟁 질서를 보호해야 한다. 규제의 목적은 경쟁이 제대로 기능을 발휘하게 하는 것이다. 보통 사회적 시장경제를 주장하는 사람들은 독점으로 인한 경쟁 제한을 방지하기 위한 반反독점법의 제정, 독점기업이 중소기업의 활동을 위협하지 못하도록 중소기업 분야를 확정하는 법의 제정 등을 요구한다. 미국과 유럽을 비롯하여 OECD 국가의 대부분이 이러한 법을 시행하고 있다.

신자유주의 이론가들은 자유 시장 질서를 교란시키는 일체의 요소에 대해서는 단호하게 비판하면서 정작 현실에서 정상적 시장 기능의 방해 주범인 독점에 대해서는 관대하다는 점에서 자기모순에 빠져 있다. 또한 중소기업의 안정과 발전이 중요하다고 강조하면서도 중소기업 안정을 위협하는 대표적 요소인 독점 문제에는 눈을 감아버린다는 비판에서 자유로울 수 없다.

한국은 OECD 국가 가운데 독점기업에 가장 관대한 나라다. 일단 반독점법이 없어 문어발식 기업 체제에 무방비로 노출되어 있다. 다른 나라에서 적당한 말로 번역하기가 어려워 '재벌'이라는 표현을 대명사로 사용할 정도로 한국은 독점기업을 적극적으로 보호한다. 보다 정확히 말하자면 역사적으로 국가는 재벌을 집중 육성해왔다.

그 결과 주요 산업 분야에서 몇몇 대기업이 독과점 상태를 견고하게 유지하고 있다. 독점가격 유지나 가격 담합 등으로 폭리를 누리는 경우가 비일비재하다. 창의적 기술이나 발상으로 부상하는 중소기업이 있으면 재벌 기업이 뛰어들어 이를 흡수해버리기도 한다. 중소기업에게 적합한 분야라 하더라도 대부분 대기업이 문어발식으로 진출하여 싹쓸이를 한다. 그 결과 한국의 중소기업은 독자적 생존 기반을 상실하고 사실상 대기업의 하청 계열화 상태로 연명한다. 중소기업 취업을 대부분 기피할 정도로 중소기업의 기반이 취약한 상태다.

오늘날 한국의 상황은 재벌 기업의 이름을 붙여 'OO공화국'이라는 말이 일상적으로 통용될 정도다. 시장의 지배와 경제력 남용 방지를 국가의 역할로 규정한 헌법을 거스르고 있는 상황이다. 헌법이 시장에 대한 국가의 역할로 규정한 바를 최소한이라도 이행하기 위해서는 무엇보다도 독점법 제정이 중요하다. 단기적으로는 재벌의 경제력 집중 완화를 위해 출자총액 제한, 순환 출자 금지, 계열사 배당금 이중과세, 산업자본의 은행 지분 한도 하향 조정 등의 조치가 긴급하다. 또한 중소기업 분야를 확정하는 법 제정이 실현되어야 한다. 단기적으로는 재벌 계열사의 공공 부문 입찰 제한, 대형 유통업체 영업시간 제한 등이 필요하다.

가격 담합에 대한 처벌 강화와 징벌적 벌금 제도, 집단소송제 도입도 중요하다. 미국은 가격 담합으로 얻은 부당 이익이나 소비자 피해액의 두세 배까지 벌금을 부과한다. 소송에 참여하지 않은 피해자도 보상을 받을 수 있는 집단소송제도 실시하고 있다. 관련자 형사처벌도 엄격해서 최대 10

년까지 징역형을 선고받을 수 있고, 보통은 1~2년의 형을 선고받는다. 2005년 이후 가격 담합 사건에 대한 미국의 징역형 처분은 70~80%에 이른다. 유럽연합은 해당 기업의 전년도 매출액(전 세계 기준)의 10%까지 벌금이나 과징금을 부과한다. 이에 비해 한국은 대기업의 가격 담합 천국이다. 과징금의 실제 부과율은 1.5~2.0% 안팎으로 추정되고, 검찰에 고발되더라도 벌금형을 받는 경우가 대부분이다. 피해를 받은 소비자가 모여 개별적으로 손해배상 소송을 내야 하는 현실이다.

경제주체 간의 조화를 통한 경제민주화

—

"국가는 경제주체 간의 조화를 통한 경제의 민주화를 위하여 경제에 관한 규제와 조정을 할 수 있다."

마찬가지로 헌법 제119조 2항의 내용 일부다. 2항의 내용 가운에 성장과 분배, 시장의 지배와 경제력 남용 방지는 비교적 의미하는 바가 분명하다. 하지만 경제의 민주화에 대해서는 개념적 혼란이 상당하다. 일반적으로는 앞서 다룬 시장의 지배와 경제력 남용 방지에 관련한 내용을 종합적으로 나열하는 방식으로 접근한다. 대기업 편중 현상을 완화해 과도한 빈부격차를 보다 평등하게 조정하자는 취지로 이해한다. 그 결과 이 조항이 실질적으로 의미하는 바가 흐려진다.

경제의 민주화란 말 그대로 경제 영역에서의 민주주의를 의미한다. 민주주의는 시장의 지배와 경제력 남용 방지에 관련된 분배나 조정과는 다른 차원의 원리다. 민주주의는 모든 구성원이 중요한 결정에 참여할 권한을 가장 중요한 원칙으로 한다. 그리고 상식적으로 자본주의사회에서 2항에서 언급한 경제 영역에서의 다양한 주체 가운데 가장 중요한 이해 당사자는 기업을 구성하는 자본가와 노동자일 수밖에 없다.

헌법 규정대로라면 기업의 경제활동과 관련해서 자본가만이 아니라 노동자에게도 그 구성원으로서 결정에 참여할 권한이 있어야 한다. 그동안 한국 사회에서 자본가는 기업 소유자로서 결정 권한을 독점했다. 기업 경영은 자본가의 배타적이고 독점적인 권한이라는 논리 속에서 노동자는 철저히 배제됐다.

경제민주화의 핵심 사안은 경영과 관련된 논의와 결정에 노동자가 참여하는 '경영 참여'임에도 불구하고 정부나 국회에서는 이를 논의 주제로 삼는 것 자체를 아예 거부해왔다. 그 자리를 '민주주의'와는 다른 사안이라 할 수 있는 분배나 대기업의 경제력 남용 방지와 관련된 사안으로 대신 채워왔다. 결국 헌법이 규정한 중요 주제가 사실상 통째로 비워지고 무시되는 상황이 이어지고 있다.

기업은 물론이고 한국의 주요 정당과 언론들은 기업 경영에 노동자가 참여한다는 발상 자체를 시장경제와 공존할 수 없는 것으로 생각한다. 하지만 유럽의 주요 국가들은 이미 수십 년 전부터 '경영 참여'를 법적 권리로 보장하고 있다. 영국이나 프랑스는 공기업만이 아니라 사기업을 포함하여 전체적으로 노동자 '경영 참여'를 제도화했다. 프랑스의 경우 국영기업은 관리 위원회를 두고 여기에 노동자 대표가 3분의 1만큼 참여하도록 하고 있다. 18명으로 구성된 관리 위원회에서 노동자 대표에게 발언권이 주어진다.

독일도 1972년의 작업구성법, 1976년의 공동결정법을 통해 '경영 참여'를 뒷받침했다. 작업구성법은 석탄과 철강 산업을 제외한 사 부문과 공공 부문에서 다섯 명 이상을 고용하는 모든 기업은 노동자들이 경영에 참여하도록 한다. 공동결정법은 2,000명 이상을 고용하는 기업에서 노동자의 공동 결정 참여를 법제화한 것이다. 공동 결정은 작업장 수준에서의 직장 위원회·경영 이사회의 노동자 대표 참여, 감사회의 노동자 대표 참여로 조직되어 있다.

기업의 특성상 일반 민주주의 원칙이 그대로 적용되기는 어렵지만, 부분적 참여조차 보장되지 않는다면 우리는 경제 '민주화'라는 말 자체를 사용할 근거가 없다. 일시적인 처우 개선을 넘어서는 주체로서의 지위가 말 그대로 최소한 보장되는 장치가 '경영 참여'다. 이는 현실에서 노동자가 기업 활동의 대상에 머물지 않고 경영의 주체로 나아갈 수 있는 유일한 통로다. 한국 사회에서 적어도 경제민주화라는 헌법 규정이 현실적 의미를 갖기 위해서는 '경영 참여'에 대한 전향적 수용이 전제되어야 하겠다.

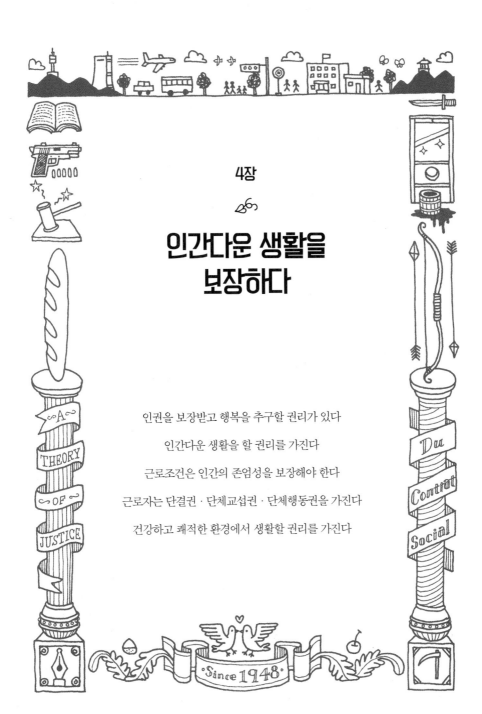

4장

인간다운 생활을
보장하다

인권을 보장받고 행복을 추구할 권리가 있다

인간다운 생활을 할 권리를 가진다

근로조건은 인간의 존엄성을 보장해야 한다

근로자는 단결권 · 단체교섭권 · 단체행동권을 가진다

건강하고 쾌적한 환경에서 생활할 권리를 가진다

Since 1948

인권을 보장받고
행복을 추구할 권리가 있다

인간의 존엄과 행복을 추구할 권리

"모든 국민은 인간으로서의 존엄과 가치를 가지며, 행복을 추구할 권리를 가진다. 국가는 개인이 가지는 불가침의 기본적 인권을 확인하고 이를 보장할 의무를 진다."

우리 헌법 제10조의 내용이다. 얼핏 인간 존엄, 행복 추구, 인권 보장 등 화려한 말이 눈에 들어온다. 듣기 좋은 말의 성찬이다. 하지만 각각의 의미를 구체적으로 이해하지 않으면 장님 코끼리 만지는 격이 되고 만다.

먼저 "인간으로서의 존엄과 가치"에서 '인간'의 의미부터 살펴보자. 바로 앞에 나온 '국민'과의 구분이 중요하다. 1789년 프랑스 인권선언에서 '인간의 권리'와 '시민의 권리'가 구분된 것은 우연은 아니다. 여기서는 '시민'이 우리가 흔히 말하는 '국민'과 같은 의미라고 보면 된다. 인간과 시민의 구분은 계몽사상, 특히 루소가 『에밀』에서 제시한 문제의식과 밀접한 관련을 갖는다.

> "인간은 완전히 자기를 위해서만 존재한다. 따라서 절대적인 정수整數이며, 자기 자신이나 동료하고만 관계를 갖는다. 시민은 분모에 좌우되는 분수의 분자에 불과하다. 그 가치는 정수와의 관계에 따라 결정된다. 정수란 결국 사회 공동체다."

사회 공동체로서의 국가이익에 충실한 사람이 시민, 즉 국민이다. 루소는 국민을 분수의 분자에 비유하면서 스파르타의 한 아낙네 사례를 들었다.

그녀는 다섯 아들을 전쟁터로 내보낸 후 소식을 기다리고 있었다. 마침 한 노예가 소식을 전하러 오자 떨리는 목소리로 결과를 물었다. 노예가 "마님의 다섯 아드님은 전사하였습니다." 하고 대답하자 그녀는 "못난 놈 같으니, 내가 너에게 그것을 물었느냐?" 하고 호통치듯 말했다. 이내 "우리는 싸움에서 승리를 거두었습니다."라는 말을 듣고 나서야 그녀는 신전으로 달려가 신에게 감사를 드렸다.

전형적인 국민의 특징이다. 인간이라면 가족의 안위에 먼저 관심을 갖고 죽음에 슬퍼하는 것이 당연하다. 하지만 국민에게는 국가의 이익이 우선이기 때문에 국민은 가족의 희생에도 눈 하나 깜짝하지 않는다. 자기 열망보다 국가나 공동체 이해관계에 철저히 복종한다. 국가나 전체가 개인에 항상 우선한다. 국가주의와 전체주의에 찌든 사람이 여기에 포함된다.

루소가 보기에 국가는 사람들이 국가를 모든 판단과 행동의 변하지 않는 정수로 두고, 자신을 그에 의해 좌우되는 변수로 취급하는 노예적 사고 방식에 물들도록 만든다. 사람들이 동물이나 작물을 자연 그대로 두지 않고 인간의 이해에 맞춰 기형으로 만들어놓듯이, 국가는 인간조차도 국가 이익에 맞춰 기형으로 변질시킨다. 그리고 여기에 국민 영웅이니, 훌륭한 국민이니 하는 칭호를 붙인다. 결국 '훌륭한 국민'은 개인으로서의 자율성과 절대성을 포기한 존재다. 형식적으로는 스스로 훌륭한 국민이 되길 선택한 것처럼 보여도 본질적으로는 자발성의 허구적 틀에 갇힌 노예에 불과하다.

진정한 인간은 자연 감정의 우월성을 보유하려는 사람이다. 자기가 하려고 하는 일이 무엇인지를 외부의 의무가 아니라 스스로의 필요에 의해 결정하는 존재다. 국가의 이해가 아니라 자신의 타고난 본성과 자율성을 간직한 사람이다.

이 경우 당연히 시민, 즉 국민보다 인간이 더 우선하고 중요하다. 프랑스 인권선언에서도 인간의 권리가 시민의 권리보다 우선한다. 시민의 권리가 사회계약으로 보장된 권리라면, 인간의 권리는 인간 본성에 근거한 천부의 권리다. 이는 이성적이고 자유로운 주체인 인간 본성으로부터 나온다. 전문에서는 다음과 같이 규정하고 있다.

"국민의회로 대표되는 프랑스의 인민은 인권에 대한 무지, 무시 또는 멸시가 국민의 불행과 정부의 부패를 야기한 유일한 원인이라고 간주하여, 엄숙한 선언을 통해 자연적이고 빼앗길 수 없으며 신성한 인간의 권리를 표명하기로 결의했다."

인간의 권리는 자연적이고 빼앗길 수 없다. 태어날 때부터 본래 지니는 자연권이다. 본성에 기초하기에 보편적 성격을 지닌다. 1776년 미국 독립 선언문도 "모든 사람은 평등하게 태어났으며, 조물주는 빼앗길 수 없는 일정한 권리"를 모두에게 주었다고 하였다. 인간의 권리는 어떤 사회 공동체에서든 보편성을 지니기에 평등하다.

인간의 권리는 사회계약에 의해 국가가 만들어지기 전의 권리이기 때문에 실정법 개념으로 제한될 수 없다. 현실의 인간이 불행하고 사회가 부패한 것은 인간의 권리가 보장되지 못하기 때문이다. 인간의 권리가 무시된 상태에서 오직 시민의 권리, 즉 실정법의 원리만 적용될 때 개인은 루소가 강조한 것처럼 자율 상태를 잃고 억압 상태에 빠진다.

루소나 인권선언의 관점에서 보자면 벤담이 『도덕과 입법의 원리 서설』에서 밝힌 공리주의 원리는 인간의 권리가 무시된 상태에서 시민의 권리를 일방적으로 강제한다.

"정부의 책무는 처벌과 보상을 통하여 사회의 행복을 증진시키는 것이다. … 모든 법령이 지니고 있거나 지녀야 하는 일반적 목적은 공동체의 전체적 행복이다."

중요한 것은 공동체 전체의 행복이며, 총량으로서의 행복이다. 총량이 기준이기 때문에 개인 사이의 격차는 관심 사항이 아니다. 당연히 구성원 중 일부는 전체 행복을 위해 희생하는 수밖에 없다. 게다가 사회 전체의 행복을 증진시키는 수단은 처벌과 보상이다. 시민의 권리인 이상 일정한 강제의 동반은 불가피하지만, 인간의 권리가 적용되고 확장되는 방식으로 행복이 실현되는 것이 아니라 사회 공동체의 이해가 곧바로 덮어버리는 방식으로 나타난다는 점에서 억압적이라는 것이 루소의 생각이었다.

사회 공동체에서 인간의 권리는 시민의 권리를 통해 실현된다. 시민의 권리는 인간의 권리를 전제로 할 때, 인간의 권리를 사회 공동체의 조건에 맞도록 시민의 권리로 실현했을 때 비로소 가치가 있다. 역사적 · 문화적으로 상이한 조건에 따라 구성된 사회 공동체에서 구체적 실현 방법은 서로 다를 수밖에 없다. 하지만 시민의 권리 중에서 인간의 권리의 연장선상에 있는 사항은 상당히 넓은 보편성을 갖는다.

다음으로 우리 헌법이 말하는 인간으로서의 "존엄과 가치"가 의미하는 바를 이해해야 한다. 존엄과 가치의 내용은 앞서 살펴본 '인간'의 의미에서 온다. 일차적으로 가장 중요한 존엄과 가치는 자연적 존재로서의 '생명'에 기초한다. 생명이 유지된다는 전제하에서만 인간은 존립할 수 있다. 또한 사회 공동체 이전의 존재이기 때문에 국가에 의한 간섭에서 벗어나 있는 상태다. 누군가의 도구로 취급당하지 않고, 수단이 아닌 존재라는 점에서 '목적'에 기초한다. 또한 외부의 의무가 아니라 스스로의 필요와 이해에 의해 결정하는 존재라는 점에서 '자율성'에 기초한다. 결론적으로 생명권, 자기 결정권 등이 인간의 핵심 가치라고 할 수 있다.

우리 헌법이 규정하는 "행복을 추구할 권리"도 이러한 인간으로서의 존엄과 가치로부터 자연스럽게 도출된다. 인간의 권리를 중심에 놓을 때 사회 전체의 행복 총량을 중심으로 한 벤담의 '최대다수의 최대행복'은 설명되기 어렵다. 당연히 국민으로서 사회 공동체 전체의 이해보다 인간으로서 개인 이해에 초점을 맞추게 된다. 우리 헌법이 "개인이 가지는" 인권을 강조한 것도 이 때문이다.

먼저 생명의 존엄성과 관련하여 일차적으로 자연이 제공한 생명 그대로
를 누리는 것이 중요하다. 자신의 의도와 무관하게 생명을 위협받지 않아
야 한다. 또한 단순한 생명 유지가 아니라 건강하고 생기 있는 상태의 유지
가 중요하다. 이를 위해서는 기본적인 의식주 해결, 건강을 유지할 수 있는
쾌적한 자연환경 등이 필수적이다.

다음으로 자율적 결정과 관련하여 개인이 어떠한 상태로 태어났든 차별
받지 않는 삶이 중요하다. 태어난 그대로 존중받을 때 인간은 수단이나 대
상으로서의 상태에서 벗어난다. 또한 타인의 배제 없이 자율적 선택이 가
능해진다. 성, 인종, 연령, 지역은 물론이고 능력과 신체의 상태 등 어떠한
이유로도 일체의 차별은 인간을 수단으로 취급하고 자율성을 훼손하여 행
복 추구를 제한한다.

개인이 가지는 불가침의 기본적 인권 보장

우리 헌법 제10조 "국가는 개인이 가지는 불가침의 기본적 인권을 확인
하고 이를 보장할 의무를 진다."는 절대적 권리에 해당되는 내용이다. 문
장에서 이미 '불가침'이라고 규정한 것처럼 이는 어떤 이유로도 제한될
수 없다. 그리고 상당한 정도의 보편성을 특징으로 한다는 점에서 인권은
개별 국가를 넘어서는 보장을 요구한다. 그렇기 때문에 1945년 유엔헌장
의 다음 제1조 3항과 제62조 2항의 내용은 충분한 의미를 갖는다.

"인종, 성별, 언어 또는 종교에 따른 차별 없이 모든 사람의 인권 및 기본적 자유에 대한 존중을 촉진하고 장려함에 있어 국제적 협력을 달성한다."

"이사회는 모든 사람을 위한 인권 및 기본적 자유의 존중과 준수를 촉진하기 위한 권고를 행할 수 있다."

1948년 세계 인권 선언에서 "한 사람 한 사람의 존엄과 권리는 모두 똑같다."고 한 것과 같다. 인권 영역에 대해서는 유엔 차원에서의 개입을 강조하고 있다. 전면적이라고 말하기는 어려울지라도 장려 · 권고 · 협력의 형식으로 폭넓은 국제적 개입이 허용된다. 인간의 권리는 현실에서 시민의 권리를 통해 구체화되기에 인권과 밀접한 연관을 갖는 정치, 경제, 사회, 문화 분야의 시민적 권리에 대해서도 일정한 개입이 인정된다.

그렇기 때문에 국제연합에서는 세계 인권 선언에 이어 국제인권규약을 제정해 실효성을 높이고자 했다. 국제인권규약은 경제적, 사회적, 문화적 권리에 관한 내용을 담은 A규약, 시민적, 정치적 권리에 관한 내용을 담은 B규약 등으로 구성되어 있다. 조약으로서 각 국가의 비준이나 가입을 받으면 현실적으로 집행되는 법적인 강제력을 가진다. 현재 한국을 비롯해 최소한의 민주적 절차를 갖고 있는 대부분의 국가가 이 규약에 가입해 있다.

생명의 존엄성과 관련하여 가장 무참한 인권침해는 전쟁일 것이다. 식민지 해방을 위한 무력 사용이 아닌 한 일체의 전쟁은 인권을 가장 심각하게 위협한다. 특히 비무장 상태의 민간인 학살은 어떤 이유로도 용서받을 수 없는 인권침해다. 제2차 세계대전 이후 인권에 특별한 관심을 갖게 된 이유 중 하나도 나치에 의한 대규모 유태인 학살 경험이었다. 그러므로 국가와 국가 사이의 전쟁이든, 한 국가 내 소수민족에 대한 무력이든 민간인 학살에 대해서는 국제적 개입이 필요하다.

무력행사가 아니더라도 한 사회 내에서 생명의 존엄성을 훼손할 가능성이 있는 인권침해는 다양한 양상으로 나타난다. 수사와 구금 과정에서 나타나는 가혹행위와 고문도 생명의 존엄성을 부정한다. 특정한 성의 아이를 선택하기 위한 중절 수술, 기형아 가능성이 농후한 인간 복제 실험도 마찬가지다.

인권침해에 해당하는가를 놓고 논란이 되는 사안은 적지 않다. 사형 제도, 낙태, 안락사 등이 해당된다. 이 가운데 가장 뜨거운 논쟁점인 사형 제도를 좀 더 자세히 들여다보자. 한국 헌법재판소는 1996년 사형 제도에 대해 "사형은 죽음에 대한 인간의 본능적인 공포심과 범죄에 대한 응보 욕구가 서로 맞물려 고안된 '필요악'으로서 불가피하게 선택된 것"이기 때문에 정당하다며 합헌 결정을 했다.

근대 계몽사상은 대체로 사형 제도를 옹호하는 편이었다. 칸트는 『법 이론의 형이상학적 원리』에서 응보적인 형벌 사상에 기초하여 다음과 같이 주장하였다.

> "'내가 누군가를 살해하는 경우 나는 처벌받기를 원한다.'고 말하는 것은 곧 '나는 다른 모든 사람과 함께 국민 중에 범죄자가 있는 경우 당연히 형법이 될 법칙들에 복종하겠다.'고 말하는 것이다."

칸트가 보기에 어떤 사람이 살인을 저질렀다면 그는 죽어 마땅하다. 타인의 자연적인 생명권을 침해한 이상 동일하게 가해자의 생명도 박탈될 수 있다. "살인의 경우 사형 외에는 정의를 만족시킬 가능한 대안이 달리 없다." 사회계약에서 자신의 생명을 상실하는 것에 동의할 리가 없다는 반론에 대해서는 누구든 그가 처벌을 원했기 때문이 아니라 처벌받아야 할 행동을 원했기 때문에 처벌을 받는 것이라고 주장하였다.

사형 제도를 비판한 근대 사상가로는 베카리아가 대표적이다. 그는 『범죄와 형벌』에서 사회계약의 기본 원리로부터 사형 제도 반대 논리를 폈다.

"법률은 개인이 가진 특수의사의 총체인 일반의사를 표시한다. 그런데 자신의 생명을 빼앗을 권리를 타인에게 위임하고 싶은 자가 하나라도 있겠는가? 각자가 가진 자유의 최소한의 희생 가운데 무엇보다 큰 재산인 생명의 희생이 포함된다고 해석할 수 있을까?"

사형은 어떤 의미에서도 권리가 될 수 없다. 인간의 가장 큰 존엄인 생명을 타인의 손에 맡겨두는 계약에 동의할 리 없기 때문이다. 그러므로 사형은 근원적 시민 계약에 포함될 수 없다. 범죄 억제력이라는 점에서도 최선의 효과를 얻을 수 없다. 범죄에 대한 강력한 억제력은 사람이 죽는 장면을 잠시 목격하는 데서 생겨나지 않는다. 여러 항구적인 교훈을 가르치기 위해서는 종신형이 더 효과적이다. 또한 사형은 야만성의 실례를 보여주는 까닭에 유해하다. 인간 행위의 조정자인 법률이 야만적 행위를 확대하는 역할을 하는 셈이 된다.

오늘날 세계적인 추세가 사형 제도 폐지인 것은 분명하다. 영국 하원은 이미 1956년에 "살인죄에 대한 사형제는 더 이상 문명사회의 참된 이익이나 요구와는 일치하지 않음"을 확신하며 결의문을 통과시켰다. 국제앰네스티는 2015년 연례 사형 현황 보고서를 통해 "모든 범죄에 대한 사형 폐지국은 98개국, 일반 범죄에 대한 사형 폐지국은 7개국, 사실상 사형 폐지국은 35개국"이고, 사형 존치국은 58개국이라고 밝혔다. 한국은 사형 제도를 유지하고 있으나, 1998년부터 현재까지 집행하지 않고 있어 '사실상 사형 폐지국'에 속한다.

이밖에 사형은 오심의 가능성에서 자유롭지 못하다. 베카리아는 "인간은 오류 없는 존재일 수 없으므로 사형을 내릴 만큼 충분한 확실성이 결코 보장될 수 없다."고 주장하였다.

또한 응보 논리로서의 사형 논리는 교화 중심의 현대 형벌 개념과 거리가 있다. 범죄에 대한 처벌은 사형이라는 복수의 방법으로 이루어져서는 안 된다. 죄인에게 잘못을 인정하고 회개하고 뉘우칠 기회를 주어야 한다. 더군다나 사형을 집행한 사람의 고통을 해결할 방법도 없다.

생명권과 관련하여 낙태, 안락사 허용 여부도 논란에서 빠질 수 없다. 낙태와 안락사에 대해서는 인간의 권리 안에 있는 생명권과 자기 결정권이 충돌할 여지가 있기에 논의가 더욱 복잡하다. 낙태의 경우 한편으로 산모가 자율적으로 자신의 행복을 선택할 권리, 다른 한편으로는 태아의 생명권이 문제가 된다. 산모로서는 원하지 않는 출산이 강제될 경우 행복에서 멀어질 수 있다. 안락사도 행복의 추구 내에서 스스로의 생명권과 자기 결정권이 부딪히는 경우다. 그렇기 때문에 전적인 허용과 전적인 금지, 모두 과도한 원칙이 된다. 언제부터 생명이라고 볼 것인가, 허용 사유를 어디까지로 할 것인가를 놓고 균형을 잡는 수밖에 없다.

자기 결정권을 명백하게 부정하는 인권침해 사례로는 인신매매 행위, 인간을 실험의 대상으로 삼는 행위, 강제 노동 행위 등을 들 수 있다. 각종 차별도 자율적으로 판단·결정하고 행동할 자유를 위협하기에 심각한 문제가 된다. 인종, 연령, 장애, 지역 등에 의한 차별은 약자의 위치가 강제되기 때문에 자율적 선택은커녕 종속적 삶을 요구한다.

인간다운 생활을
할 권리를 가진다

사회 보장과 복지를 통한 인간다운 생활 보장

"모든 국민은 인간다운 생활을 할 권리를 가진다."

"국가는 사회보장·사회복지의 증진에 노력할 의무를 진다."

"국가는 여자의 복지와 권익의 향상을 위하여 노력하여야 한다."

"국가는 노인과 청소년의 복지 향상을 위한 정책을 실시할 의무를 진다."

"신체장애자 및 질병, 노령 기타의 사유로 생활 능력이 없는 국민은 법률이 정하는 바에 의하여 국가의 보호를 받는다."

우리 헌법 제34조 1항에서 5항까지의 내용이다. 인간다운 생활을 위한 사회보장과 사회복지 제공을 규정하고 있다. 먼저 "모든 국민"이라는 점에 주목할 필요가 있다. 흔히들 복지 적용을 사회적 약자에게 한정되는 것으로 이해하여, 한 사회 내에서 복지가 필요한 사람과 필요 없는 사람을 구분할 수 있다고 생각한다.

한국에서는 복지 대상을 빈곤층인 기초생활보장 수급 대상자와 차상위계층으로 한정한다. 차상위계층은 기초생활보장 수급 대상 바로 위의 계층으로, 보통 기초생활보장 수급 대상은 연간 총소득이 최저생계비에 미치지 못하는 사람, 차상위계층은 최저생계비 정도의 소득에 머문 사람을 말한다.

하지만 복지를 빈곤 계층으로만 연결시키는 관점은 헌법이 보장하는 복지 개념에 대한 무지를 보여준다. 헌법이 국가에게 의무로 부과하는 복지는 "모든 국민"이 대상이다. 물론 기초생활보장 수급 대상자와 차상위계층의 경우 주거, 의료, 교육, 자활 등 제 분야에서 급여 방식을 포함하여 보다 집중적인 지원을 받는다. 하지만 복지의 기본 개념은 전체 구성원을 향한다는 점에서 보편적 성격을 갖는다. 그렇기 때문에 3항과 4항에서 "여자"라든가 "노인과 청소년"의 복지 향상이라고 하면서 그 앞에 빈곤 계층이라는 한정을 두지 않았다.

이는 '사회보장'이 대체로 모든 국민을 대상으로 하는 것과 마찬가지다. 사회보장이란 모든 국민의 안정적 삶 영위에 위험이 되는 요소, 즉 빈곤, 질병, 생활 불안 등에 대해 국가 부담 또는 보험 방법으로 행하여지는 사회 안전망을 말한다. 사회보장은 주로 건강보험, 국민연금, 산재보험, 고용보험 등의 사회보험을 말하고, 여기에 공공 부조와 같은 생활보호가 포함된다.

빈곤 계층에 대해서는 5항에서 복지와 구분하여 "생활 능력이 없는 국민은 법률이 정하는 바에 의하여 국가의 보호를 받는다."라고 따로 규정하고 있다. 생활 능력이 없는 국민에 대한 보호라는 점에서 일반적으로 '생활 보호'라고 부른다. 보통은 극빈층의 최저생계비 가운데 일부를 국가가 직접 지급하는 방식으로 이루어진다. 생활보호는 넓은 의미의 복지 개념으로 접근할 때 그 '일부'로 포함되지만 엄밀한 개념으로 접근할 때는 구분 지어 사용된다.

다음으로 "인간다운 생활"이 어느 정도를 의미하는지 가늠할 필요가 있다. 물론 엄밀한 수치로 규정하기는 어렵다. 복지의 폭을 최소화하려는 세력은 흔히 사회에서 제시한 최저생계비나 최저임금을 인간다운 생활의 기준으로 제시한다. 현실에서 최저생계비 정도의 소득을 갖는 차상위계층도 주거, 의료, 교육, 자활 급여 등을 제공받는 대상자라는 점에서 한국 정부의 지극히 인색한 범위보다 좁혀 놓는 관점이다. 최저생계비나 최저임금은 가까스로 기아에서 벗어날 정도의 수준에 불과하다는 점에서 도저히 인간다운 생활의 기준일 수 없다.

현대사회에 비해 경제·사회생활과 관련하여 여러모로 부족한 고대국가의 주요 사상가, 그것도 거칠게 말해서 혁신적이기보다는 상당히 보수적이라고 해야 할 사상가들의 주장조차 이러한 기준보다 훨씬 폭이 넓었다.

플라톤은 『법률』에서 분배와 관련하여 어느 정도 규모로 나누어야 하는지에 대한 사회적 동의를 강조하였다. "법률의 전제는 시민들이 되도록 행복하고 서로 최대한 우애롭도록 하는 데 주목"해야 하는데, 이를 위해서는 분배 원칙이 수립되어야 한다고 생각했다. 사회 구성원들이 "토지와 가옥의 분배로 인해 적대감의 원인이 발생"할 정도여서는 안 되고, 보다 구체적으로는 모든 사람에게 "토지는 일정 수의 절제 있는 사람들을 먹여 살리기에 넉넉한 크기" 정도는 있어야 한다고 주장하였다. 적어도 의식주 때문에 구성원 사이의 분열이 생길 정도여서는 안 된다고 하였다.

맹자孟子도 『맹자』「양혜왕梁惠王」편에서 통치자가 보장해야 할 백성의 생활수준을 거론하였다. 어떻게 왕도를 이룰 수 있겠느냐는 왕의 질문에 맹자는 다음과 같이 답한다.

> "백성은 항산恒産이 없으면 항심恒心을 못 갖습니다. … 죄에 빠진 뒤에 처벌한다면 백성을 속이는 것입니다. 현명한 임금은 백성의 산업을 마련해주되, 반드시 위로는 넉넉히 부모를 섬길 수 있고 아래로는 넉넉히 처자를 먹여 살릴 수 있어야 합니다."

항산이 없으면 항심을 못 갖게 된다는 말은, 먹고사는 것이 안정적이지 않으면 마음의 안정도 없다는 의미다. 국가가 해야 할 기본 책무, 국가의 존립 목적 중의 하나가 바로 백성의 생활 보장이다. 백성이 죄를 짓게 되는 주요 이유도 먹고사는 문제가 제대로 해결되지 않기 때문이다. 국가가 보장해야 하는 최소한의 생활수준은 목구멍에 풀칠이나 하는 정도의 소극적 정책이 아니다. 넉넉히 부모를 섬길 수 있고, 넉넉히 처자를 먹여 살릴 수 있을 정도의 생활이다.

고대사회와 비교할 수 없을 정도로 기계문명이 발달하고 정보화 기술을 통한 자동화로 생산력이 획기적으로 증대된 현대사회에서는 최소한의 생활수준이 훨씬 더 상향 조정되어야 마땅하다. 하지만 현실은 전혀 다른 방향으로 치달았다. 근대사회만 보더라도 쉬지 않고 노동을 해도 빈곤 상태에 허덕여야 하는 사람이 많았다. 루소는 『인간 불평등 기원론』에서 문명이 만들어낸 결과를 우울하게 설명한다.

"문명인은 항상 활동하면서 땀을 흘리고 불안해하며 더욱더 힘든 일을 찾아 끊임없이 번민한다. 그는 죽을 때까지 일을 하고, 때로 살아 있는 상태에 놓여 있기 위해 죽음으로 내달리며, 불멸을 찾아 생을 포기하기도 한다."

문명 아래서 사회의 보호에 의해 사람들 사이의 격차가 줄어들었다고 생각하면 큰 착각이다. "인간과 인간의 차이는 자연 상태보다 사회에서 더 난다." 사회가 만들어지면서 자연적으로 존재하는 신체와 정신적 능력의 차이를 훨씬 넘어서는 차이로 확대되었다. 그리고 법률은 그 차이를 정당화하는 역할을 했다. "이 사회와 법률은 약자에게는 새로운 구속을 부여하고 부자에게는 새로운 힘을 부여"함으로써 불평등을 고정시키고 사회 구성원들을 노동과 예속과 비참에 복종시켰다. 루소가 아니라 현대인이 한 말이라 해도 전혀 어색하지 않을 정도로 오늘날의 현실과 별로 다르지 않다. 수백 년이라는 시대 차이가 무색할 정도다.

현대사회에서의 사회 보장, 복지 논의

우리 헌법이 보장하는 복지가 빈곤층에 대한 지원을 넘어 사회 구성원

전체를 향한 보편적 성격을 지니는 이상, 절대빈곤만이 아니라 상대빈곤도 그 대상이 되어야 한다. 그런데 복지의 보편적 성격에 대해 신자유주의 사상가들은 거칠게 반발하였다. 하이에크는 『자유 헌정론』에서 상대빈곤 완화는 정상적인 국가의 역할이 아니라고 못을 박는다.

> "본래 빈민 구제 목적이었던 기구가 점차 평등주의적 재분배 도구로 전화되고 있다. 소득을 사회화하고 화폐 또는 그와 유사한 편익을 배분하는 일종의 가족국가를 만들어내는 수단으로서 복지국가는 낡은 사회주의를 대체하게 되었다."

하이에크에 의하면 국가에 의한 절대빈곤 구제는 필요하다. 극한적 빈곤과 기아로 위협받는 사람들을 위한 구제는 오래전부터 공동체의 의무였다. 전통사회에서는 주로 지역 단위의 시설에서 빈민 구제 역할을 수행했다. 하지만 거대한 규모의 근대국가가 만들어지고 과거의 근린 유대 관계가 해체되면서 지역적 해결이 어려운 상황을 맞이하게 되었다. 국가 차원에서 공적 부조 방식으로 가난한 사람들을 절망적 상태로부터 보호하게 되었다. 이는 불가피할 뿐만 아니라 정당한 보호 조치라 할 수 있다.

하지만 모든 국민을 대상으로 한 복지, 특히 상대빈곤 완화를 목표로 한 정책은 여러 측면에서 심각한 결과를 초래했다. 먼저 재분배 성격을 갖는 복지 정책은 필연적으로 조세의 누진성을 요구한다. 누진적 조세는 경제적으로 성공한 사람의 소득에 대한 심각한 제한이며 가난한 사람들의 시기심 충족에 불과하다. 자유주의 경제학자 미제스Mises•도 『경제적 자유와 간섭주의』에서 비슷한 문제의식을 던진다.

"개인소득세 · 법인세 · 상속세의 추세는 정도 차이는 있으나 노골적으로 소위 '불로소득'이라는 명목 아래 완전 몰수 방향을 향하고 있다. … 조세와 임금 결정에 적용되는 방식이 개인과 기업이 저축과 자본 투자로 혜택을 보기 어렵게 만든다."

각종 세금에 적용되는 누진제와 높은 세율은 명백한 반자본주의적 경향이다. 자본 투자와 창의적 노력에 의한 이윤이 마치 불로소득으로 취급된다. 이러한 경향은 근본적인 문제를 초래할 수밖에 없다. 무엇보다 사적 자본이 이윤을 바라보고 뛰어들 수 있는 영역을 좁히고 투자 기회를 고갈시켜 버린다. 효율적 경영으로 높은 이윤율을 기록해봐야 자기 손에 실제로 돌아오는 것은 상당히 줄어 있는 상태에서는 어느 누구인들 적극적 의욕을 보일 리 없다. 조세의 누진성은 특별세라면 몰라도 조세체계 전체로 확대되어서는 안 된다.

하이에크가 보기에 국가 차원에서의 보편적 사회보장도 개인과 사회에 피해를 입혔다. 무엇보다도 개인의 자유가 제한되고 사회적 강제가 증가하였다. "사회보험은 처음부터 강제보험을 의미했을 뿐 아니라 정부에 의해 통제되는 단일 조직의 의무 가입을 의미했다." 이러한 제도는 개인에게도 손실을 강제한다. 개인소득 중에서 사회보장을 위한 지출과 가처분소득을 늘리는 것 중 대부분은 후자를 선택하겠지만 국가가 나서서 이를 봉

루트비히 폰 미제스 Ludwig von Mises, 1881~1973 오스트리아 태생의 미국 경제학자. 효용 이론에 화폐의 가치를 둔 화폐 이론 체계를 확립했으며, 합리적으로 행동하는 개인의 선호와 선택이 만들어내는 교환과 제휴가 시장경제를 형성한다고 주장하였다.

쇄하기 때문이다.

좋은 의료 혜택이나 적정한 은퇴 소득을 제공받으려면 정부에 맡겨놓아서는 안 된다. 오히려 민간 영역에서 더 좋은 서비스를 제공한다. 필요한 사람이 적극적으로 미래를 대비하게 함으로써 관련 재정의 건전성이 보장되고, 사기업이 담당함으로써 기금이 효과적으로 운영될 수 있다. 현대 경영학의 아버지로 불리는 드러커Drucker•는 정부가 잘하는 것이 딱 세 가지 있다고 말한다. 세금 추징, 인플레이션 조장, 전쟁 유발이다. 하이에크가 보기에 이는 사회보장에 대한 국가의 개입에도 그대로 적용되었다.

재분배 성격의 복지든 사회보장이든 모든 자원은 중앙기구에 의해 배분된다. 모든 국민을 대상으로 하기에 효율적 집행이 필요하고, 행정상의 편의가 강조된다. "정부가 특정 서비스를 제공하는 배타적 권력을 갖게 되면 자유는 심각하게 위협받는다. 목적을 성취하기 위해 권력은 개인에 대한 자의적 강제로 사용될 수밖에 없다." 하이에크는 소득에 대한 평등주의적 관점은 물론이고 개인 선택을 무시하고 계획 당국이 목표와 방법을 제시한다는 점에서 복지는 사회주의의 다른 모습일 뿐이라고 비판한다.

하지만 현실의 불평등은 하이에크나 미제스의 예상보다 훨씬 심각한 상태로 치닫는 중이다. 자유주의 시장경제의 상징처럼 되어 있는 IMF의 총재 크리스틴 라가르드Christine Lagarde조차 2015년 브뤼셀 연설에서 "과도한 소득 불평등 해소는 도덕적 · 정치적으로 적절한 행동일 뿐 아니라 '착한

•
피터 드러커 Peter Drucker, 1909~2005 미국의 경제학자. 현대 경영학을 창시했다는 평가를 받는다. 산업혁명 이후 등장한 기업의 성격을 정의하고, '경영(management)'이라는 분야를 학문으로 확립하는 데 기여했다.

경제'를 실천하는 길"이라고 말하였다. 이제 부유층보다 중산층·빈곤층에 더 많은 관심을 보여야 한다고 강조하였다.

현재 전 세계 부의 절반에 해당하는 110조 달러가 상위 1% 인구에 집중돼 있다. 하위 50% 인구가 소유한 부의 65배에 상응하는 규모다. 1980년과 비교해 상위 1%의 부 기여도는 증가한 반면 하위 90%의 기여도는 감소했다. 선진국의 경우 상위 1%의 소득 가운데 절반가량은 노동 소득이 아닌 투자 수익과 같은 자본소득이었다. 신자유주의 경향이 강화된 1990년에서 2010년까지 약 20년 동안 전 세계적으로나 국가 내부적으로나 불평등은 계속 심화되었다. 불평등 정도를 나타내는 지니계수를 보더라도 악화 현상이 선명하다.

지니계수는 가계 간의 소득분포가 완전히 평등한 상태를 0으로 상정해 산출하는 지수다. 1에 가까울수록 불평등 정도가 높아 '부익부 빈익빈' 현상의 심화를 의미한다. 0.4를 넘으면 상당히 불평등한 소득분배 상태에 있다고 할 수 있다. 전 세계 평균 지니계수는 한때 0.5 정도였다가 점점 악화돼 현재는 0.68에 이른다. 0.6~0.7은 빈부 격차가 심각할 정도로 높은 상태다. 아프리카의 남아공이나 보츠와나 등이 여기에 해당한다. 이들 국가들의 빈부 격차는 이미 0.7에 육박하는데, 이는 심각한 사회혼란이 일어날 수 있는 상태다.

사회복지·사회보장을 기존의 동구 사회주의나 마찬가지라고 보는 하이에크나 미제스의 시각도 문제다. 보편적 복지는 기본적인 부와 지위의 불평등을 전제로 한다. 롤스도 『정의론』에서 불평등을 전제로 주장을 펼쳤다.

"사회적 · 경제적 불평등, 예를 들면 재산과 권력의 불평등을 허용하되 그것이 모든 사람, 그중에서도 특히 사회의 최소 수혜자에게 그 불평등을 보상할 만한 이득을 가져오는 경우에만 정당한 것임을 내세우는 것이다."

롤스는 기본적으로 권력과 부의 불평등을 인정한다. 하지만 불평등이라고 해서 다 같은 것은 아니다. 정의로운 불평등이 있는가 하면 반대로 정의롭지 못한 불평등이 있다. 100미터 달리기 대회를 연다고 가정해보자. 일반적으로 기회의 평등이란 누구든지 달리기 대회에 참여할 기회를 주는 것이다. 그런데 출발 신호와 함께 50미터 앞에서 달리는 사람이나 오토바이를 타고 달리는 사람이 있다면 공정한 경기일 수 없다. 실제로 현실 사회에서는 분명히 태어난 가정의 조건과 인종 등의 요소에 의해 이러한 현상이 나타난다. 경기에 진 사람들은 자신의 노력이나 능력이 부족해서 패배했다고 인정하지 않을 것이다. 이는 정의롭지 못한 불평등이다.

롤스에 의하면 달리기 경기에 참여할 기회만이 아니라 사회적 약자를 포함하여 모두가 공정하게 경쟁에 참여할 수 있는 '조건'을 만들어주어야 한다. 이를 위해 적어도 경기에 참여하는 모든 선수가 같은 출발선에서 경쟁하게 해주어야 한다. 물론 달리는 과정에서 노력과 재능의 차이에 의해 더 빨리 달리는 사람이 생기고, 그 사람은 당연히 승자로서 더 많은 이익을 누려야 한다. 이것은 정의로운 불평등에 해당한다.

불평등을 인정하되 공정한 경쟁을 저해할 정도의 극심한 격차는 부당하다. 공정한 경쟁 조건을 만든다는 점에서 사회적 약자만이 아니라 사회 구성원 모두에게 해당하는 조치라 할 수 있다. 사회복지는 "곤란한 처지에 있는 사람을 포함해서 그 사회에 가담하는 모든 사람의 협력"을 통해 이루어진다. 케인스가 『고용, 이자 및 화폐의 일반이론』에서 주장한 내용도 비슷한 문제의식 위에 있다.

> "소득과 부의 상당한 불평등을 정당화하는 사회적 및 심리적 이유가 있다고 생각하지만, 그것이 오늘날 존재하는 것과 같은 큰 격차를 정당화할 수는 없다."

상대빈곤 완화를 지향하는 보편적 복지를 위해 누진세제의 강화가 필수적인 것은 분명하다. 하지만 이는 가난한 사람들의 시기심이라거나 성공한 사람의 소득에 대한 심각한 제한이기 때문에 사회 전체 투자 기회를 고갈시킨다는 하이에크의 주장도 설득력이 떨어진다. 케인스에 의하면 누진세를 통해 벌어들인 수입의 적지 않은 부분이 사회적으로 사용될 수 있게 하는 것은 기업가에게도 바람직하다.

대량생산된 상품을 소화하기 위해서는 소비 능력이 고양되어야 한다. 소비 활성화를 가로막는 장애 요인이 바로 부와 소득의 극단적 불평등이다. 이를 해결하는 가장 중요한 방법은 소득세·부가세·상속세와 같은 직접세의 누진성이다. 지금 필요한 것은 소비성향을 증가시킬 수 있도록 복지를 통해 소득 재분배 방안을 적극 추진함으로써 자본 성장에 적극적으로 기여하는 것이다.

기업가, 금융가 등의 실질수입이 일정하게 줄어드는 경향이 있기는 하지만 이를 통해 고용 확대를 이루고 지속적 경제성장을 이룰 수 있다면 결과적으로 더 많은 이익이 보장된다. 불황이나 공황을 통해 다수 기업이 도

산함으로써 엄청난 경제적 손실을 초래하는 현상을 막을 수 있기 때문이다. 당장은 세금으로 적지 않은 돈이 나가 이익이 줄어드는 것 같지만 장기적으로는 더 안정적인 이윤 확보가 가능하다.

또한 누진세는 간접세로 인해 발생하는 저소득층에 대한 과중한 부담을 상쇄시키기 위해서도 타당한 방식이다. 대부분의 국가는 많은 종류의 간접세를 부과하고 있다. 예를 들어 물건을 구입할 때 지출하는 소비세 같은 경우가 여기에 해당한다. 하다못해 자장면 한 그릇을 사 먹더라도 모든 국민은 간접세를 지불한다. 텔레비전을 한 대 사더라도 기업가가 사든 저소득층이 사든 동일한 액수의 간접세를 지불한다. 간접세는 구매자의 수입 정도와 상관없이 일괄적으로 징수하기 때문이다. 수입 격차를 고려할 때 저소득층에게는 과중한 부담을 주는 것이 사실이다. 이를 보상하기 위해서도 직접세에 누진성을 적용하는 것은 형평성에서 그리 문제가 되지 않는다.

건강보험, 고용보험, 국민연금 같은 사회보장 성격의 정책을 비효율의 온상으로 보는 시각도 문제다. 엄청난 치료비의 개인 부담은 그만큼 소비로 사용될 수 있는 돈이 줄어든다는 의미다. 또한 병에 걸려도 치료할 수 없는 상황에 처한 사람이 많아지면 그만큼 건강한 노동력이 줄어든다. 실업과 노후를 대비해 개인의 임금에서 떼는 돈도 비생산적, 비소비적 지출이 아니다. 개인 소비 능력이 전무한 상태로 빠져 들어가는 것을 막음으로써 전 사회적인 소비의 양을 유지시키는 안전판 기능을 한다. 또한 비용을 노동자만이 아니라 기업이 일정 부분 부담하게 함으로써 재분배 효과도 거둘 수 있다.

근로조건은 인간의 존엄성을 보장해야 한다

근로의 권리 보장을 위한 고용 증진과 적정 임금

"모든 국민은 근로의 권리를 가진다. 국가는 사회적, 경제적 방법으로 근로자의 고용의 증진과 적정 임금의 보장에 노력하여야 하며, 법률이 정하는 바에 의하여 최저임금제를 시행하여야 한다."

"근로조건의 기준은 인간의 존엄성을 보장하도록 법률로 정한다."

"여자의 근로는 특별한 보호를 받으며, 고용, 임금 및 근로조건에 있어서 부당한 차별을 받지 아니한다."

우리 헌법 제32조 1항과 3항, 4항의 내용이다. 근로와 관련하여 서로 긴밀한 연관성을 가진 다양한 사안에 대한 보장 내용을 담고 있다. 하지만 헌법이 보장하는 내용 중에 현실에서 가장 잘 지켜지지 않고 있는 것이 바로 노동과 관련한 조항이다.

한국의 경제성장 과정이 정부와 기업의 유착 관계를 토대로 이루어져왔다는 점 정도는 국민이라면 누구나 다 알 정도로 상식에 속한다. 어쩌면 유착 관계라는 말 정도로는 부족할지도 모른다. 어떤 면에서는 거의 일체화되어 있다 해도 과언이 아니다. 정부 스스로 자신의 정체성을 '기업 프렌들리'에 두기도 한다. 설사 명시적 표명이 아니더라도 약간의 정도 차이만 있을 뿐 실질적으로 한국 현대사에서 예외 없이 유지된 관계다. 노동과 관련하여 가장 첨예한 이해관계 당사자인 기업이 정부와 한 몸처럼 움직이는 상황에서 각종 노동조건이 열악한 상태로 방치되는 현상은 어찌 보면 당연한지도 모른다.

그러므로 헌법이 제32조에서 보장하는 내용은 과거는 물론이고, 현재형이라고도 볼 수 없다. 그동안 한국의 모든 정부는 각종 노동조건에 관한 한 다분히 의도적으로 헌법에 등을 돌리거나 최소한 상당한 거리를 두었다. 법원의 판결도 헌법 정신에서 벗어나 정부와 기업의 이해를 보호하는 데 주로 기여해왔다는 비판에서 자유롭지 못하다.

내용 중 "고용의 증진"은 취업 기회 제공을 의미한다. 국민은 근로의 권리에 기초하여 취업 기회를 제공하는 적극적 정책 수립을 국가에 요구할 수 있다. 이는 크게 두 가지로 구분된다. 하나는 고용의 유지다. 고용 증진은 말 그대로 일자리 확대인데, 이는 기존의 고용 상태 유지를 전제로 한다. 다른 하나는 새로운 일자리 창출이다.

먼저 고용 유지와 관련하여 해고를 제한하는 법과 정책 마련이 중요한 문제가 된다. 시장경제를 기본으로 하는 사회에서 해고 자체를 금지할 수는 없다. 다만 기업의 일방적이고 무분별한 해고가 근로의 권리를 훼손하지 않도록 보호해야 한다. 이를 위해 한국에서는 근로기준법을 통해 정당한 이유 없이 해고시키지 못하도록 규정하고 있다. 경영상의 이유에 의한 정리 해고에 대해서는 "긴박한 경영상의 필요"와 "사용자는 해고를 피하기 위한 노력"을 다했음이 인정되어야 한다. 이에 더해 "합리적이고 공정한 해고의 기준"과 "노동조합과 성실하게 협의" 요건을 갖춰야 정당성을 가지도록 정하고 있다.

하지만 현실에서는 근로기준법이 정한 긴박한 경영상의 필요나 해고 회피를 위한 적극적 조치를 무력화시켜 기업주 이해를 일방적으로 대변하는 판결이 줄을 잇는다. 가장 대표적인 사례가 쌍용자동차 정리 해고가 정당하다는 2014년의 대법원 판결이다. 2009년에 해고당한 노동자 153명의 해고 무효 확인소송 상고심이었다. 1, 2심 재판 과정에서 회사는 회계 보고서를 통해 근로기준법이 규정한 "긴박한 경영상의 필요"를 정당화하고자 했다.

하지만 쌍용차 측이 정리 해고를 위해 회계 조작까지 했다는 정황이 드러나자 2심에서는 정리 해고 무효 판결이 내려졌다. 하지만 대법원은 가장 중요한 논쟁점인 "긴박한 경영상의 필요"와 관련하여 다음과 같은 이유로 상반된 판결을 내렸다.

"해고를 단행할 긴박한 경영상 필요가 존재했다. … 기업 운영에 필요한 인력의 적정 규모는 상당한 합리성이 인정되는 한 경영 판단의 문제에 속하는 만큼 경영자 판단을 존중해야 한다."

말 그대로 긴박한 경영상의 필요 입증은 사업주가 판단할 영역이라는 것이다. 결국 회사 마음대로 해도 된다는 말밖에 안 된다. 대법원 기준대로 하면 근로기준법에 해고의 정당한 요건을 명시할 필요가 없다. 헌법이 규정한 근로의 권리 보장도 말장난에 지나지 않게 되어버린다.

게다가 법리 오해 여부를 판단하는 대법원이 사실에 대한 판단까지 해가면서 기업의 이해를 대변했다는 점에서도 이 판결은 많은 비판을 받았다. 민변은 이 판결을 '올해 최악의 판결'로 선정했다. "정리 해고가 남발되는 현실에 제동을 걸기는커녕 정리 해고의 문을 사용자 측에 활짝 열어준 판결"이라고 선정 이유를 밝혔다.

근로기준법이 규정하는 "해고를 피하기 위한 노력"도 실질적인 조치로 이어져야 한다. 예를 들어 미국의 경우를 보면 정리 해고 이전에 '레이-오프lay-off'라는 방식을 사용하는 경우가 많다. 일종의 일시해고다. 경영 부진으로 인원을 삭감해야 할 때, 나중에 재고용을 약속하고 일시적으로 해고하는 방식이다.

이 경우 차후에 원래의 업무와 경력을 그대로 인정하면서 재고용을 하도록 되어 있다. 보통 근속 연수가 적은 사람부터 해고하고, 근속 연수가 많은 사람부터 복직시킨다. 실업 중의 생활 보장은 실업보험 또는 기업 내 복지 제도인 실업 보조금 등을 통해 지원한다. 그러면 노동자는 실업과 관련된 복지 혜택을 일정하게 받으면서, 다른 한편으로 아르바이트 등을 통해 수입을 보완하다가 본래의 일자리로 돌아갈 수 있다.

하지만 한국 기업은 곧바로 대규모 정리 해고 조치를 취하는 경우가 대부분이다. 아무 대책 없이 그냥 회사에서 잘린 해고자들을 다시 재고용하는 경우는 거의 찾아볼 수 없다. 신규 채용을 하면 근속 연수 등에 따른 비용 부담 없이 적은 임금으로 노동자를 고용할 수 있기 때문이다. 심지어 상당수 대기업에서는 정규직을 정리 해고 한 후 고용이 필요할 때 비정규직으로 대체한다.

이어서 "적정 임금의 보장"도 문제다. 여기서 '적정'의 기준은 헌법 제34조 1항의 "인간다운 생활을 할 권리"에 준해서 판단할 수 있다. 이와 관련해서는 1948년 세계 인권 선언 제23조 2항과 3항이 전 세계적인 기준 역할을 한다.

> "모든 사람은 어떠한 차별도 받지 않고, 동일한 노동에 대하여 동일한 보수를 받을 권리가 있다."
> "모든 노동자는 자신과 가족이 인간적으로 남부끄럽지 않게 품위를 지키고 살아갈 수 있도록 보장해주는, 정당하고 유리한 보수를 받을 권리가 있다."

먼저 한국 사회에서 심각한 문제가 되는 것이 동일노동 동일임금 원리의 무시다. 한국 기업들은 동일한 노동을 동일한 시간 동안 시키면서 임금을 줄이는 방법을 애용한다. 정규직을 비정규직으로 전환하거나 새로 채용하는 인원을 비정규직으로 뽑는 것이다. 비정규직은 같은 일을 해도 임금이 정규직의 반 정도에 불과한 경우가 많다. 게다가 정규직 노동자와 달리 각종 보험도 적용되지 않으니 그만큼 기업 이윤이 늘어난다. 영세기업에서 나타나는 한정적 현상이 아니다. 대기업도 이윤을 높이기 위한 가장 효과적 방법으로 비정규직 채용을 선호한다. 몇 차례 법적 논란이 있었으나 국회는 비정규직이 폭넓게 유지될 수 있는 방향으로 법을 마련했다.

남녀 임금격차도 심각하다. 한국의 최근 남녀 임금격차는 100 대 63, 즉 37%에 달해서 OECD 회원국 중 가장 크다. OECD 회원국 평균이 100 대 85인 점을 고려할 때 매우 큰 차이다. 2001년 39%의 차이를 보인 이후 10년 넘는 기간 동안 개선된 것이 별로 없는 상태다. 여성들이 저임금 서비스 업종에 집중적으로 쏠려 들어가 있는 점이 크게 작용한다고 봐야 한다. 학력 간 임금격차도 상당하다. 중간 학력을 가진 근로자는 전문대졸 이상 고학력 근로자에 비해 47%나 적게 받는다. OECD 회원국 가운데 각각 8위, 10위에 해당할 정도로 심하다. 학력에 따른 임금 차이도 지난 20여 년 동안 전혀 좁혀지지 않고 있다.

인간 존엄성을 보장하는 노동시간

우리 헌법이 인간의 존엄성 보장을 기준으로 삼고 있는 노동조건에는 노동시간이 포함된다. 1948년 세계 인권 선언 제24조에서 볼 수 있듯이 이는 세계적으로도 오래전부터 중요한 과제로 강조되어왔다.

"모든 사람은 휴식할 권리 그리고 여가를 즐길 권리가 있다. 이러한 권리에는 일을 너
무 많이 하지 않도록 노동시간을 적정한 수준으로 제한할 수 있는 권리, 그리고 정기적

인 유급휴가를 받을 권리가 포함된다."

인간은 노동하기 위해 태어난 존재가 아니다. 노동은 삶을 영위하고 자신을 실현하기 위한 수단일 뿐이다. 하지만 현실의 인간은 수단과 방편이어야 할 노동이 거꾸로 목적이 되어버린 생활에 묶여 있다. 가장 왕성한 생활을 하는 20대에서 50대까지, 사람들은 잠자는 시간을 제외한 나머지 시간의 대부분을 노동으로 보낸다.

대부분의 시간을 생활을 위한 경쟁에 쏟아부을 뿐만 아니라 한정된 시간을 쪼개고 또 쪼갠다. 사회적으로 '시간은 금'이라는 사고방식을 세뇌받아 왔기 때문이다. 우리는 인간이란 본래 그렇게 태어난 운명이고, 부지런히 일하는 사람만이 정상이라고 교육받아 왔다. 하지만 문화 인류학자들의 연구에 의하면 과도한 노동은 문명의 결과다. 미국의 인류학자 해리스Harris●가 『문화의 수수께끼』에서 원시 부족과 현대인의 노동을 비교한 부분을 보자.

"원시부족은 일주일에 단 10~15시간의 노동으로 생활을 영위한다. 이러한 사실의 발견은 빛 좋은 개살구와 같은 현대 산업사회 신화 중의 하나, 즉 현대인은 인류 역사상 가장 적은 시간 노동을 하고 가장 장시간 휴식을 취하고 있다는 신화를 무색하게 해버린다."

●
마빈 해리스 Marvin Harris, 1927~2001 미국의 인류학자. 문화 유물론의 발전에 지대한 공헌을 했다. 문화 생태학적 측면에서 가족제도와 재산, 정치와 경제 제도, 종교 등의 진화와 발전의 원인과 결과를 파악할 수 있다는 주장을 폈다.

원시부족 원주민들의 노동시간은 공통적으로 우리보다 짧다. 수렵과 채집으로 살아가는 원시부족에게 과도한 노동은 바보 같은 일일 뿐만 아니라 스스로 삶의 조건을 파괴하는 위험한 행위다. 그들의 생태계는 수주 혹은 여러 달 동안 집중적으로 과도한 노동량의 투여를 용납할 수 없다. 어느 한 시기에 모든 노력을 집약하여 더 많은 동물과 식물을 남획하면 수 마일 범위의 사냥감은 전멸할 것이었다. 서식지 내 식량 공급 능력이 상실되는 위험에 처할 수 있었다. 무엇보다도 원주민 스스로 대부분의 시간을 노동으로 보내야 할 필요 자체를 인정하지 않았다. 이들의 삶은 인간다운 삶과 거리가 멀어도 한참 멀었다. 그들 사이에서 잉여 노동을 강요하는 자들은 위협적인 존재가 되었다.

문명은 부의 축적에 의존하고, 부의 축적은 시간이라는 재산의 축적에 의존한다. 생산적 노동으로 사용하지 않는 시간은 낭비이자 범죄가 되어버렸다. 그래서 지난 수세기 동안 인간은 시간을 보다 짧게 쪼개고 정확하게 배열하기 위한 장치를 개발해왔다. 시간을 쪼개가면서까지 노동에 매달린다.

〈워싱턴포스트〉의 기자이자 두 아이의 엄마인 브리짓 슐트Brigid Schulte는 『타임푸어』에서 노동시간의 노예가 되어 살아가는 현대인의 현실을 토로한다.

"자다가도 해야 할 일이나 미처 못한 일이 떠올라서 화들짝 놀라며 깨곤 한다. 이러다 죽음을 맞이하는 순간에 내 인생이 잡다한 일 더미뿐이었다는 사실을 깨달을까 봐 걱정이다. … 바쁘게 살거나 적어도 바쁘게 사는 것처럼 보여야 한다는 의무감을 느낀다."

한국 사회의 경우는 더 심해서 새벽부터 늦은 밤까지 오로지 일에 매달려 살아가야 하는 경우가 많다. 단순히 정해진 노동시간에만 해당되는 이야기가 아니다. 승진을 위해 남들보다 더 일할 의사와 능력이 있음을 증명해야만 한다. 남들보다 더 일찍 출근하거나 일상적 잔업에 시달려야 한다.

사무직이든 생산직이든 상당수 사람이 시간 빈곤에 허덕이며 살아간다. 시간 빈곤은 노동 때문에 여유로운 식사, 충분한 잠, 적절한 여가 등 인간의 삶을 유지하는 데 필요한 시간을 보장받지 못하는 상태를 말한다. 한국고용정보원에 따르면 한국 임금노동자 중 시간 빈곤층은 42%인 930만 명으로 추정된다. 한국의 노동시간은 멕시코에 이어 세계 2위다. OECD 회원국 평균보다 1년에 325시간 더 일한다. OECD에 따르면 2011년 한국 노동자들의 연평균 노동시간은 2,090시간이었다. 2,000시간이 넘는 나라는 멕시코·칠레·그리스·한국뿐이었다.

우리 헌법이 "근로조건의 기준은 인간의 존엄성을 보장하도록 법률로 정한다."고 한 규정은 법적인 노동시간 제한으로 나타난다. 1919년에 국제노동기구(ILO)는 헌장 전문에서 "노동조건은 1일 및 1주의 최장 노동시간의 설정을 포함한 노동시간의 규제"라고 했다. "어떤 국가가 인도적인 노동조건을 채택하지 아니하는 것은 다른 나라들의 노동조건을 개선하려는데 장애"가 되기 때문에 모든 국가가 따라야 하는 규칙으로 강조하였다.

19세기 말 미국과 유럽에서 8시간 노동이 법적으로 보장되었다. 한국도 8시간 노동제를 실시하고는 있지만 본래의 취지가 무색해진 상태다. 8시간 노동제는 8시간 이상 일을 시키지 못하게 법으로 강제하는 제도다. 8시간은 일하고, 8시간은 잠을 자고, 나머지 8시간은 여가를 보내는 게 인간으로서 최소한의 조건이라는 인식에서 출발했다. 핵심은 8시간을 넘어서는 노동의 사회적 제한이다.

이러한 취지를 반영하여 대부분의 산업국가에서는 기업의 일이 늘어나면 잔업과 철야보다는 새로운 노동자를 고용해서 일을 시키도록 한다. 하지만 한국은 잔업이나 철야 등의 방식으로 상당 시간의 추가 노동이 법적으로 허용되어 있다. 8시간 노동제를 실시하고 있다고 말하기 부끄러울 정도다.

서유럽의 몇몇 국가는 이미 점심시간을 포함하여 7시간 노동제를 실시하는 중이다. 아침 9시에 일을 시작하여 낮 4시면 퇴근하니 한결 여유롭게 하루를 보낸다. 최근에는 6시간 노동제 논의가 조금씩 늘어나는 중이라고 한다. 하지만 한국에서는 아직도 대부분 점심시간을 제외한 상태에서 8시간 노동이 이루어지고, 게다가 잔업과 철야도 상당히 폭넓게 허용된다. 사무직의 경우 별도의 수당 지급 없는 연장 근로도 비일비재하다.

인간의 존엄성 보장을 기준으로 삼는 우리 헌법의 규정이 현실에서 최소한이라도 지켜지기 위해서는 노동시간에 대한 몇 가지 법적, 제도적 조치가 뒤따라야 한다. 우선 노동시간은 점심시간을 포함하여 하루 8시간으로 엄격하게 제한되어야 한다. 이를 위해 모든 사업장에서 잔업과 철야의 허용 시간을 대폭 축소하고 휴가 일수를 늘려야 한다. 중장기적으로는 6~7시간 노동제로 전환하여 노동이 삶의 거의 전부가 아니라 일부로 바뀌어야 한다.

근로자는 단결권 · 단체교섭권 · 단체행동권을 가진다

노동자의 집단적 힘을 통한 권익 향상 보장

—

"근로자는 근로조건의 향상을 위하여 자주적인 단결권, 단체교섭권 및 단체행동권을 가진다."

우리 헌법 제33조 1항이다. 이른바 노동3권을 보장하는 내용으로 노동자 권리의 가장 중요한 부분이다. 오래전부터 노동3권을 헌법이 보장하고 있다 하니 한국의 모든 노동자가 당연히 일상적으로 권리를 누리고 있다고 생각할 수 있겠지만 현실에서 보면 그것이 얼마나 큰 착각인지 금방 드러난다.

139개국 노동조합을 회원으로 두고 있는 국제노동조합총연맹(ITUC)이

2015년에 회원국의 '노동자 권리 지수'를 발표했다. 1등급이 최상, 5등급이 최하인데, 한국은 국제 기준 최하위인 5등급으로 분류됐다. 한국과 동일하게 5등급으로 분류된 나라는 방글라데시, 캄보디아, 인도, 나이지리아, 라오스, 잠비아, 짐바브웨, 중국 등 23개국이다. 노동법이 있어도 지켜지지 않고 노동자의 권리가 보호되지 못하는 대표적인 나라들이다. 세계 10위권의 경제력을 자랑하는 한국의 너무나도 초라한 노동자 권리 현실이다.

노동자 권리가 최악의 상황인 채로 오랜 기간 유지되는 이유는 헌법이 보장하는 단결권·단체교섭권·단체행동권이 실질적으로 지켜지지 못하는 경우가 많기 때문이다. 결국 헌법의 보장이 말로만 그치고 현실에서는 헌법을 무력화시키는 법 제정과 집행이 현재까지 줄곧 이어져왔음을 보여준다.

노동자의 자주적인 단결권이 실질적으로 실현된 정도는 노동조합 조직률로 나타난다. 노조 조직률은 전체 조합원 수를 전체 임금근로자 수로 나누어 산출한다. 한국 고용노동부가 공개한 '2013년 전국 노동조합 조직현황'에 따르면 노조 조직률은 10.3%에 불과하다. 1989년 19.8%에 달하며 정점에 오른 뒤 하락세를 보이다 2010년 이후 현재까지 10% 내외에 머물러 있다. OECD 30개 회원국 가운데 28위로 최하위권이라는 불명예를 기록하고 있다. 덴마크, 노르웨이, 핀란드, 프랑스, 벨기에, 이탈리아 등 북유럽과 서유럽을 중심으로 한 18개국은 1등급에 해당한다. 북유럽의 경우 노조 조직률이 높아서 50~80%에 이른다. 특히 한국은 중소기업이나 불안정 고용 상태 노동자의 단결권이 최악이다. 하청기업 노동자들은 대부분 노동조합이 없고, 임시직 노동자의 노동조합 조직률은 고작 1%에 불과하다.

단결권 무시는 빈부 격차 심화와 그대로 연결된다. IMF조차도 노동조합 조직률이 하락할수록 소득 불평등이 커진다는 점을 강조한다. 1980년부터 2010년까지의 자료를 토대로 조사한 2015년 IMF의 '불평등과 노동시장 기관'에 의하면 노동조합 조직률은 총소득은 물론 세금을 제한 이후의 가처분소득 불평등에 상당한 영향을 미치는 것으로 나타났다. 노동조합 조직률이 10% 하락하는 동안 소득 상위 10%의 소득은 약 5% 증가했다. 상위 소득층으로의 부의 집중과 빈부 격차 증가를 의미하는 지니계수 상승의 약 절반 정도를 노조 약화로 설명할 수 있다고 한다.

한국에서 단체행동권의 제한과 무시는 더욱 심각한 상황이다. 단결권·단체교섭권의 실현은 단체행동권의 보장을 통해 가능하다. 아무리 노동조합을 만들고 교섭을 해봐야 노동자 파업 등의 행동 가능성이 뒷받침되지 않는다면 실질적 효과는 거의 없다. 권리는 계약서의 문구가 아니라 법적, 제도적 강제를 통한 실질적 보장이라는 점에서 노동3권 가운데 가장 중요한 권리다.

그렇기 때문에 노동자 권리를 일관되게 부정하고자 했던 한국의 독재정권은 단체행동권에 족쇄를 채우고자 했다. 1948년에서 1963년까지는 헌법에서 단결권·단체교섭권·단체행동권에 대해 특별한 제한을 두지 않았다. 1972년 유신헌법은 단결권·단체교섭권·단체행동권을 법률이 정하는 범위에서 보장받는다며 노동3권 전체에 포괄적 제한을 두었다. 1980년 제5공화국 헌법에서는 단체행동권 행사에 특수 법률 유보, 즉 "단체행동권의 행사는 법률이 정하는 바에 의한다."라는 규정을 두었다. 제6공화국에 들어와서야 헌법에서 단체행동권의 충실한 보장을 위하여 법률에 의한 제한 규정을 삭제했다.

그렇다고 해서 곧바로 단체행동권의 전반적인 보장으로 이어진 것은 아니었다. 헌법 정신을 무시한 일방적 제한이 여전하고 방법도 갈수록 교묘해지고 있다. 단체행동권 행사의 일환으로 파업을 벌인 노동자에 대한 구속과 손해배상 소송이 비일비재하다. 예를 들어 2013년에 '민영화 반대'를 내세우며 파업을 벌인 철도 노조는 핵심 간부 구속, 대량 해고, 거액의 손해배상 소송 등 각종 압력과 탄압을 받아야 했다.

특히 가압류와 손해배상은 이제 한국에서 대부분의 단체 행동에 대한 대응으로 자리 잡았고 노조 탄압의 가장 중요한 수단이 되었다. 이는 우리가 가입해 있는 ILO 조약의 위반이기도 하다. ILO 조약 제98호에 의하면 국제 기준에 맞는 파업권 인정을 위해서는 노동쟁의 허용은 물론이고 파업에 따른 구속과 손해배상, 가압류를 금지하도록 되어 있다.

한국에서는 민영화 반대, 경영 참여 등을 요구하며 파업할 경우 근로조건을 넘어선 정치 파업이라며 즉각적인 해고와 구속, 손해배상 소송 조치가 시작된다. 우리 헌법 제33조 1항에 따르면 "근로자는 근로조건의 향상을 위하여" 노동자의 권리를 보장하기 때문에 근로조건 개선을 넘어서는 요구는 헌법에서 벗어난다는 주장이다.

하지만 이러한 주장은 헌법이 다루는 근로조건 개념에 대한 이해 부족이자 악의적 왜곡이다. 헌법 제32조 1항은 "국가는 사회적, 경제적 방법으로 근로자의 고용의 증진과 적정 임금의 보장에 노력"하고, 3항은 "근로조건의 기준은 인간의 존엄성을 보장하도록 법률로 정한다."고 규정하고 있다.

근로조건은 단지 개별 사업장 내의 임금이나 처우로 한정되지 않는다. 전체적인 고용 증진과 적정 임금 보장을 포함하여 사회 전체적인 문제와 직결된다. 무엇보다도 헌법은 근로조건의 기준을 법률에 의해 보장한다. 당연히 근로조건 개선을 위해서는 법률의 제정이나 개정이 중요한 과제가 된다. 이를 위해 정부나 국회를 상대로 한 노동자의 요구나 행동이 필수적인 과정이 된다. 근로조건 및 사회·경제적 지위 향상과 불가분의 관계에 있는 법률의 개폐, 정부의 정책을 대상으로 한 요구와 행동은 정당한 단체행동권 행사다.

노동3권과 관련하여 한국 사회에서 일차적으로 문제가 되는 것은 헌법이 보장한 내용을 법률로 뒷받침하지 않고, 나아가 기업은 물론이고, 정부나 법원에서도 따르지 않고 있다는 점이다. 노동자 권리 가운데 가장 중요하고 기본이 되는 단결권, 단체교섭권 및 단체행동권이 법률에 의해 실질적으로 보장되도록 개정되고, 이를 위반하는 기업에 대한 강력한 처벌, 정부 정책의 수정이 이루어져야 한다. 이를 통해서만 노동자 권리 지수가 국제 기준 최하위인 5등급이라는 치욕에서 벗어나 최소한 중간 정도 등급으로라도 진입할 수 있을 것이다.

공무원의 단결권, 단체교섭권, 단체행동권 제한은 온당한가?

노동자 권리와 관련하여 헌법에서 가장 자주 논란이 되는 것은 공무원의 노동3권 보장 문제다. 우리 헌법은 제33조 2항에서 공무원의 노동권 행사에 제한을 둔다.

"공무원인 근로자는 법률이 정하는 자에 한하여 단결권, 단체교섭권 및 단체행동권을 가진다."

노동자라 하더라도 공무원의 경우는 법률에 의해 권리가 유보된다. 사실상 노무에 종사하는 공무원에게만 노동3권이 인정된다. 하지만 이조차도 여러 제한이 덧붙는다. 주요 방위산업체 노동자의 단체행동권은 '노동조합 및 노동관계 조정법'에 의해 광범위하게 제한된다. "국민의 모든 자유와 권리는 국가 안전보장, 질서유지 또는 공공복리를 위하여 필요한 경우에 한하여 법률로써 제한"할 수 있다는 헌법 제37조 2항도 공무원의 노동3권 행사를 제한하는 근거로 자주 사용된다. 물론 여기에도 "자유와 권리의 본질적인 내용은 침해할 수 없다."는 헌법의 과징 금지 원칙이 적용된다.

제33조 2항의 "법률이 정하는 자"에서 말하는 '사실상 노무에 종사하는 공무원'이 아닌 노동자에 대해서는 2005년에 제정된 '공무원의 노동조합 설립 및 운영 등에 관한 법률'을 통해 단결권과 단체교섭권만을 인정하고 단체행동권은 제외시켰다. 현재 전국공무원노동조합(전공노)과 전국교직원노동조합(전교조) 등이 단체행동권 제외 대상이다. 국내만이 아니라 국제적으로도 논란이 거듭되는 중이다.

한국은 1991년 ILO에, 1996년 OECD에 가입할 당시 노사 관계에 관한 실정법을 국제적 기준에 부합하도록 개선하겠다고 약속한 바 있다. ILO는 그동안 공무원 노조에 단결권과 단체교섭권을 부여하고 있지만 단체행동권을 허용하지 않는 한국의 현행 공무원 노조법에 대해 지속적으로 시정권고를 했다. 이사회에서 권고문을 통해 공무원의 파업권에 대한 모든 제약을 폐지하라고 촉구했다.

프랑스, 영국, 이탈리아, 스웨덴, 네덜란드, 벨기에 등 대부분의 유럽 국가에서는 이미 1970~1980년대에 기본적 노조 권리를 담은 공무원법이 제정됐는데, 여기에는 단결권·단체교섭권과 협약 절차의 규정은 물론이고 쟁의행위권도 담겨 있다. 프랑스에는 일반 노동자와 별도로 구분해 공무원의 파업권을 제한하는 법률이 없다. 행정명령에 의해 일부 파업권이 제한될 수는 있지만, 기본적으로는 사전 예고를 통해 파업을 보장받는다. 스웨덴의 경우에는 판사와 관리자 범위에 있는 국장, 부국장 등만 빠질 뿐, 기본적으로 모든 공무원의 파업이 가능하다. 남아공도 공무원 노조의 단체행동권을 보장한다. 미국은 경찰이나 소방 등 일부 필수 공익 서비스인 경우에 단체행동권이 제한된다. 공무원의 쟁의행위를 전면적으로 금지하고 있는 나라로는 일본과 한국이 대표적이다.

해고자가 조합원에 포함되어 있다는 이유로 전교조의 합법성을 부인하고 법외노조로 취급하는 것도 문제가 된다. 마찬가지로 ILO는 해직자의 조합원 자격을 부인하는 한국 정부의 조치가 ILO의 원칙에 위배된다는 점을 분명히 하면서 시정을 권고한 바 있다. 이미 1948년 세계 인권 선언은 제23조 4항에서 "모든 사람은 자신의 이익을 지키기 위하여 노동조합을 결성하고 노동조합에 가입할 수 있는 권리가 있다."고 규정했다.

대부분 민주국가에서 노동조합은 관련된 '모든 사람'에게 가입 자격을 준다. 노동조합 활동에 도움을 줄 수 있는 사람이라면 누구든지 조합원이나 상근자로서 활동할 수 있도록 보장한다. 그러나 한국 정부는 국제 기준을 무시하고 거꾸로 가는 중이다. 심지어 우리 헌법이 보장하는 권리조차 무시하는 조치다.

헌법은 분명 "자주적인" 단결권·단체교섭권·단체행동권이라고 규정하고 있다. '자주적'이라는 말은 단순히 듣기 좋은 수식어가 아니다. 누가 노동자의 권리를 향상시키는 데 도움이 되고, 누가 효과적인 단체교섭과 단체행동을 행사하는 데 기여할 수 있는지를 노동자 스스로 판단하고, 그들이 노동조합 조합원이나 신분이 보장되는 지위에서 활동하도록 결정할 수 있어야 한다. 자주적인 권리라는 점에서 노동조합은 정부에 의한 일방적인 허가의 대상이 아니다. 하지만 한국 정부는 헌법이 부여한 권한을 넘어 노동조합을 사실상 허가제로 운영하는 비상식적인 행정행위를 반복하고 있다. 한국 정부가 최소한의 노동자 권리를 인정한다면 해고자의 조합원 자격을 제한하는 조항을 즉각 폐지하고 전교조를 비롯한 공무원 노조를 사회적 파트너로 인정해야 한다.

건강하고 쾌적한 환경에서
생활할 권리를 가진다

건강하고 쾌적한 생활과 환경 보전

"모든 국민은 건강하고 쾌적한 환경에서 생활할 권리를 가지며, 국가와 국민은 환경

보전을 위하여 노력하여야 한다."

"환경권의 내용과 행사에 관하여는 법률로 정한다."

우리 헌법 제35조 1항과 2항에서 환경권을 다루는 내용이다. "건강하고 쾌적한 환경"이라는 표현이 워낙 막연하기는 하다. 1항의 뒷부분에서도 '환경 보전'이라고만 하고 있어서 환경이 산, 산림, 대기, 물, 일조 등과 같은 자연환경의 의미로 한정되는지, 아니면 생활환경, 문화적 환경, 사회적 환경 등을 포함한 보다 넓은 의미인지가 불분명하다. 우리 헌법재판소는

2008년 관련 판결에서 이를 자연환경과 생활환경을 의미하는 규정으로 해석하였다.

> "건강하고 쾌적한 환경에서 생활할 권리를 보장하는 환경권의 보호 대상이 되는 환경에는 자연환경뿐만 아니라 인공적 환경과 같은 생활환경도 포함된다. 환경권을 구체화한 입법이라 할 환경정책기본법 제3조에서도 환경을 자연환경과 생활환경으로 분류하면서, 생활환경에 소음, 진동 등 사람의 일상생활과 관계되는 환경을 포함시키고 있다."

일상에서 소음, 진동 등을 방지하고 제거하는 생활환경을 포함하는 것은 넓은 의미의 환경 개념이 아니다. 엄밀하게 볼 때 소음이나 진동은 본래 자연이 제공하는 편안한 환경을 과도하게 훼손한 위에서 만들어진 인공적인 시설이나 도구가 초래하는 문제다. 즉, 우리는 물, 공기, 산림, 일조, 조망, 경관 등 자연이 제공하는 건강하고 쾌적한 환경 안에서 살아갈 권리가 있다. 여기에는 흔히 일조권·조망권·경관권으로 불리는 권리가 포함된다.

건강에 해를 주거나 불쾌한 감정을 불러일으킬 만큼 왜곡된 생활환경의 방지는 자연이 제공하는 환경을 유지한다는 점에서 자연환경의 확장 개념이다. 유적·문화유산과 같은 문화적 환경이나 공원·도로·교육·의료와 같은 사회적 환경을 포함하는 개념이라고 보기는 어려우며 확장된 의미의 자연환경을 중심으로 한 환경권이다.

환경권은 근대 초기부터 등장한 기본권은 아니다. 산업화가 전 세계로 파급되고 특히 20세기 중반 이후 전 세계적 규모에서 환경오염 문제가 심각하게 대두되면서 건강하고 쾌적한 환경에서 살아가는 문제가 중요한 권리에 포함되었다. 벡Beck• 은『위험사회』를 통해 아예 현대사회를 산업적 과잉생산에 기초를 두고 있는 위험사회로 규정한다. 여기에 환경 파괴가 중요한 한 부분으로 작용한다.

"근대화가 낳은 위험이다. 이것들은 산업화가 낳은 대량 산물이며 산업화가 지구적으로 전개되면서 체계적으로 강화된다. … 사람들의 정신을 발칵 뒤집어놓은 생태적 위험과 고도 기술의 위험은 질적으로 새로운 것이다."

과학기술 발달과 산업화가 전 세계로 확대되면서 환경 파괴도 전 지구적 수준으로 나타나고 있다. 이는 단지 산업국가에서만 나타나는 피해가 아니다. 지구는 움직이지 않고 고정된 장소에 머물러 있는 물체가 아니다. 자전과 공전을 하고, 이에 따라 대기와 해류가 끊임없이 움직이며 서로 섞인다. 대기오염과 수질오염, 삼림 파괴로 인한 문제가 일단 한곳에서 나타나면 곧바로 확산된다. 근대화가 만들어낸 새로운 위험은 더 이상 발생지, 즉 산업 시설에 묶이지 않는다. 그 본성상 위험은 지구라는 행성의 모든 생명체를 위협한다.

그나마 기존 산업 시설에서 발생하는 문제는 상대적으로 나은 편일지

•
울리히 벡 Ulrich Beck, 1944~2015 독일의 사회학자. 1986년 체르노빌 원전 사고를 배경으로 한 『위험사회』로 서구 중심의 산업화와 근대화의 위험성을 경고했다.

도 모른다. 예를 들어 원자력발전소 사고가 만들어내는 위험만 생각해봐도 심각성이 분명해진다. 체르노빌이나 후쿠시마 원전 사고에서 확인할 수 있듯이 일단 한 번 문제가 생기면 단지 '사고'라고 표현할 수 없을 정도의 위험이 발생한다. 생태계 파괴는 물론이고 인간에게 직접 치명적인 위해를 가한다. 이로 인한 피해는 사고가 발생한 시점이나 장소에서 살고 있지 않는, 시간이 지난 뒤에 태어나거나 멀리 떨어진 곳에서 살고 있는 사람들에게로 파급된다. "사람들의 정신을 발칵 뒤집어놓은" 위험이라는 말은 과장이 아니다. 기존의 환경보호 조치는 현대적 위험에 속수무책이다.

환경권은 시장경제 논리로는 해결될 수 없다. 모든 것을 시장경쟁에 맡기자는 자유주의나 신자유주의 관점에서는 자연환경 역시 자원의 일부로서 시장경쟁 도구로 사용될 뿐이다. 이럴 경우 기업 활동과 관련하여 환경 기준, 환경 평가 절차, 환경 세제, 환경오염 등의 책임 규제 완화가 요구된다. 환경보호도 기업 활동을 직접 제한하는 방식이 아니라 시장 원리에 따라 오염자나 수혜자에게 비용과 부담을 부과하는 세금 제도 수준에서 접근한다.

하지만 시장경쟁 원리에 근거한 그동안의 대처가 환경오염을 완화시키기는커녕 악화의 방향으로 내몰았음을 역사는 보여준다. 세계화를 이끄는 초국적 기업들은 전 세계에 걸친 생산망을 통해 자원과 에너지를 대량으로 상품화하고 있다. 자연환경이 상품으로 바뀌면서 지역 생태계는 광범위한 파괴와 교란을 겪었다. 이 과정에서 선진국의 환경 편익은 증가할지 몰라도 오염 및 피해의 비용은 개발도상국에 전가되는 것이 현실이다.

환경문제는 상당 부분 생산과 소비 과정에서 대규모로 발생함에도 불구하고 기업이나 시장이 스스로 해결하기 어렵다는 점에서 정부에 의한 규제 필요성이 가장 강력하게 제기되는 분야다. 자원의 무차별적 이용에 대한 제한이 필요하다. 규정 이상의 환경 물질을 배출하는 기업에게 솜방망이 벌금을 물리는 것이 아니라 실질적 규제 효과를 낼 수 있도록 규제와 처벌이 강화되어야 한다.

생활환경도 마찬가지다. 이것들은 대도시의 난개발이라든가 대기업 계열사이기 마련인 대형 상업 시설, 이로부터 파생되는 교통량 증가 등으로 인해 발생하는 문제다. 서울을 비롯한 대도시의 웬만한 거리에는 대형마트와 백화점이 즐비하다. 또한 부동산 투기를 목적으로 한 무분별한 재개발로 도심과 부도심 주변에는 대형 아파트 단지가 빽빽하게 들어차 있다. 이러한 상황에서 건강하고 쾌적한 생활환경이 후퇴하는 현상이 나타나지 않는다면 그것이야말로 이상한 일이다.

그동안 정부 차원의 환경영향평가를 통한 규제 장치는 무용지물이었다. 국민의 건강하고 쾌적한 생활환경보다는 다분히 대기업의 이익을 대변해왔기 때문이다. 환경권 보장을 위해서는 헌법이 국가에 부여한 환경 보전 의무를 실행하는 방향으로 정책의 무게 중심을 옮겨야 한다.

쾌적한 주거 생활을 보장하는 주택 개발 정책

생활환경에서 빠질 수 없는 것이 주거 생활이다. 주변 환경만이 아니라 직접 거주하는 공간도 건강하고 쾌적한 생활을 위해 필수적이다. 우리 헌법은 제35조 3항에서 국민의 주거권 보장을 국가가 노력해야 할 의무로 규정한다.

"국가는 주택 개발 정책 등을 통하여 모든 국민이 쾌적한 주거 생활을 할 수 있도록 노력하여야 한다."

그동안 정부는 '주택법' 제5조 2항을 통해 "국민이 쾌적하고 살기 좋은 생활을 영위하기 위하여 필요한" 기준으로서 최저 주거 기준을 제시해왔다. 면적, 시설, 구조·성능·환경의 세 영역으로 설정된다.

시설 기준에서는 부부 침실이 확보되어야 한다. 만 5세 초과 자녀는 부부와 분리된 침실을 갖추어야 한다. 만 8세 이상이고 남성과 여성으로 서로 성이 다른 자녀의 침실이 분리되고, 노부모 침실은 부부 침실과 분리되어야 한다. 구조·성능·환경 기준에서는 영구 건물로서 구조 강도가 확보되고, 주요 구조부의 재질은 내열·내화·방염·방습에 양호한 재질이어야 한다. 소음, 진동, 악취, 대기오염 등 환경요소가 법정 기준에 적합해야 한다. 홍수, 산사태, 해일 등 자연재해 위험이 현저하지 않아야 한다.

최저 주거 기준 자체는 상당히 합리적이다. 하지만 현실에서 저소득층과 빈곤층의 사정을 보면 이는 최소 기준은커녕 평생을 일해도 도달하기 어려운 목표다. 특히 빈곤층은 단칸 셋방에서 온 가족이 거주해야 하는 경우가 허다하다. 그나마 햇볕도 제대로 들어오지 않는 지하나 반지하 공간에서 사는 사람도 적지 않다. 최소한의 인간다운 주거 생활을 위해 필요한 시설 기준과는 한참 거리가 멀다.

더 큰 문제는 주거 사정이 점차 더 악화되고 있다는 점이다. 국토교통부가 공개한 '2014년 주거 실태 조사'에 따르면 저소득층의 자가 점유율은 지난 2012년 50.5%에서 2014년 47.5%로 떨어졌다. 같은 기간 고소득층의 자가 점유율은 증가했다. 자가 점유율은 자기 소유 주택에 자기가 사는 비율이다. 반대로 전국 전·월세 거주 가구 중 월세 가구 비중은 2012년 50.5%에서 2014년 55.0%로 증가했고, 첫 조사 때의 45.8% 이후 최고치로 집계됐다. 반면 전세 가구는 2012년 49.5%에서 2014년 45.0%로 감소했다. 전세 가구에서 월세 가구로 하락한 것이다. 자가 점유율 하락과 월세 가구 증가는 주거 안정성 악화를 의미한다.

저소득층·빈곤층의 주거 안정을 위한 대표적인 정부 정책이 공공 임대주택과 영구 임대주택이다. 하지만 우리의 현실은 최소한의 안정을 보장받기에 턱없이 부족하다. 정부가 제공하는 공공 임대주택은 전체 주택 재고의 3~4% 수준에 불과하다. 빈곤층을 위한 영구 임대주택도 2%밖에 되지 않는다. 그나마 저소득층 중에 영구 임대주택 혜택을 받는 이들은 5%도 안 된다.

흔히 한국 사회에서 저소득층과 빈곤층의 주거권이 유명무실하고, 극심한 주거 불안정이 한정 없이 이어지는 이유를 좁은 땅덩어리에서 찾는 사람들이 많다. 이에 대해서는 손낙구의 『부동산 계급사회』가 던진 문제의식을 경청할 만하다.

"지구상에는 좁은 국토에 많은 인구가 사는 나라가 여럿 있지만 우리나라처럼 땅값이 하늘로 치솟기만 하는 나라는 찾기 어렵다. 주어진 자연환경이 문제가 아니라 인간이 땅을 어떻게 대하느냐, 다시 말하면 더불어 사는 지혜를 짜느냐 아니면 정반대의 길을 가느냐에 따라 땅 문제, 부동산 문제의 양상이 달라지는 것이다."

우리나라의 땅이 좁은 게 문제가 아니다. 한국의 주거 문제는 국토의 70% 이상이 사유지로서 투기 대상이 되고, 사유지의 63%를 5%의 땅 부자가 독점하고 있는 비상식적 상황에서 비롯된다. "집이 100만 채 이상 남아도는 상태에서 국민 10명 중 4명이 셋방을 떠도는데, 집 부자 열 사람이 5,508채를 소유하고 심지어 한 사람이 1,083채를 소유하고 있는 극단적인 부동산 소유 격차다."

이는 그동안 한국 정부의 부동산 정책에도 큰 책임이 있다. 해방 후 역대 정권은 사실상 부동산 투기 촉진 정책을 펼쳤다. 소수 부유층이 땅을 독차지하고 재산 증식 수단으로 악용하는 행위를 법과 제도로 뒷받침해온 것이다. 대부분의 정권이 부동산 경기 활성화를 주요 정책 수단으로 사용해왔다는 사실은 부인하기 어렵다. 한국 역사상 가장 거대한 바람이 불었던 강남 투기 열풍은 물론이고, 투기적 성격이 강한 재개발사업을 정부가 지속적으로 뒷받침해왔다.

우리 헌법이 보장하는 주거권이 최소한이라도 실현되기 위해서는 시장경제 만능주의에서 벗어나 부동산의 사회적 공공성을 높이는 방향으로 향후 정책이 수립되어야 한다. 또한 공공의 이익을 증진시키는 차원에서 토지의 소유권과 이용권의 다양한 제한을 모색해야 한다. 주택 역시 시장 기능에 일임하기 어렵다. 주택은 고가의 자산이며 공급에 오랜 시간이 걸리고, 시장에 의한 왜곡이 초래되기 십상이다. 나아가 공공의 이해와 긴밀하게 연결되어 있기에 적극적인 정부 개입이 필요하다.

무엇보다도 저소득층과 빈곤층의 주거권이 가장 문제가 되기에 주거 복지 정책 차원에서의 대책이 시급하다. 주거 정책의 중심을 가난한 사람의 주거 공간을 마련하고 보호하는 데 두어야 한다. 무엇보다도 공공 소유의 저렴한 장기 임대주택의 공급이 획기적으로 확대되어야 한다. 특히 빈곤층을 위한 영구 임대주택은 단순히 공급 확대만이 아니라, 실제로 빈곤층이 이용할 수 있도록 해야 할 것이다. 공식적인 최저생계비 정도의 수입을 가진 사람들이 큰 부담을 느끼지 않고도 거주 가능한 정도로 임대 비용을 대폭 낮추는 것이다. 또한 빈곤층일수록 도심과 부도심에서 생계 근거가 되는 일자리를 마련해야 하기에 영구 임대주택의 도심 근접성을 높여야 한다. 보다 단기적으로는 월세에 의존해야 하는 저소득층과 빈곤층의 임대료 지원이 필요하다. 노숙인처럼 극도의 빈곤 상태에 있는 사람들을 위한 공공시설을 마련하되, 최소한의 인간다운 생활이 가능하도록 쾌적한 환경을 배려해야 할 것이다.

참고문헌

구스타프 라드브루흐, 최종고 옮김, 『법 지혜에의 잠언』, 교육과학사, 1993.

구스타프 라드브루흐, 최종고 옮김, 『법철학』, 삼영사, 2011.

국순옥, 『민주주의 헌법론』, 아카넷, 2015.

끌로드 프레데릭 바스티아, 김정호 옮김, 『법』, 자유기업센터, 1997.

김철수, 『한국헌법』, 법원사, 2003.

노르베르토 보비오, 황주홍 옮김, 『자유주의와 민주주의』, 문학과지성사, 2007.

N. 촘스키, 임채정 옮김, 『미국의 제3세계 침략 정책』, 일월서각, 1992.

노암 촘스키, 장영준 옮김, 『불량국가』, 두레, 2002.

니콜로 마키아벨리, 강정인 옮김, 『군주론』, 까치, 1994.

니콜로 마키아벨리, 강정인·안선재 옮김, 『로마사 논고』, 한길사, 2015.

다니엘 튜더, 송정화 옮김, 『익숙한 절망 불편한 희망』, 문학동네, 2015.

루돌프 V. 예링, 심윤종·이주향 옮김, 『권리를 위한 투쟁』, 범우사, 2001.

루드비히 폰 미제스, 윤용준 옮김, 『경제적 자유와 간섭주의』, 한국경제연구원, 1997.

리처드 로티, 임옥희 옮김, 『미국 만들기』, 동문선, 2003.

마빈 해리스, 박종열 옮김, 『문화의 수수께끼』, 한길사, 2005.

마셜 매클루언, 김성기·이한우 옮김, 『미디어의 이해』, 민음사, 2002.

막스 베버, 박성환 옮김, 『경제와 사회:공동체들』, 나남, 2009.

막스 베버, 이남석 옮김, 『행정의 공개성과 정치 지도자 선출 외』, 책세상, 2002.

맹자, 김학주 옮김, 『맹자』, 서울대학교출판문화원, 2013.

몽테스키외, 권미영 옮김, 『법의 정신』, 일신서적, 1991.

몽테스키외, 이수지 옮김, 『페르시아인의 편지』, 다른세상, 2002.

미셸린 이샤이, 조효제 옮김, 『세계인권사상사』, 길, 2005.

미셸 푸코, 오생근 옮김, 『감시와 처벌』, 나남, 2005.

미셸 푸코, 김부용 옮김, 『광기의 역사』, 인간사랑, 1999.

미셸 푸코, 이규현 옮김, 『성의 역사』 1, 나남, 2005.

밀턴 프리드먼, 민병균 · 서재명 · 한홍순 옮김, 『선택할 자유』, 자유기업원, 2004.

박용상, 『표현의 자유』, 현암사, 2003.

베네딕트 데 스피노자, 김호경 옮김, 『정치론』, 갈무리, 2009.

브리짓 슐트, 안진이 옮김, 『타임푸어』, 더퀘스트, 2015.

사마천, 정범진 외 옮김, 『사기』, 까치, 2004.

손낙구, 『부동산 계급사회』, 후마니타스, 2008.

시몬 드 보부아르, 조홍식 옮김, 『제2의 성』, 을유문화사, 2004.

아르노 기그, 민혜숙 옮김, 『법, 정의, 국가』, 동문선, 2003.

아리스토텔레스, 최명관 옮김, 『니코마코스 윤리학』, 을유문화사, 1994.

아리스토텔레스, 라종일 옮김, 『정치학』, 삼성출판사, 1982.

아우렐리우스 아우구스티누스, 김평옥 옮김, 『고백록』, 범우사, 2008.

아우렐리우스 아우구스티누스, 문시영 옮김, 『신국론』, 지만지, 2008.

애덤 스미스, 김수행 옮김, 『국부론』, 비봉출판사, 2007.

애덤 스미스, 박세일 · 민경국 옮김, 『도덕감정론』, 비봉출판사, 2009.

E. 보덴하이머, 이상면 옮김, 『법철학개론』, 법문사, 1996.

에리히 프롬, 최혁순 옮김, 『소유냐 존재냐』, 범우사, 1992.

에리히 프롬, 원창화 옮김, 『자유로부터의 도피』, 홍신문화사, 2012.

E. J. 시에예스, 박인수 옮김, 『제3신분이란 무엇인가』, 책세상, 2003.

오귀스트 콩트, 김점석 옮김, 『실증주의 서설』, 한길사, 2003.

오현철, 『시민불복종-저항과 자유의 길』, 책세상, 2001.

울리히 벡, 홍성태 옮김, 『위험사회』, 새물결, 2006.

이바노 바르베리니, 김형미 외 옮김, 『뒤영벌은 어떻게 나는가』, 푸른나무, 2011.

임마누엘 칸트, 이충진 옮김, 『법 이론』, 이학사, 2013.

임마누엘 칸트, 최재희 옮김, 『순수이성비판』, 박영사, 2004.

임마누엘 칸트, 이한구 옮김, 『영구 평화론』, 서광사, 2008.

임지봉, 『사법적극주의와 사법권 독립』, 철학과현실사, 2004.

장 자크 루소, 정영하 옮김, 『사회계약론』, 산수야, 2011.

장 자크 루소, 정봉구 옮김, 『에밀』, 범우사, 2000.

장 자크 루소, 주경복·고봉만 옮김, 『인간 불평등 기원론』, 책세상, 2003.

정종섭, 『헌법과 기본권』, 박영사, 2010.

정태욱, 『자유주의 법철학』, 한울, 2007.

정태욱, 『정치와 법치』, 책세상, 2002.

제러미 벤담, 고정식 옮김, 『도덕과 입법의 원리 서설』, 나남, 2011.

제임스 레이첼스, 황경식·김상배 외 옮김, 『사회윤리의 제 문제』, 서광사, 1990.

조지 카치아피카스, 이재원 옮김, 『신좌파의 상상력』, 난장, 2009.

조지프 슘페터, 이영재 옮김, 『자본주의·사회주의·민주주의』, 한서출판사, 1985.

존 듀이, 이홍우 옮김, 『민주주의와 교육』, 교육과학사, 1996.

존 로크, 공진성 옮김, 『관용에 관한 편지』, 책세상, 2008.

존 로크, 강정인·문지영 옮김, 『통치론』, 까치, 2008.

존 롤스, 장동진·김만권·김기호 옮김, 『만민법』, 아카넷, 2009.

존 롤스, 황경식 옮김, 『정의론』, 이학사, 2005.

존 롤스, 장동진 옮김, 『정치적 자유주의』, 동명사, 2013.

존 메이너드 케인스, 조순 옮김, 『고용·이자 및 화폐의 일반이론』, 비봉출판사, 2009.

존 스튜어트 밀, 서병훈 옮김, 『공리주의』, 책세상, 2011.

존 스튜어트 밀, 김형철 옮김, 『자유론』, 서광사, 2003.

질 들뢰즈·펠릭스 가타리, 김재인 옮김, 『천 개의 고원』, 새물결, 2003.

C. 라이트 밀스, 정명진 옮김, 『파워 엘리트』, 부글북스, 2013.

참여민주사회시민연대 사법감시센터, 『국민을 위한 사법 개혁』, 박영률출판사, 1996.

체사레 베카리아, 한인섭 옮김, 『범죄와 형벌』, 박영사, 2014.

카를 슈미트, 김항 옮김, 『정치 신학』, 그린비, 2015.

카를 슈미트, 김효전·정태호 옮김, 『정치적인 것의 개념』, 살림, 2012.

카를 야스퍼스, 이재승 옮김, 『죄의 문제』, 앨피, 2014.

카를 폴라니, 홍기빈 옮김, 『거대한 전환』, 길, 2009.

키케로, 허승일 옮김, 『키케로의 의무론』, 서광사, 2015.

토머스 홉스, 한승조 옮김, 『리바이어던』, 삼성출판사, 1994.

파스칼, 홍순민 옮김, 『팡세』, 삼성출판사, 1993.

프란츠 파농, 남경태 옮김, 『대지의 저주받은 사람들』, 그린비, 2004.

프리드리히 니체, 강두식 옮김, 『인간적인 너무나 인간적인』, 동서문화사, 2007.

프리드리히 A. 하이에크, 김균 옮김, 『자유 헌정론』, 자유기업센터, 1997.

플라톤, 박종현 옮김, 『국가』, 서광사, 2009.

플라톤, 박종현 옮김, 『법률』, 서광사, 2009.

플라톤, 박종현 옮김, 『에우티프론, 소크라테스의 변론, 크리톤, 파이돈』, 서광사, 2003.

피에르 조제프 프루동, 이용재 옮김, 『소유란 무엇인가』, 아카넷, 2013.

하세베 야스오, 손형섭 · 미즈시마 레오 옮김, 『헌법의 이성』, 박영사, 2014.

한나 아렌트, 이진우 · 태정호 옮김, 『인간의 조건』, 한길사, 2003.

한나 아렌트, 이진우 · 박미애 옮김, 『전체주의의 기원』, 한길사, 2006.

한스 켈젠, 변종필 · 최희수 옮김, 『순수법학』, 길안사, 1999.

헨리 데이비드 소로우, 김세진 옮김, 『월든, 시민의 불복종, 원칙 없는 삶』, 문주, 2012.

헌법의 발견

지은이 | 박홍순

초판 1쇄 발행일 2015년 11월 6일
초판 3쇄 발행일 2019년 3월 15일

발행인 | 한상준
편집 | 김민정 · 문서현 · 이지원
표지 디자인 | 조경규
본문 디자인 | 김성인
마케팅 | 강점원
관리 | 김혜진
종이 | 화인페이퍼
제작 | 제이오

발행처 | 비아북(ViaBook Publisher)
출판등록 | 제313-2007-218호(2007년 11월 2일)
주소 | 서울시 마포구 월드컵북로6길 97 2층(연남동 567-40)
전화 | 02-334-6123 팩스 | 02-334-6126 전자우편 | crm@viabook.kr
홈페이지 | viabook.kr

ⓒ 박홍순, 2015
ISBN 979-11-86712-03-0 03300

大韓民國憲法

전문

유구한 역사와 전통에 빛나는 우리 대한국민은 3·1운동으로 건립된 대한민국임시정부의 법통과 불의에 항거한 4·19민주이념을 계승하고, 조국의 민주개혁과 평화적 통일의 사명에 입각하여 정의·인도와 동포애로써 민족의 단결을 공고히 하고, 모든 사회적 폐습과 불의를 타파하며, 자율과 조화를 바탕으로 자유민주적 기본질서를 더욱 확고히 하여 정치·경제·사회·문화의 모든 영역에 있어서 각인의 기회를 균등히 하고, 능력을 최고도로 발휘하게 하며, 자유와 권리에 따르는 책임과 의무를 완수하게 하여, 안으로는 국민생활의 균등한 향상을 기하고 밖으로는 항구적인 세계평화와 인류공영에 이바지함으로써 우리들과 우리들의 자손의 안전과 자유와 행복을 영원히 확보할 것을 다짐하면서 1948년 7월 12일에 제정되고 8차에 걸쳐 개정된 헌법을 이제 국회의 의결을 거쳐 국민투표에 의하여 개정한다.

제1장 총강

제1조 ① 대한민국은 민주공화국이다.

②대한민국의 주권은 국민에게 있고, 모든 권력은 국민으로부터 나온다.

제2조 ① 대한민국의 국민이 되는 요건은 법률로 정한다.

②국가는 법률이 정하는 바에 의하여 재외국민을 보호할 의무를 진다.

제3조 대한민국의 영토는 한반도와 그 부속도서로 한다.

제4조 대한민국은 통일을 지향하며, 자유민주적 기본질서에 입각한 평화적 통일 정책을 수립하고 이를 추진한다.

제5조 ① 대한민국은 국제평화의 유지에 노력하고 침략적 전쟁을 부인한다.

②국군은 국가의 안전보장과 국토방위의 신성한 의무를 수행함을 사명으로 하며, 그 정치적 중립성은 준수된다.

제6조 ① 헌법에 의하여 체결·공포된 조약과 일반적으로 승인된 국제법규는 국내법과 같은 효력을 가진다.

②외국인은 국제법과 조약이 정하는 바에 의하여 그 지위가 보장된다.

제7조 ① 공무원은 국민전체에 대한 봉사자이며, 국민에 대하여 책임을 진다.

②공무원의 신분과 정치적 중립성은 법률이 정하는 바에 의하여 보장된다.

제8조 ① 정당의 설립은 자유이며, 복수정당제는 보장된다.

②정당은 그 목적·조직과 활동이 민주적이어야 하며, 국민의 정치적 의사형성에 참여하는 데 필요한 조직을 가져야 한다.

③정당은 법률이 정하는 바에 의하여 국가의 보호를 받으며, 국가는 법률이 정하는 바에 의하여 정당운영에 필요한 자금을 보조할 수 있다.

④정당의 목적이나 활동이 민주적 기본질서에 위배될 때에는 정부는 헌법재판소에 그 해산을 제소할 수 있고, 정당은 헌법재판소의 심판에 의하여 해산된다.

제9조 국가는 전통문화의 계승·발전과 민족문화의 창달에 노력하여야 한다.

제2장 국민의 권리와 의무

제10조 모든 국민은 인간으로서의 존엄과 가치를 가지며, 행복을 추구할 권리를 가진다. 국가는 개인이 가지는 불가침의 기본적 인권을 확인하고 이를 보장할 의무를 진다.

제11조 ① 모든 국민은 법 앞에 평등하다. 누구든지 성별·종교 또는 사회적 신분에 의하여 정치적·경제적·사회적·문화적 생활의 모든 영역에 있어서 차별을 받지 아니한다.

②사회적 특수계급의 제도는 인정되지 아니하며, 어떠한 형태로도 이를 창설할 수 없다.

③훈장 등의 영전은 이를 받은 자에게만 효력이 있고, 어떠한 특권도 이에 따르지 아니한다.

제12조 ① 모든 국민은 신체의 자유를 가진다. 누구든지 법률에 의하지 아니하고는 체포·구속·압수·수색 또는 심문을 받지 아니하며, 법률과 적법한 절차에 의하지 아니하고는 처벌·보안처분 또는 강제노역을 받지 아니한다.

②모든 국민은 고문을 받지 아니하며, 형사상 자기에게 불리한 진술을 강요당하지 아니한다.

③체포·구속·압수 또는 수색을 할 때에는 적법한 절차에 따라 검사의 신청에 의하여 법관이 발부한 영장을 제시

하여야 한다. 다만, 현행범인인 경우와 장기 3년 이상이 형에 해당하는 죄를 범하고 도피 또는 증거인멸의 염려가 있을 때에는 사후에 영장을 청구할 수 있다.

④누구든지 체포 또는 구속을 당한 때에는 즉시 변호인의 조력을 받을 권리를 가진다. 다만, 형사피고인이 스스로 변호인을 구할 수 없을 때에는 법률이 정하는 바에 의하여 국가가 변호인을 붙인다.

⑤누구든지 체포 또는 구속의 이유와 변호인의 조력을 받을 권리가 있음을 고지받지 아니하고는 체포 또는 구속을 당하지 아니한다. 체포 또는 구속을 당한 자의 가족등 법률이 정하는 자에게는 그 이유와 일시·장소가 지체없이 통지되어야 한다.

⑥누구든지 체포 또는 구속을 당한 때에는 적부의 심사를 법원에 청구할 권리를 가진다.

⑦피고인의 자백이 고문·폭행·협박·구속의 부당한 장기화 또는 기망 기타의 방법에 의하여 자의로 진술된 것이 아니라고 인정될 때 또는 정식재판에 있어서 피고인의 자백이 그에게 불리한 유일한 증거일 때에는 이를 유죄의 증거로 삼거나 이를 이유로 처벌할 수 없다.

제13조 ① 모든 국민은 행위 시의 법률에 의하여 범죄를 구성하지 아니하는 행위로 소추되지 아니하며, 동일한 범죄에 대하여 거듭 처벌받지 아니한다.

②모든 국민은 소급입법에 의하여 참정권의 제한을 받거나 재산권을 박탈당하지 아니한다.

③모든 국민은 자기의 행위가 아닌 친족의 행위로 인하여 불이익한 처우를 받지 아니한다.

제14조 모든 국민은 거주·이전의 자유를 가진다.

제15조 모든 국민은 직업선택의 자유를 가진다.

제16조 모든 국민은 주거의 자유를 침해받지 아니한다. 주거에 대한 압수나 수색을 할 때에는 검사의 신청에 의하여 법관이 발부한 영장을 제시하여야 한다.

제17조 모든 국민은 사생활의 비밀과 자유를 침해받지 아니한다.

제18조 모든 국민은 통신의 비밀을 침해받지 아니한다.

제19조 모든 국민은 양심의 자유를 가진다.

제20조 ① 모든 국민은 종교의 자유를 가진다.

②국교는 인정되지 아니하며, 종교와 정치는 분리된다.

제21조 ① 모든 국민은 언론·출판의 자유와 집회·결사의 자유를 가진다.

②언론·출판에 대한 허가나 검열과 집회·결사에 대한 허가는 인정되지 아니한다.

③통신·방송의 시설기준과 신문의 기능을 보장하기 위하여 필요한 사항은 법률로 정한다.

④언론·출판은 타인의 명예나 권리 또는 공중도덕이나 사회윤리를 침해하여서는 아니된다. 언론·출판이 타인의 명예나 권리를 침해한 때에는 피해자는 이에 대한 피해의 배상을 청구할 수 있다.

제22조 ① 모든 국민은 학문과 예술의 자유를 가진다.

②저작자·발명가·과학기술자와 예술가의 권리는 법률로써 보호한다.

제23조 ① 모든 국민의 재산권은 보장된다. 그 내용과 한계는 법률로 정한다.

②재산권의 행사는 공공복리에 적합하도록 하여야 한다.

③공공필요에 의한 재산권의 수용·사용 또는 제한 및 그에 대한 보상은 법률로써 하되, 정당한 보상을 지급하여야 한다.

제24조 모든 국민은 법률이 정하는 바에 의하여 선거권을 가진다.

제25조 모든 국민은 법률이 정하는 바에 의하여 공무담임권을 가진다.

제26조 ① 모든 국민은 법률이 정하는 바에 의하여 국가기관에 문서로 청원할 권리를 가진다.

②국가는 청원에 대하여 심사할 의무를 진다.

제27조 ① 모든 국민은 헌법과 법률이 정한 법관에 의하여 법률에 의한 재판을 받을 권리를 가진다.

②군인 또는 군무원이 아닌 국민은 대한민국의 영역 안에서는 중대한 군사상 기밀·초병·초소·유독음식물공급·포로·군용물에 관한 죄중 법률이 정한 경우와 비상계엄이 선포된 경우를 제외하고는 군사법원의 재판을 받지 아니한다.

③모든 국민은 신속한 재판을 받을 권리를 가진다. 형사피고인은 상당한 이유가 없는 한 지체없이 공개재판을 받을 권리를 가진다.

④형사피고인은 유죄의 판결이 확정될 때까지는 무죄로 추정된다.

⑤형사피해자는 법률이 정하는 바에 의하여 당해 사건의 재판절차에서 진술할 수 있다.

제28조 형사피의자 또는 형사피고인으로서 구금되었던 자가 법률이 정하는 불기소처분을 받거나 무죄판결을 받은 때에는 법률이 정하는 바에 의하여 국가에 정당한 보상을 청구할 수 있다.

제29조 ① 공무원의 직무상 불법행위로 손해를 받은 국민은 법률이 정하는 바에 의하여 국가 또는 공공단체에 정당한 배상을 청구할 수 있다. 이 경우 공무원 자신의 책임은 면제되지 아니한다.

②군인·군무원·경찰공무원 기타 법률이 정하는 자가 전투·훈련등 직무집행과 관련하여 받은 손해에 대하여는 법률이 정하는 보상외에 국가 또는 공공단체에 공무원의 직무상 불법행위로 인한 배상은 청구할 수 없다.

제30조 타인의 범죄행위로 인하여 생명·신체에 대한 피해를 받은 국민은 법률이 정하는 바에 의하여 국가로부터 구조를 받을 수 있다.

제31조 ① 모든 국민은 능력에 따라 균등하게 교육을 받을 권리를 가진다.

②모든 국민은 그 보호하는 자녀에게 적어도 초등교육과 법률이 정하는 교육을 받게 할 의무를 진다.

③의무교육은 무상으로 한다.

④교육의 자주성·전문성·정치적 중립성 및 대학의 자율성은 법률이 정하는 바에 의하여 보장된다.

⑤국가는 평생교육을 진흥하여야 한다.

⑥학교교육 및 평생교육을 포함한 교육제도와 그 운영, 교육재정 및 교원의 지위에 관한 기본적인 사항은 법률로 정한다.

제32조 ① 모든 국민은 근로의 권리를 가진다. 국가는 사회적·경제적 방법으로 근로자의 고용의 증진과 적정임금의 보장에 노력하여야 하며, 법률이 정하는 바에 의하여 최저임금제를 시행하여야 한다.

②모든 국민은 근로의 의무를 진다. 국가는 근로의 의무의 내용과 조건을 민주주의원칙에 따라 법률로 정한다.

③근로조건의 기준은 인간의 존엄성을 보장하도록 법률로 정한다.

④여자의 근로는 특별한 보호를 받으며, 고용·임금 및 근로조건에 있어서 부당한 차별을 받지 아니한다.

⑤연소자의 근로는 특별한 보호를 받는다.

⑥국가유공자·상이군경 및 전몰군경의 유가족은 법률이 정하는 바에 의하여 우선적으로 근로의 기회를 부여받는다.

제33조 ① 근로자는 근로조건의 향상을 위하여 자주적인 단결권·단체교섭권 및 단체행동권을 가진다.

②공무원인 근로자는 법률이 정하는 자에 한하여 단결권·단체교섭권 및 단체행동권을 가진다.

③법률이 정하는 주요방위산업체에 종사하는 근로자의 단체행동권은 법률이 정하는 바에 의하여 이를 제한하거나 인정하지 아니할 수 있다.

제34조 ① 모든 국민은 인간다운 생활을 할 권리를 가진다.

②국가는 사회보장·사회복지의 증진에 노력할 의무를 진다.

③국가는 여자의 복지와 권익의 향상을 위하여 노력하여야 한다.

④국가는 노인과 청소년의 복지향상을 위한 정책을 실시할 의무를 진다.

⑤신체장애자 및 질병·노령 기타의 사유로 생활능력이 없는 국민은 법률이 정하는 바에 의하여 국가의 보호를 받는다.

⑥국가는 재해를 예방하고 그 위험으로부터 국민을 보호하기 위하여 노력하여야 한다.

제35조 ① 모든 국민은 건강하고 쾌적한 환경에서 생활할 권리를 가지며, 국가와 국민은 환경보전을 위하여 노력하여야 한다.

②환경권의 내용과 행사에 관하여는 법률로 정한다.

③국가는 주택개발정책등을 통하여 모든 국민이 쾌적한 주거생활을 할 수 있도록 노력하여야 한다.

제36조 ① 혼인과 가족생활은 개인의 존엄과 양성의 평등을 기초로 성립되고 유지되어야 하며, 국가는 이를 보장한다.

②국가는 모성의 보호를 위하여 노력하여야 한다.

③모든 국민은 보건에 관하여 국가의 보호를 받는다.

제37조 ① 국민의 자유와 권리는 헌법에 열거되지 아니한 이유로 경시되지 아니한다.

②국민의 모든 자유와 권리는 국가안전보장·질서유지 또는 공공복리를 위하여 필요한 경우에 한하여 법률로써 제한할 수 있으며, 제한하는 경우에도 자유와 권리의 본질적인 내용을 침해할 수 없다.

제38조 모든 국민은 법률이 정하는 바에 의하여 납세의 의무를 진다.

제39조 ① 모든 국민은 법률이 정하는 바에 의하여 국방의 의무를 진다.

②누구든지 병역의무의 이행으로 인하여 불이익한 처우를 받지 아니한다.